REGISTRAR BOOKS

第3版
渉外戸籍の理論と実務

西堀英夫 著
都竹秀雄

日本加除出版株式会社

推せんの辞

　戸籍は日本国民の身分法律関係を登録公証するものであり，我が国社会の基本をなす制度であります。世界いずれの国においても，それが国家として成立する限りは，戸籍と同様の目的を有する制度を持っていますが，我が国の戸籍制度は，その制度・手続の面においても，また，その信頼性の面においても，最も優れた世界に冠たるものと言っても過言ではありません。これは，戸籍事務の処理に直接当たってきた市町村の戸籍事務担当者をはじめとして関係者の尽力の賜であります。我々は，このような先人の残した遺産をより完全なものとして後の世代に引き継ぐ責務を有するものと言えましょう。

　ところで，戸籍事務を円滑・適正に処理するためには，親族法，戸籍法その他の関係法令を理解するとともに，あまたの先例を了知している必要があることは言うまでもありませんが，相当期間の執務経験を積めば，日常の戸籍事務の処理は，さして困難なものではないはずであります。

　しかし，外国人が関係する渉外戸籍事務の処理については，更に我が国の国際私法に関する知識を要求されるのみならず，外国の身分実体法ひいてはその国際私法を了知する必要があります。

　近年，我が国の経済的発展に伴って日本人の海外進出は目覚しく，また，外国人の来日滞在も増加の一途をたどっています。その必然的結果として，米国，英国，中国，朝鮮に止まらず，今や全世界の国民との間で，日本人が身分関係を持つに至っていることは周知のとおりであります。

　このような事態の下で，渉外戸籍事務の処理は，ますます複雑・困難の度を増しているのでありますが，この度，かつて戸籍事務を統括する法務省民事局第二課において指導係長として渉外戸籍を担当し，その後，神戸地方法務局戸籍課長補佐として戸籍事務全般の指導に当たってこられた西堀英夫君が，その実務経験を踏まえて渉外戸籍に関する研究をまとめられ

推せんの辞

たことは，誠に時宜を得たものと考えます。

　本書は，渉外戸籍に関する主要な論点につき，戸籍実務の取扱いを克明に紹介するとともに判例・学説をも収録し，それを踏まえて，現行処理の問題点を指摘し，将来における解決の方向を示唆するものであり，市町村の戸籍事務担当者にとって日常の執務に有益であるのみならず，裁判所，研究者にとっても参考になるところが大であると信じます。

　昭和57年5月25日

法務省民事局参事官
（前同局第二課長）
大　森　政　輔

は　し　が　き

　最近の著しい交通機関の発達，経済生活の拡大等に伴って，近年，日本人の国際交流はめざましく，日本人が日本において，あるいは外国において，外国人と身分関係を形成する事例が多い。また，外国人が日本において身分行為を行う事例が増加している。

　このような身分行為に伴う渉外戸籍事件の処理に当たっては，市町村長は戸籍先例等を参考としながら受否を決定し，市町村長において受否を決し得ないものについては，監督法務局に受理伺いをすることとされている。

　ところで，市町村長又は監督法務局においてこれらの渉外戸籍事件を適正迅速に処理するには，当該外国の実体法・手続法等に精通していることが必要であることはもとよりであるが，それらの法規の解釈運用に当たっては，渉外戸籍についての基本的な問題を十分理解していることが必要である。

　そこで，本書は渉外戸籍をめぐって生じる基本的な問題のうち，最近，実例として生起している重要な問題点について先例・判例・学説等に検討を加えることによって，今後の戸籍実務の参考に供しようとしたものである。

　しかし，筆者の力不足から必ずしも十分にその目的を達し得なかったように思われるが，本書が今後の戸籍実務のために何らかの役割を果たし得るならば，筆者として望外の幸せである。

　なお，本書は，昭和54年度法務研究報告書「渉外戸籍をめぐる諸問題」（第68集第1号）を基に法務研究以後の先例・判例等を検討の上，加筆訂正したものであるが，もとより本文に引用の諸先生方の御著作から数多くの御教示を受けたものであり，ここに改めてお礼を申し上げるとともに，法務研究に当たって，終始，懇切な御指導と御助言をいただいた大森政輔法務省民事局参事官（前民事局第二課長），木村三男浦和地方法務局会計課長

はしがき

（前民事局第二課長補佐）に心からお礼を申し上げる次第である。また，本書の出版に当たっては，島野穹子法務省民事局第二課補佐官からいろいろと御教示をいただいた。ここに記して感謝の意を表したい。

　昭和57年5月

　　　　　　　　　　　　　　　　　　　西　堀　英　夫

新版にあたって

　本書が発刊されてから12年を経過した。その間，昭和60年1月1日には，従来の父系血統主義を父母両系血統主義に改める国籍法が施行され，また，平成2年1月1日には90年ぶりに大幅な改正のあった法例が施行されるなど，渉外戸籍をめぐる大きな法改正があった。

　そこで，本書についても法改正の趣旨にそった改訂をする必要があるということで，法改正の趣旨を折り込んだ改訂をするようにとの依頼があったので，国籍法と法例の改正に関する部分については都竹が，その後の先例・判例に関する部分については西堀が担当して改訂を試みた。

　本書が，旧版同様に渉外戸籍事務の処理について参考となるよう願ってやまない。

　なお，本書の改訂に当たっては，日本加除出版株式会小柳出版部長にいろいろと御尽力をいただいた。ここに記して感謝の意を表したい。

　　平成6年9月

　　　　　　　　　　　　　　　　　　　西　堀　英　夫
　　　　　　　　　　　　　　　　　　　都　竹　秀　雄

第3版にあたって

　本書の新版が発刊されてから16年を経過した。この間には法例を全部改正し、現代語化する法の適用に関する通則法が平成19年1月1日から施行され、また、外国裁判所の確定判決の効力を規定する民事訴訟法が全部改正され、平成10年1月1日から施行され、さらに、人事訴訟事件を家庭裁判所へ移管する人事訴訟法が制定され、平成16年4月1日から施行され、さらには、日本人父からの認知による日本国籍の取得を認める国籍法の一部が改正され、平成21年1月1日から施行されるなど渉外戸籍事務をめぐる法改正があった。

　また、外国人登録人員総数が1992年の128万人から2009年には218万人に大幅に増加するなど日本社会の多国籍化が進行している。

　そこで、本書についてもこのような社会情勢の変化に応じて改訂する必要が生じたので、主に戸籍先例を中心に改訂を行った。

　本書が旧版と同様に渉外戸籍事務処理の一助になれば、望外の幸せである。

　なお、本書の刊行に当たっては、日本加除出版株式会社編集第1部長大野弘氏にいろいろとご協力をいただいた。ここに記して感謝の意を表したい。

　　平成23年5月

　　　　　　　　　　　　　　　　　　　西　堀　英　夫

目　　次

第1章　序　　論 ……………………………………………………1
第1節　渉外戸籍の対象 ……………………………………………1
第2節　渉外戸籍事務の特色 ………………………………………1
　第1　市町村長の権限 ………………………………………………1
　第2　市町村長の審査義務 …………………………………………2
　第3　外国法の適用 …………………………………………………3

第2章　準拠法の決定に関する諸問題 ……………………………5
第1節　朝鮮人及び中国人の本国法の決定 ………………………5
　第1　概　説 …………………………………………………………5
　第2　学説の概観 ……………………………………………………6
　第3　判例の動向 ……………………………………………………8
　第4　戸籍先例の推移 ………………………………………………11
　第5　戸籍実務の今後の方向 ………………………………………13
第2節　公序による外国法適用の排除 ……………………………15
　第1　概　説 …………………………………………………………15
　第2　離婚を認めない準拠法と通則法第42条 ……………………17
　第3　離婚に伴う未成年の子の親権者の指定と通則法第42条 …26
　第4　認知を認めない準拠法と通則法第42条 ……………………30
　第5　養子離縁を認めない準拠法と通則法第42条 ………………37
　第6　戸籍の届出と通則法第42条 …………………………………38
第3節　同時取得による国籍の積極的抵触と
　　　　　本国法の決定 ………………………………………………50
　第1　国籍の抵触の場合における本国法の決定 …………………50

目　次

　　　第２　同時取得による外国国籍の積極的抵触の発生 ……………53
　　　第３　学説の概観 ……………………………………………………54
　　　第４　判例・戸籍先例の動向 ………………………………………57
　　第４節　隠れた反致の法理 ………………………………………………58
　　　第１　概　説 …………………………………………………………58
　　　第２　学説の概観 ……………………………………………………59
　　　第３　判例の動向 ……………………………………………………59
　　　第４　戸籍先例の動向 ………………………………………………60

第３章　国際的身分関係の変動と氏の変更 ……………………61
　　第１節　国際婚姻に伴う氏の変更 ………………………………………61
　　　第１　氏の性質 ………………………………………………………61
　　　第２　婚姻による夫婦の氏の準拠法 ………………………………62
　　　第３　戸籍実務の取扱い ……………………………………………64
　　　第４　戸籍実務への批判 ……………………………………………68
　　　第５　国際婚姻に伴う氏の取扱いについての新しい動き ………73
　　第２節　国際養子縁組に伴う養子の氏の変更 …………………………79
　　　第１　縁組による養子の氏の準拠法 ………………………………79
　　　第２　戸籍実務の取扱い ……………………………………………82
　　　第３　養子の氏の変更についての家庭裁判所の権限 ……………85
　　第３節　渉外認知に伴う子の氏の変更 …………………………………87

第４章　外国判決の承認 ……………………………………………89
　　第１節　外国離婚判決の承認 ……………………………………………89
　　　第１　概　説 …………………………………………………………89
　　　第２　学説の概観 ……………………………………………………90
　　　第３　判例の動向 ……………………………………………………92
　　　第４　戸籍先例の推移 ………………………………………………93

第5　戸籍実務の処理 ……………………………………………101
　第2節　外国養子決定の承認 …………………………………………105
　　　第1　概　説 ……………………………………………………105
　　　第2　学説・判例の動向 ………………………………………107
　　　第3　戸籍実務の取扱い ………………………………………109
　　　第4　戸籍実務の今後の方向 …………………………………111

第5章　嫡出でない子につき父がした嫡出子
　　　　出生届と認知の届出の効力 ………………………………113

　第1節　概　説 …………………………………………………………113
　第2節　学説・判例の動向 ……………………………………………114
　　　第1　学説の概観 ………………………………………………114
　　　第2　判例の動向 ………………………………………………115
　第3節　戸籍実務の取扱い ……………………………………………117
　　　第1　戸籍先例の推移 …………………………………………117
　　　第2　戸籍実務の今後の取扱い ………………………………119
　　　第3　渉外的事例の処理 ………………………………………121

第6章　中国関係事件の戸籍の処理 ……………………………129

　第1節　概　説 …………………………………………………………129
　第2節　各種の届出 ……………………………………………………130
　　　第1　出生届 ……………………………………………………130
　　　第2　認知届 ……………………………………………………138
　　　第3　養子縁組届 ………………………………………………140
　　　第4　婚姻届 ……………………………………………………145
　　　第5　離婚届 ……………………………………………………158
　　　第6　国籍喪失届 ………………………………………………162
　　　第7　戸籍訂正 …………………………………………………165

11

目　次

第7章　在外公館における戸籍事務の処理 ……………167

第1節　在外公館長の権限 …………………………………167
第1　受理権限 …………………………………………167
第2　審査義務 …………………………………………168
第3　戸籍届書の処理 …………………………………168

第2節　各種の届出 …………………………………………170
第1　出生届 ……………………………………………170
第2　国籍留保の届出 …………………………………171
第3　認知届 ……………………………………………184
第4　婚姻届 ……………………………………………184
第5　離婚届 ……………………………………………185
第6　国籍喪失届 ………………………………………187
第7　氏名の変更届 ……………………………………188

第8章　渉外戸籍事件の戸籍実務の処理 …………………189

第1節　渉外戸籍事務における届書の機能 ………………189
第1　戸籍届書類の保存 ………………………………189
第2　渉外身分関係の公証 ……………………………191

第2節　渉外戸籍事件の添付書類 …………………………192
第1　要件具備証明書 …………………………………192
第2　国籍証明書 ………………………………………203
第3　訳　文 ……………………………………………203
第4　戸籍謄本の英訳文 ………………………………204

第3節　各種の届出 …………………………………………205
第1　出生届 ……………………………………………205
第2　認知届 ……………………………………………210
第3　養子縁組届 ………………………………………217

第4　婚姻届 ……………………………………222
　　第5　離婚届 ……………………………………235
　　第6　死亡届 ……………………………………244
　　第7　国籍取得届 ………………………………247
　　第8　帰化届 ……………………………………250
　　第9　国籍喪失届 ………………………………251
　　第10　氏名の変更届 ……………………………252
　　第11　就籍届 ……………………………………253
　　第12　戸籍訂正 …………………………………254
　　第13　失期通知 …………………………………255

第9章　最近の身分法関係の国際私法条約の動向 …………257

　第1節　概　説 ……………………………………257
　第2節　婚姻の挙行及び婚姻の効力の承認に関する条約 …257
　第3節　離婚及び別居の承認に関する条約 ……………259
　第4節　養子縁組に関する裁判の管轄権，準拠法及び裁判の承認に関する条約 …………………260

附録(1)　用語解説 …………………………………261

附録(2)　関連法令・通達 …………………………277

　　1　法の適用に関する通則法　新旧対照条文 …………277
　　2　法例の一部を改正する法律の施行に伴う戸籍事務の取扱いについて（平成元年10月2日民二第3900号民事局長通達）…………286
　　3　戸籍法及び戸籍法施行規則の一部改正に伴う戸

目　次

　　　　籍事務の取扱いについて（昭和59年11月1日民二
　　　　第5500号民事局長通達）..300
　　4　国籍法及び国籍法施行規則の一部改正に伴う戸
　　　　籍事務の取扱いについて（平成20年12月18日民一
　　　　第3302号民事局長通達）..313
　　5　国籍法及び国籍法施行規則の一部改正に伴う戸
　　　　籍事務の取扱いについて（平成20年12月18日民一
　　　　第3303号民事第一課長依命通知）..................................325
　　6　虚偽の認知に基づく不法な国籍取得届に対処す
　　　　るための関係機関との連携について（平成20年12
　　　　月19日民一第3307号民事第一課長通知）......................328

附録(3)　ハーグ国際私法条約

　　1　婚姻の挙行及び婚姻の効力の承認に関する条約（抄）....329
　　2　離婚及び別居の承認に関する条約（抄）..........................333
　　3　養子縁組に関する裁判の管轄権，準拠法及び
　　　　裁判の承認に関する条約（抄）..339

索　　引
　　1　事項索引..345
　　2　先例索引..351
　　3　裁判例索引..370

第1章 序　　論

第1節　渉外戸籍の対象

　最近の著しい交通機関の発達，経済生活の拡大等に伴って各国相互間の国際的な交流が盛んになるにつれて，我々の生活関係も自国内にとどまることなく，数か国間に及ぶものが生じるに至っている。これを身分関係に局限してみても，例えば，日本国内において日本人と外国人が，あるいは外国人同士が結婚し，あるいは離婚するといったように，国籍を異にする当事者間において創設的な身分行為がされるとか，更には日本人が外国において子を出生し，その報告的届出をするといったことなどが挙げられる。このような渉外的要素をもった身分関係は，一定の身分行為（婚姻・離婚など）あるいは自然的事実（出生・死亡など）の発生などが，当事者の国籍の相違により，あるいは行為地又は事実の発生地が自国内であるか外国であるかにより生じるものである。

　渉外戸籍とは，このような行為の主体（届出の事件本人）の一部若しくは全部が外国人であるもの，又は身分行為の行われた場所若しくは身分変動の事実の発生した場所が外国であるもののような渉外的要素をもった身分関係に関する戸籍の届出・審査・受理・公証という一連の事務手続の全体を指すものである。

第2節　渉外戸籍事務の特色

第1　市町村長の権限

　戸籍法は，日本国内で生じた人の身分に関する事項について，その者が日本人であると外国人であるとを問わず属地的にすべての人に適用され

第1章 序　論

（属地的効力），また，日本人については外国で生じた事項についても属人的に適用される（属人的効力）。

　戸籍に関する事務は，市町村長がこれを管掌するので（戸１Ⅰ），渉外戸籍事件についても市町村長の管掌するところとなる。したがって，外国人が日本において有効な身分行為をするためには戸籍法に規定する手続に従って市町村長に届出をしなければならない。また，外国にある日本人間の創設的届出（婚姻・離婚・養子縁組・認知など）は，その国に駐在する日本の大使，公使又は領事に届出をすることもできる（戸40）が，通常は戸籍法第25条第１項の規定により届出事件の本人の本籍地の市町村長に対して，これをしなければならないのである。

　なお，日本国内にある外国人であっても，特別の身分を有するため国際礼譲上若しくは職務の遂行の便宜のため戸籍法の適用がないとされている者がある。例えば，一国の元首や外交使節及びその随員，軍艦乗組員等である。また，現在，日本に駐留する日米行政協定に基づくアメリカ合衆国軍隊の構成員や軍属及びその家族等も同様とされる。

第２　市町村長の審査義務

　戸籍は，日本国民の身分関係を登録し，これを公証するという役割のほか，日本国籍の有無，あるいはその得喪を公証するという重要な役割を担っている。

　そこで，渉外戸籍事件においては，通常の日本人間の戸籍届出事件と異なり，事件本人のうち日本人である者についてのみ戸籍の記載がなされるので，例えば，日本人と外国人が婚姻し，その間に子が出生し，その子の出生の届出があった場合には，その子が嫡出であるか否かを審査する必要があるのみならず，出生子の入籍する戸籍についても審査して，登載すべき戸籍を決定しなければならない。また，日本人男と外国人女が婚姻した場合，外国人女は，婚姻によって日本国籍を取得しないので，婚姻によって新たに編製される日本人男の戸籍に登載されることはなく，日本人男の

戸籍の身分事項欄にその国籍・氏名・生年月日が婚姻事項の一部として記載されるにすぎないのである。

このように渉外戸籍事件においては，当事者の国籍の審査が重要とされる。

第3　外国法の適用

日本人間の日本国内における身分関係の発生・消滅などに関する実質的要件の具備，あるいは効力発生要件としての戸籍の届出等については，実体法としての民法，手続法としての戸籍法その他の関係法令に基づいて処理することができる。しかし，渉外的要素をもった戸籍の届出においては，当該行為に国際的要素が加わるので，日本の法律のみを適用して処理することができない。外国人の当事者には，その属する国に独自の法律があり，特に親子・夫婦関係などの親族関係を規律する法律は，各国がそれぞれの伝統・風俗・習慣に従って規定している場合が多いからである。したがって，渉外戸籍事件の処理に当たっては，外国法を適用しなければならないことが多いが，外国法は，必ずしも明らかにされないこともあり，その解釈運用に困難を生じることがある。また，我が国には渉外戸籍を規律する統一的な法令の制定はなく，各種の法令（法の適用に関する通則法（以下「通則法」という。）・国籍法・民法・戸籍法など）に散在しているので，その解釈運用に疑義が生じることがある。

第2章　準拠法の決定に関する諸問題

第1節　朝鮮人及び中国人の本国法の決定

第1　概　説

　日本国内に居住する朝鮮人及び中国人の数は，その歴史的地理的事情から在日外国人中最も多く，2009年12月31日現在におけるその外国人登録数は，朝鮮人及び韓国人578,495人，中国人680,518人で，全外国人登録人員数2,186,121人に対して全体の57.6パーセントを占めている。このような状況から朝鮮人・中国人相互間又は日本人と朝鮮人又は中国人との間に身分関係が形成される場合が多いが，これらの者の本国である朝鮮及び中国は，現在2つの国家に分裂し，それぞれ独自に立法・司法・行政権を行使して対立している。ところで，渉外戸籍事件を処理するに当たって，通則法を適用するについて当事者の本国法が問題とされるときは，朝鮮又は中国の国籍を有する者の属人法としての本国法は，いずれの法域の法律によるべきかを決定しなければならない。

　この問題について学説及び判例は，その理由とするところは異なるが，対立する政府のうち1つの政府が我が国と外交上の承認関係がない場合でもその政府の法律がその支配する領域において現実に行われている法ないし慣習等である限り，国際私法の原則に従ってこれを適用することは何ら妨げがないとしている。他方，戸籍の実務においては，従来この問題について我が国が正統政府として承認している政府の法律をその国に属する者のすべてに適用すべきであるとしていた。ところが，我が国が昭和47年9月29日，日中共同声明により中華人民共和国政府と国交を回復し，その結果これまで我が国が正統政府として承認していた中華民国政府と国交が断絶したことから，これまでの我が国の中国における政府の承認関係が逆転

することとなったため，従来のように我が国が承認している政府の法律を一律にその国に属する国民のすべてに適用することに疑問が持たれることとなり，その後具体的事案において我が国と承認関係にない中華民国政府の法律を適用して処理した戸籍先例が出されている。そこで，朝鮮人及び中国人の本国法の決定についていかにあるべきか検討する必要があると思われる。

第2　学説の概観

　朝鮮又は中国のように，2つの政府がそれぞれ自己の権力の正統性を主張する国に属する国民の本国法の決定については，国際私法上種々の学説が対立しているが，未承認国の法律を準拠法として適用できるかという問題については，我が国の多数説は，次のような理由で肯定している。
「元来国家乃至政府の承認は国際法上の問題であって，外交的，政治的な意味をもつにすぎない。国際私法上準拠法として指定される法律が如何なる国の法律であるかは重要な意味をもたない。従って，適用しうる法律を承認された国家乃至政府の法律に限るべき理由は全くない。法廷地の国家によって承認を受けていない国家乃至政府の法律であっても，その国において現実に行われているものである限りは，国際私法の原則に従ってこれを適用することは何等の妨げがないというべきである。」（江川・国際私法73頁）。

　このような基本的な考え方に立ちながら，具体的にいずれの政府の法律を本国法として決定するかについては，次のように対立している。
I　朝鮮又は中国の現状を一国の中で2つの政府が各支配領域内で独自の法律秩序を維持しているものとみて，改正前法例（通則法（平成18年法律第78号）（平成19年1月1日施行）で全部改正されるまで我が国の国際私法であった「法例（明治31年法律第10号）」は，平成元年法律第27号をもって大幅な改正が行われ，平成2年1月1日から施行された。以下，平成元年の改正前の法例については「改正前法例」，平成18年法律第78号による廃止前の法

例については「法例」という。なお，判例等を引用している部分については，「(改正前)法例第○○条」，「法例第○○条」の振り合いによる。)第27条第3項を類推適用しようとする考え方がある。しかし，朝鮮又は中国の現状は，通常の不統一法国とは異なるので，改正前法例第27条第3項を類推適用するとしながらも，事態の特殊性を考慮して，所属法域の決定については，若干の異なる判断基準を加味しようとする。すなわち，現在の朝鮮又は中国に異なる法律が施行されているのは，風俗・習慣の相違に起因するものではなく，政府存立の基礎となっているイデオロギーの相違に起因するものであるので，所属法域の決定に当たっては，本籍とか，過去の住所よりも，現在住所を選択するとすれば，いずれの地域を選択するかという本人の意思によって決定すべきであるとする説がある（溜池・「朝鮮人の本国法として適用すべき法律」民商法雑誌40・4・35）。

この説に対しては，国際私法上朝鮮又は中国を1つの国とみると，そのような1つの朝鮮又は中国の国籍を有するかどうかを決定する基準が必要となるが，そのような基準を求めることは理論上難しいという批判がある。

Ⅱ　現在の朝鮮又は中国を2つの国家とみて，そのいずれかの法を本国法として適用する説がある。この説は，更に次の2つに分かれる。

(ア)　中国に関してであるが，中華人民共和国を新国が分離独立した場合に準ずるものとみて，国籍変動に関する国際法の原則に基づき当事者がいずれの国籍を有するかを判断して，それによって本国法を決定しようとする説（川上・「近時の渉外家事判例にあらわれた若干の国際私法問題」家裁月報22・2・9）。

(イ)　国籍は，その国籍所属国が独自に決定するという国際法上の原則が認められている（ハーグ国籍条約1・2）が，これを適用するとほとんどの朝鮮人又は中国人は，二重国籍となり，改正前法例第27条第1項の適用を受けるように見える。しかし，この条項は，現在の朝鮮又は中国のような異常な事態を予想したものではないので，適用すべき

ではなく，この場合は，本国法適用の趣旨に戻って当事者の住所・居所・過去の住所・本籍，更には当事者の意思等を総合的に判断して本国法を決定すべきであるとする説（江川・「渉外判例研究」ジュリスト281・85）。

この説に対しては，両政府がいまだともに旧国家との同一性と正統政府であることを主張し，将来統一を指向している段階で二国的構成をとることには疑問があるという批判がある。

Ⅲ 我が国に居住する朝鮮人又は中国人との関係では，国籍は，実効的な連結素としての資格を失っているとみて，本国法主義を離れ，しかも属人法の枠内で客観的基準に従った実質的連結を試み，改正前法例第27条第2項を単に無国籍の場合だけでなく，国籍が連結素としての実効性を失っている場合に一般的に妥当する規定とみて，当事者の住所地法を適用する説がある（烁場・「渉外判例研究」ジュリスト195・60，299・127，546・129）。

この説に対しては，当事者の国籍が確定できるにもかかわらず，これを無視して住所地法を適用することは，法例のとる本国法主義の趣旨に適合したものではないという批判がある。

Ⅳ 一般的に国際私法において外交上の承認の有無は，特別な意義を持たないとしても，国籍主義がとられている場合に関する限り，我が国の政府の承認している政府の国籍のみが考慮されるべきであるとする説がある（桑田・「外国法の正統性について」民商法雑誌34・3・329）。

この説に対しては，国籍が政治的・公法的効果を持つものであるとしても，国際私法上の連結素としての国籍が常に承認された国家ないし政府によって付与されたものでなければならないとすべき理由はないという批判がある。

第3 判例の動向

裁判例は，学説の対立に対応して分かれているが，比較的初期の裁判例

第1節　朝鮮人及び中国人の本国法の決定

には，日本は中華民国政府を中国における正統政府として承認し，日華平和条約を締結したのであるから，日本国としては，ある人が中国の国籍を有するか否かを決するには，同平和条約の定めるところにより，中華民国政府の下に施行されている法律によるべきであるとしたもの（東京地判昭28．2．18下級民集4・2・218）や，夫の本籍が北朝鮮にあるが，昭和22年ころには京城において生活していた事実もある夫婦間の離婚請求事件において，未承認政府の法の適用につき明示的に論及することなく改正前法例第27条第3項により朝鮮民主主義人民共和国の法律を適用したもの（東京地判昭29．9．28下級民集5・9・1640）があった。しかし，京都地裁昭和31年7月7日判決（下級民集7・7・1784）が外交上の承認の有無は，国際私法における外国法の適用には影響を及ぼさないということを裁判例上初めて明らかに論じて，当時我が国が承認していない中華人民共和国の法令を適用すべきであるとして以来，多くの裁判例は，未承認国の法を本国法として適用することを認めており，この立場は最高裁によっても支持されている（最判昭34．12．22家裁月報12・2・105）。

　未承認国の法を本国法として適用しうるとしても，対立している政府のうち，いずれの政府の法律を本国法として決定すべきかについては，判例も学説と同様に次のように対立している。

Ⅰ　(ア)　朝鮮及び中国のような状態をその国内に2つの政府が対立し，それぞれの支配地域に独自の法が行われている1つの国家とみて，不統一法国の国民の本国法決定に関する改正前法例第27条第3項を直接適用し，いわゆるその者の属する地域の決定については，本籍により機械的に決定するもの（東京地判昭29．9．28下級民集5・9・1640，福岡地判昭33．1．14下級民集9・1・15，東京地判昭33．9．27家裁月報11・4・104，神戸家審昭35．9．14家裁月報12・12・101，長野地《松本》判昭36．1．16下級民集12・1・4）。

　(イ)　朝鮮及び中国は，通常の不統一法国とは異なるので，改正前法例第27条第3項を類推適用するが，事態の特殊性を考慮して所属法域

第 2 章　準拠法の決定に関する諸問題

　　　　　の決定については，若干の異なる判断基準を加味して判断するもの
　　　　　（高知家審昭37．1．8家裁月報14・4・221，大阪家審昭37．8．22家裁月
　　　　　報15・2・163，東京地判昭37．9．4下級民集13・9・1805，東京地判昭
　　　　　37．10．25下級民集13・10・2146，大阪地判昭39．3．17判例タイムズ162・
　　　　　197，名古屋地判昭50．10．7判例時報817・98，京都家審昭55．3．31家裁
　　　　　月報33・5・97等）。

Ⅱ　(ア)　中国の場合について中華人民共和国の出現を新国家が分離独立し
　　　　　た場合と同視して，分離国が在外母国民に国籍を付与するためには，
　　　　　分離国の立法のみでは足りず，その母国民自身の承諾が必要である
　　　　　とするのが国際法上の一般原則であるとして，そのような母国民自
　　　　　身の承諾がないとみて中華民国法を本国法としたもの（大阪高判昭
　　　　　37．11．6下級民集13・11・2232，大阪地判昭49．4．8判例時報754・67）。
　　(イ)　(ア)でいう国際法上の一般原則の存在を否定して，大韓民国と朝鮮
　　　　　民主主義人民共和国，中華民国と中華人民共和国の国籍法によって
　　　　　国籍の存在を決定し，それによると二重国籍になる場合には，改正
　　　　　前法例第27条第1項本文は，政治的変更による二重国籍について予
　　　　　想したものではないので適用されないとして，属人法決定の一般原
　　　　　則に従っていずれか一方を本国法とするもの（大阪家審昭36．9．26
　　　　　家裁月報14・1・121，大阪地判昭38．4．16判例タイムズ144・61，東京
　　　　　家審昭38．6．13家裁月報15・10・153，東京家審昭38．10．22判例タイムズ
　　　　　155・222，京都地判昭39．10．9判例時報397・52，名古屋家審昭39．10．19
　　　　　家裁月報17・3・64，福井地《武生》判昭55．3．26判例時報967・102等）。

Ⅲ　　現在の朝鮮や中国の状況の下では，国籍は，実効的な連結素たる資格
　　を失っているとして，この場合には，本国法主義から離れ，しかも属人
　　法主義の枠内で客観的基準に従った実質的連結を試み，無国籍に準じて
　　当事者の住所地法たる日本法によるべきものとするもの（東京家審昭44．
　　5．28家裁月報21・12・175，熊本家審昭46．3．1家裁月報23・8・57），また，
　　日本に居住する朝鮮人について，大韓民国，朝鮮民主主義人民共和国の

10

いずれに属するか明らかでなく，いずれにおいても生活したことがなく，今後もその意思がない場合には，無国籍に準じて処理するのが相当であるとするもの（富山家審昭56．2．27家裁月報34・1・80）。
Ⅳ　国籍を連結点として準拠法が決定される場合には，法廷地の国家から承認された国の法律でなければならないとするもの（東京地判昭28．2．18下級民集4・2・218，神戸家審昭32.10.10家裁月報9・11・110，福岡地《小倉》判昭37．6．6下級民集13・6・1170）。

　これらの裁判例のほか，朝鮮人及び中国人の本国法として何らの根拠を示さないで韓国法や中華民国法を適用した最高裁判例があるが，これらの判例は，籍貫（本籍）を唯一の基準として当事者の本国法を決定したものと推測される（最判昭37．8.10民集16・8・1712，最判昭44.10.21民集23・10・1834，最判昭50．6.27家裁月報28・4・83）。

　この裁判例の対立は，昭和47年9月29日の日中共同声明により中国における我が国の承認関係が変更した以降も続いている。

第4　戸籍先例の推移

　朝鮮人及び中国人の本国法の決定について，国籍実務の取扱いは，平和条約の発効後終始一貫して朝鮮については，南北朝鮮を区別することなく，我が国が承認している大韓民国法を準拠法として適用すべきであるとし（昭28．1.14民事甲第40号回答，昭34.12.28民事甲第2987号通達，昭35．6．6民事五発第135号回答），また，中国については，中国本土と台湾とを区別することなく中華民国法を準拠法として適用すべきであるとしていた（昭28.10.31民事甲第1988号通達）。その理由としては，裁判例として有力と見られる改正前法例第27条第3項の規定を類推適用して，連結素を本籍，過去の住所又は居所，父母の住所等の客観的要素に加えて，将来，帰還する場合に，いずれに帰還するか等の主観的要素をも加えて判断するという考え方は，準拠法決定に当たり属人法に関する本国法主義をとると，在日朝鮮人又は中国人の中には連結点を欠く者も生じるという不合理を生じるばか

第2章　準拠法の決定に関する諸問題

りでなく，いわゆる形式的審査主義により処理される戸籍等の行政分野においては，裁判所が調査する場合と異なるところから，客観的に最も明瞭な我が国が承認している政府の制定法を準拠法とすることが妥当であるとするものである（成毛・「在日朝鮮人及び中国人に適用すべき本国法(1)(2)」民事月報19・7・81，19・8・17，星・「在日朝鮮人及び中国人の本国法」戸籍201・1）。

ところが，昭和40年12月18日日韓条約が批准され，日本と韓国の国交が正常化されたことに伴い，我が国の大韓民国政府に対する承認の問題について，我が国は大韓民国政府を北緯38度以北をも含む朝鮮全土及び朝鮮全人民を代表する政府として承認したものではなく，単にその現に支配している南鮮地域及びその住民を代表する政府として限定的にこれを承認したものと見る見解が有力となった。すなわち，日韓条約第3条にいう国際連合総会における「大韓民国政府を朝鮮半島に合法的に成立している唯一の政府として認める。」という決議の意義については，これは，必ずしも大韓民国政府をもって朝鮮全土及び朝鮮全人民を代表する唯一無二の政府として認めるという趣旨ではなく，朝鮮の統一がまだ成就されていないという事実を念頭において，したがって，その段階においては，朝鮮半島においていくつかの政府の成立の可能性を認めた上で，現在のところ大韓民国政府が朝鮮の人民の大多数が居住している朝鮮の部分に有効な支配と管轄権を及ぼす合法的に成立している唯一の政府であると認めたものであると解するのである。このような見解に立って，明らかに北鮮地域に所属する朝鮮人に対しては，朝鮮民主主義人民共和国の法律を適用すべきであるとする考え方が示されるようになった（家弓・「在日朝鮮人の国籍及び準拠法について」家族法と戸籍の諸問題249頁）。

そして，昭和47年9月29日日中共同声明により，我が国は中華人民共和国政府が中国の唯一の合法政府であることを承認したことに伴い，従来，我が国が承認していた中華民国政府とは国交が断絶し，これまでの中国における承認関係が逆転することになった。

第1節　朝鮮人及び中国人の本国法の決定

　このため日中国交正常化直後，中国人に関する戸籍の届出について中国人の本国法として一律に中華人民共和国の法律を適用すべきであるかという照会が相次いだが，いずれもその点については直接触れることなく，そのまま受理して差し支えない旨の回答がなされた（昭47.12.21民事甲第5609号回答，昭47.12.21民事甲第5610号回答，昭48.1.10民二第245号回答，昭48.8.21民二第6456号回答）。

　その後，朝鮮人及び中国人については，原則として我が国が承認している政府の法律を本国法として適用すべきであるとしながらも，当事者が明らかに我が国が承認していない国家に属していると認められる場合には，我が国が承認していない当該当事者の属する国の法律を適用することができるとの見解が示された（田代・「第26回（昭和48年）全国連合戸籍事務協議会総会の研修会における意見」戸籍336・145）。そして，具体的事案において，我が国が承認していない中華民国の民法を適用して養子縁組届を受理しなかった先例が現れた（昭51.9.8民二第4984号回答）。

第5　戸籍実務の今後の方向

　朝鮮人及び中国人のようにいわゆる分裂国家に属する国民の本国法の決定については，前述のとおり各説がある。思うに，国際私法は，各種の渉外的私生活関係についてその固有の性質に応じて，これを規律するに最も適当な法律を指定する法律であるから，通常その生活関係に最も密接な関係をもつ法律が指定されるべきであって，その法律を発布した国家又は政府が国際法上の承認を得たか否かは問題とならず，未承認の国家又は政府の法律であっても準拠法として指定しうると解される（通説）。また，我が国が承認していない国家又は政府の法律を国際私法上で準拠法として適用したとしても，それはその法律が一定の法域に実定的に妥当しており，一定の私法関係を規律するのに適当なものであることを認めたにすぎないものというべきである。したがって，原則として我が国が正統政府として承認している政府の法律によるが，我が国としては，我が国が承認してい

13

第2章　準拠法の決定に関する諸問題

ない政府の法律を適用したとしても，それによってその外国の国家又は政府に対して法律上はもちろん，事実上の承認も与えたことになるものではなく，また，国際法上，政治・外交上の意味を付せられるべきものでもないのであるから，当事者が明らかに我が国の承認していない国家又は政府に属していると認められる場合には，当該当事者の属する国家又は政府の法律を適用することが妥当であると考える。これまでの先例の考え方によれば，いわゆる分裂国家の国民に適用すべき本国法については，すべて我が国が正統政府として承認している政府の法律によるべきであるということになるので，従来の先例どおりに扱う場合は，その者が明らかに我が国の承認していない政府に忠誠を誓っている場合であっても，その政府と対立している我が国が承認している政府の法律を適用することとなる。これでは，国際私法が本来予定している準拠法，すなわち，その者の生活関係に最も密接な関係をもつ法律を適用すべきであるとする要請に反することになろう。もっとも，日本に在住する朝鮮人又は中国人の中には，戦前から日本に居住している関係から本国における対立する政府のどちらにも属しない，また，どちらにも属したくないという中立系の者がいるが，これらの者は明らかに我が国が承認していない政府に属する者とは言えないので，我が国が承認している政府の法律を適用せざるを得ないことになろう。これらの者について我が国が承認している政府の法律を適用したとしても，朝鮮又は中国の現状を異法地域が存在するという立場から見れば，所属地域の明らかでない当事者の生活関係の規律の要請に反するものとは言えないと考える。

　なお，当事者がいずれの政府に属するかということは，1つの事実問題であるから，当事者からその属する政府の権限ある官憲からその者が属している旨の証明書を提出させるか，その者の全生活関係やその者がどちらの政府に忠誠を誓っているか等を調査して決定すべきものと考える。

第2節　公序による外国法適用の排除

第1　概　　説

1　公序の意義

　通則法の規定に基づいて外国法が準拠法となる場合において，当該外国法を我が国において適用すると，その適用の結果が我が国の公の秩序，善良の風俗に反するときは，その外国法の適用が排除される場合がある。すなわち，通則法第42条において「外国法によるべき場合において，その規定の適用が公の秩序又は善良の風俗に反するときは，これを適用しない。」と規定している場合がこれである。このような規定は，一般に公序則又は排除規定と言われている。この規定は，事案が渉外的要素をもった事件であるという特殊事情を考慮したとしても，外国法を適用した結果が我が国の公の秩序，善良の風俗の観点から許容しがたいと判定されるときは，その外国法を適用しないという趣旨である。したがって，本条に基づいて準拠法たる外国法が排除されるのは，あくまでも例外的な事態であるから，本条の適用については慎重でなければならない。

2　公序則の適用条件

　通則法第42条の規定は，当事者の本国法として外国法が適用される場合に限らず，通則法の適用によって外国法が準拠法となるすべての場合に適用がある。したがって，通則法第42条は，その外国法が本国法・常居所地法・挙行地法・行為地法などそのいずれであるかを問わず外国法を適用するすべての場合について適用される。

　公序良俗の語は，民法第90条にも用いられているが，民法第90条の公序と通則法第42条の公序とは，それぞれ異なる内容を持っている。すなわち，民法第90条の公序は，民法の親族・相続に関する強行規定に反すれば，民法上の公序に反することになるが，通則法第42条の公序は，我が国の立場からみた普遍的な公序をいうものである。そこで，民法第90条にいう公序

を国内公序，通則法第42条にいう公序を国際公序として区別している。

3　外国法排除の基準

　通則法第42条は，外国法の規定そのものを対象とするものではなく，通則法の規定によって準拠法とされる外国法を我が国において適用した結果が，我が国が維持しようとする私法的社会秩序を破壊するような場合に適用されるのである。このことについては，平成元年の法例の改正前は外国法の適用の結果が問題となるのか，外国法の規定の内容自体が判断の対象となるのか見解の対立があった。そこで，法例の改正によって，適用の結果が問題であることを明らかにした。なお，最高裁昭和52年3月31日判決（民集31・2・365）は，外国法を適用して離婚に伴う未成年者の親権者を父と限定することは，我が国の公の秩序又は善良の風俗に反するものと解されるので，改正前法例第30条により許されないものとしている。つまり，外国法の規定ではなく，外国法を適用した結果が公序に反するときが問題となるのである。しかも，その結果は，我が国における結果のみを対象とし，当事者である外国人の本国又は第三国で適用された結果については，我が国は否定しないのである。例えば，当事者の双方の本国法が一夫多妻婚を認めていたとしても，我が国において一夫多妻婚を成立させることは，我が国の善良の風俗に反するので，このような婚姻の届出があっても，これを受理することはできない。しかし，当事者の本国又は第三国で成立した一夫多妻婚は，我が国でもその効力を否定しない。したがって，第二夫人から出生した子であっても我が国ではこれを嫡出子として取り扱うことになる。

　このように公序則を適用して外国法を排除するための実質的基準は，我が国の渉外法的見地からみた当該事案における具体的妥当性ということにあるが，公序に反するかどうか，また，公序に反するとした場合の判定自体の当否については，個々の事案における個別的・具体的な特殊事情を考慮に入れなければならない。

4　外国法排除の補充

　通則法は，公序則を適用して外国法の適用を排除した結果いかなる法律を適用するかについては直接規定していないが，通常は，ある外国法の適用を排除することは我が国固有の公序良俗の保全のためであるから，当然保全を要する当該公序良俗を表現する内国法たる日本法を適用すべきであるとしている（江川・国際私法118頁，久保・国際私法77頁）。このほか，準拠法に欠缺が生じたものとして処理すべきであるとする説，更にその処理の方法については，その欠缺は当該外国法秩序における法規の欠缺に準じて補充すべきであるとする説，あるいは内外いずれの法秩序にもとらわれない一般的な条理によって補充すべきであるとする説などがある。

　なお，近時は，通則法第42条の公序則を適用して外国法を排除した結果，日本法が適用されるとしても，その規定を本来の趣旨どおりに適用するのではなく，渉外的要素をもった事案に適用すべく構成して適用する必要があるとされている（池原・国際私法《総論》262頁）。

第2　離婚を認めない準拠法と通則法第42条

1　渉外離婚事件の国際裁判管轄権

　我が国には渉外離婚事件の裁判管轄権を決定する成文法はないが，外国人を当事者とする離婚事件について日本の裁判所が管轄権を有することは，改正前法例第16条ただし書で「裁判所ハ其原因タル事実カ日本ノ法律ニ依ルモ離婚ノ原因タルトキニ非サレハ離婚ノ宣告ヲ為スコトヲ得ス」と規定していたところから，我が国の裁判所が外国人に対して離婚の宣告をする場合のあることを予想して，夫婦がともに外国人である場合にも日本の裁判所は，離婚訴訟の裁判権を有するものと解されていた。そして，我が国の通説によれば，外国人間の離婚訴訟については，原則として夫婦の本国に裁判管轄権があり，夫婦の国籍が異なる場合には，その双方の本国に裁判管轄権があるとされていた。しかし，裁判管轄権を夫婦の本国に限定した場合は，外国で離婚訴訟を提起することができないのは不便であるとの

第２章　準拠法の決定に関する諸問題

理由から，補則として夫婦の住所のある国にも裁判管轄権を認めるべきであるとしていた。この場合に夫婦の住所が異なるときは，被告の応訴等の便宜等を考慮して被告の住所が日本にある場合は，日本の裁判所に裁判管轄権があるとしていた。しかし，被告の住所が日本にない場合でも，原告が遺棄されたとか，被告が国外に追放され，又は行方不明であるときには正義公平の見地から我が国の裁判所にも裁判管轄権があるとしていた（最判昭39．3．25民集18・3・486，昭47．11．28民事甲第4946号回答）。なお，この通説に対しては，適正・公正，かつ能率的な裁判を行い，国際的な私法生活の安全と円滑を手続的に保障するという国際民事訴訟法の理想に照らしてみれば，当事者の国籍を裁判管轄権の基礎として評価することに十分な合理的根拠を見いだし難いとする考え方が近時有力となっていた（池原・「渉外判例研究」ジュリスト57・122）。

　そこで，平成元年に法例が改正され，第16条が離婚の準拠法について第14条の規定を準用して，夫婦の共通本国法，共通常居所地法，密接関連法の３段階の連結という構造をとり，また，同条ただし書が「夫婦ノ一方ガ日本ニ常居所ヲ有スル日本人ナルトキハ離婚ハ日本ノ法律ニ依ル」ものとして，いわゆる日本人条項を定めたところから，我が国の裁判所が外国人に対して離婚の宣告をする場合のあることを予想しているほか，夫婦がともに外国人である場合にも，共通常居所地が日本に存在するときには，日本の裁判所が離婚訴訟の裁判権を有することを明らかにした。

　このように，平成元年に法例が改正された際に，裁判管轄権についても準拠法の面から検討がされ，離婚の準拠法を定めるに当たって，夫婦の共通本国法，共通常居所地法，密接関連法の３段階の連結としたことによって，従来は解釈によっていた部分が立法的に解決されたということができる。

　通則法第27条は，法例第16条と同様に規定している。

２　公序則適用の可否

　原告の請求が通則法第27条に規定する離婚の請求であるとき，その請求

第 2 節　公序による外国法適用の排除

の当否については，改正前法例第16条では離婚原因の発生した当時の夫の本国法が判断基準とされていたが，平成元年の法例の改正によって，夫婦の共通本国法，共通常居所地法，密接関連法の順に準拠法が定まることとなった（法例16本文）。もっとも，夫婦の一方が日本に常居所を有する日本人であるときは，日本法によるという，いわゆる日本人条項が設けられた（法例16ただし書）が，離婚の準拠法については，反致が認められないこととされた（法例32ただし書）。

　これは，段階的連結により準拠法を定めた場合には，当事者双方に共通する法律を厳選・精選しているので，反致を認めず，その法律によることとするのが適当であること，その国の国際私法上，密接関連法によることとされることを理由として反致する場合には，その認定に困難を伴うこと等を理由としている（南・「法例改正に関する基本通達の解説」新しい国際私法57頁）。また，改正前法例は，離婚原因について日本法もまたこれを認めていることを必要とする特別的公序の規定を置いていた（改正前法例16ただし書）が，平成元年の法例の改正によって，特別的公序の規定は削除された。これは，離婚原因が公序問題とならないということではなく，法例第33条の公序則で十分規律しうると考えられたためである（澤木・「新しい国際私法の概説」新しい国際私法16頁）。

　通則法第27条及び第41条ただし書は，法例第16条及び第32条ただし書と同様に規定している。

　このようにして，離婚を認めない国の国籍を有する当事者に対する渉外離婚訴訟において，国際私法における公序を援用するについては，なお，その当事者の本国法において例外的に離婚が許容される場合はないか，もしあるとすれば，当該事案はそれに該当しないか，あるいはその当事者の本国法がいかなる場合にも離婚を全く認めないときにも，その本国法における婚姻の無効又は取消しに関する諸規定の中に当該事案に適用できるものはないか等を検討する必要があるとされている。

　学説は，そもそも改正前法例第30条（通則法第42条）が，一般的・原則

第 2 章　準拠法の決定に関する諸問題

的な準拠法選択の法則に対する例外的な法則であるから，あまり広く採用されるときは，法例（通則法）の原則を有名無実なものとするおそれがあるとして，公序を理由に離婚を禁止した本国法の適用を排斥することに反対するものが多い（折茂・国際私法《各論》〔新版〕299頁，溜池・「離婚・別居」国際私法講座 2 巻569頁）。

　しかし，裁判例の多くは，日本人妻からフィリピン人夫に対する離婚請求について，その特殊事情を考慮して離婚を認めないフィリピン法を改正前法例第30条（通則法第42条）を適用して排除し，我が国の民法を適用して離婚の請求を認容している（東京地判昭33．7．10下級民集 9・7・1261，東京地判昭35．6．23下級民集11・6・1359，横浜地判昭38．4．26家裁月報15・10・149，大阪地《堺》判昭38．9．16家裁月報16・2・70，大阪地判昭42．7．14下級民集18・7・8・817，東京地判昭42．9．1 判例時報504・73，東京地判昭45．4．11判例時報606・54，横浜地判昭48．1．18判例タイムズ297・315，東京地判昭53．3．10判例時報912・83，東京地判昭54．5．18判例タイムズ394・110，東京地判昭55．6．13判例タイムズ423・135，大阪地判昭55．8．25判例タイムズ430・138，東京地判昭56．2．27判例時報1010・85，浦和地判昭59.12. 3 判例タイムズ556・201）。

　同旨の理由でフィリピン人夫から在日朝鮮人妻に対する離婚請求について改正前法例第30条（通則法第42条）によりフィリピン法の適用を排除して日本法により離婚を認めている（神戸地判昭54.11. 5 判例時報948・91）。

　また，日本人妻からフィリピン人夫に対する離婚請求について改正前法例第30条（通則法第42条）によりフィリピン法の離婚禁止を排除したが，裁判別居の規定を類推適用して離婚を認めたものがある（京都地判昭56．9．24判例時報1053・143）。

　学説も裁判例が認定したような事情の下において，改正前法例第16条により準拠法である夫の本国法が離婚を認めないことを理由になお離婚を許容しないとすることは，渉外法的観点からみて具体的妥当性に反するので，当該事案が離婚を妥当とする限り離婚判決をなし得るとして判例を支持し

ている（烌場・「判例評論」判例時報519・130）。

　なお，フィリピン法は，離婚を認めていないので，フィリピンの裁判所で離婚判決を得ることはできないが，フィリピンの裁判所は，外国離婚判決に対して必ずしも一切をフィリピンの公序に違反するとして否認することなく，場合によってはこれを承認する態度をとっている。例えば，フィリピン人と外国人が有効に婚姻し，その後外国において離婚が有効に成立し，外国人配偶者が再婚する資格を得た場合は，フィリピン人配偶者もフィリピン法に従い再婚する資格を取得するとしている（フィリピン家族法26Ⅱ）。ただ，夫がフィリピン人で妻が外国人である場合には外国で得た離婚判決は，妻についてのみこれを承認し，夫については否認するという厳格な見解もあるが，リベラルな考え方に立って夫についてもこれを承認するという解釈の余地もあると説く者もあり，離婚を認めないフィリピンの法政策は，渉外離婚に関する限り必ずしも絶対的なものではなく，多少の寛容を加味することを期待し得ないではないといわれる（砂川・「渉外判例研究」ジュリスト347・101）。

　フィリピン法と同旨の裁判例としては，夫の本国法たるイタリア離婚法を公序良俗に反するとしてその適用を排斥し，我が国の民法を適用して離婚を認容した事例（東京地判昭50.11.17判例タイムズ334・331，横浜家審昭62.10.30家裁月報40・10・53），スペイン人夫と日本人妻間の夫婦関係調整事件について離婚を認めないスペイン婚姻法（なお，スペインでは，1981年（昭和56年）7月に民法法典が改正され，離婚制度が設けられた。）は，公序良俗に反するとして夫の本国法たるスペイン法を排斥して，我が国の民法を適用して調停離婚の成立を認めた事例（東京家調昭37.9.17家裁月報15・1・164），離婚を認めない夫の本国法であるチリ共和国法の適用を改正前法例第30条により排斥して法廷地法である日本民法を適用して日本人女からの離婚請求を認容した事例（東京地判昭55.10.3判例タイムズ441・142，東京地判昭58.12.16判例タイムズ523・209）がある。

　このような従来の裁判判例は，法例が施行された平成2年1月1日以降

3 審判離婚・調停離婚の可否

通則法第42条の適用については，通則法の規定によって外国法が準拠法となる場合においてその外国法自体を排除するものではなく，その外国法を当該事案に適用した結果が日本の国際私法の観点から公序良俗に反するか否かを判断すべきものとされる。

そこで，通説は，当該事案が離婚請求事件であれば，日本法によれば離婚原因があると認定されるにもかかわらず，準拠法たる外国法に離婚制度がないという理由で離婚を許さないことが，我が国の国際私法の観点から公の秩序や善良の風俗に反するか否かを判断しなければならないとしている。そして，通則法第42条の適用により当該外国法の適用が排除された結果，離婚を認めるに当たって裁判離婚によることなく，家事審判法に従い調停離婚又は審判離婚をすることができるかについては，調停離婚や審判離婚は，確かに裁判所の関与する離婚ではあるが，調停離婚はもとより審判離婚も当事者の合意を基礎とするものである。すなわち，調停離婚は，当事者間の合意が成立したときこれを調書に記載することにより成立するものであり（家審21），また，調停に代わる審判も当事者双方の申立ての趣旨に反しない限度においてするものであるから（家審24），その本質は協議離婚というべきであり，これを裁判離婚の一種と考えることは妥当でない。それゆえ，調停離婚や審判離婚をすることは，準拠法たる外国法が当事者の合意によって婚姻の解消を認める韓国法・中国法のような場合には妥当する手続であるが，フィリピン法などのように離婚を認めない場合は，裁判離婚によるべきであり，調停離婚又は調停に代わる審判離婚はできないとする（加藤・「渉外判例研究」ジュリスト273・96）。

これに対して，調停離婚も審判離婚も家庭裁判所という裁判所の関与する離婚であり，広義の裁判離婚と考えられるから，これをすることは差し支えないとする考え方（石黒・「渉外判例研究」ジュリスト681・284），調停離婚や審判離婚が裁判離婚であるか否かはともかくとして，「手続は法廷

地法による。」という国際私法の原則に従えば，我が国における離婚はすべて調停に付さなければならないから（家審18），調停離婚はもちろん調停に代わる審判による離婚も当然することができるとする見解，準拠法たる外国法が公序則によって排斥された結果，日本法が準拠法となるとすれば，通則法の規定による準拠外国法のいかんを問わず調停離婚又は審判離婚をすることができるとする家庭裁判所の慣行を慣習法として位置づける立場がある。

　裁判例には，離婚を認めないフィリピン法を改正前法例第30条（通則法第42条）により排除し日本法を準拠法とした上で，離婚につき家事審判法第24条による審判をした事例がある（東京家審昭51. 9. 6判例タイムズ351・313）。また，調停については，同種の事案について改正前法例第30条（通則法第42条）を適用して調停の成立を認めたもの（東京家調昭36. 11. 10家裁月報14・3・129，東京家調昭37. 9. 17家裁月報15・1・164）と，夫の本国法が離婚を認めず，反致も認めていないとの理由で調停をしないとしたもの（横浜家調昭35. 4. 20家裁月報12・7・134）とに分かれている。

　ところで，調停も審判も基本的には当事者の合意が基礎となって行われるものであるが，調停又は審判手続における合意の成立は，訴権の放棄と解され，また，調停又は審判手続においては，調停委員会又は家事審判官が通則法第42条の適用について判断するものであるから，その手続は判決手続と代わるところはないので，当該外国法が離婚を認めない場合であっても，裁判によることなく，調停離婚はもちろん調停に代わる審判による離婚も当然することができるものと考える。

4　離婚に伴う未成年の子の親権者・監護権者の決定

　離婚を認めない外国法を公序則に基づき排除して離婚を認めたとき，離婚に伴う未成年の子の親権者・監護権者の決定の準拠法をいかにして決定するのかが問題となる。

　離婚に伴う未成年の子の親権者・監護権者の決定の準拠法について，学説は，従来この問題は通常の親子関係の問題ではなく，父母の離婚によっ

第2章　準拠法の決定に関する諸問題

て生じる問題であるから、離婚の準拠法を決定する改正前法例第16条の適用を受けるべきものとし、決定された親権・監護権の内容・効果については、親子間の法律関係の準拠法を決定する改正前法例第20条によるという立場が多数説であったが、その後、この立場によれば親権・監護権の帰属・分配等の問題とその内容・行使等の問題を各別に異なる準拠法に従わせることになり、本来、分かち難い2つの事項を分離する無理をあえてすることとなるし、現在から将来にわたる子の処遇の問題を過去に関係があった離婚原因たる事実の発生した当時の母の夫の本国法に委ねることに十分な理由があるか疑わしいとして、改正前法例第20条によるとする立場を主張する学説が有力となっていた（折茂・前掲書311頁）。

　裁判例は、親権者・監護権者の決定が離婚を契機として生じる問題であるとして、離婚の準拠法を決定する改正前法例第16条に従って決定すべきであるとする立場（大阪高判昭35.12.20下級民集11・12・2702、東京地判昭35.12.24下級民集11・12・2765ほか）と親権・監護権の帰属の問題も内容及び行使の問題も親子間の法律関係の問題であるとして、改正前法例第20条によって決定しようとする立場（東京地判昭35.1.28下級民集11・1・166、札幌地判昭43.4.16判例時報534・74ほか）とに分かれていた。

　これを離婚を認めない外国法を公序則に基づき排除して離婚を認めた場合について考えると、改正前法例第20条によるとする立場によれば、離婚と親権・監護権の帰属とは、相互に別個の問題であり、各別の準拠法に従うから離婚の準拠法が公序則の適用により全面的に排斥されたとしても、親権・監護権の問題を規律すべき親子関係の準拠法が当然に同一の理由で適用を排斥されることはない。これをフィリピン法に例をとれば、同国法には離婚に伴う親権・監護権の変動に関する規定を欠くが、それは同国法では離婚を認めないから離婚の付随的効果などというものはありえないからである。仮にあるとすれば、別居あるいは婚姻無効の付随的効果としての親権・監護権の変動について規定を設けられているにすぎない。しかし、これらの諸規定が離婚の付随的効果としての親権・監護権の変動に準用又

は類推適用することが可能な限り，それを準用又は類推適用すべきであるとする（東京地判昭53．3．10判例時報912・83，浦和地判昭59.12.3判例タイムズ556・201）。

　他方，改正前法例第16条によるとする立場によれば，この立場は離婚の準拠法と離婚に伴う未成年の子の親権者・監護権者の決定の準拠法とを常に同一国の法によるとすることから，最終的に離婚の準拠法として確定した法をもって，離婚の付随的効果の準拠法とすることが最も自然であり，一貫した取扱いであるとする。また，離婚の準拠法が公序則の適用により排斥される場合は，その補充法としてとられた，例えば，日本法や条理に従って親権・監護権の帰属を決定すべきであるとする（横浜地判昭38．4．26家裁月報15・10・149，大阪地判昭42．7．14下級民集18・7・8・817，東京地判昭56．2.27判例時報1010・85，東京地判昭60．6．13判例時報1206・44）。

　離婚に伴う未成年の子の親権者・監護権者の決定の準拠法については，公序則による離婚の準拠法の適用の排除を子の親権者・監護権者の決定の問題にまで拡張し，日本民法を適用することについては，これを不当とし，むしろ本来の離婚の準拠法たる外国法の子の親権者・監護権者の決定に関する規定を適用するのが相当であるとするものが多かった（烁場・「判例評論」判例時報519・130，砂川・「渉外判例研究」ジュリスト347・101）。

　この問題については，平成元年の法例の改正によって，従来，離婚の際の子の親権者の指定は，改正前法例第16条によるのか，それとも同第20条によるのかについて学説，判例ともに分かれていたのを，法例第21条によることが明らかにされた。これは，子に対する親権の帰属は，親権の内容や行使方法と密接不可分であって，この両者を別個の準拠法によらしめるのは適当でないこと，離婚の準拠法は夫婦間の利害の観点から指定されており，それと異なる親子間の問題には適しないこと等によるものである（南・「改正法例の解説㈡」法曹時報42・10・77，南・「改正法例に関する基本通達の解説」前掲書94頁）。なお，法例の改正に伴って発出された法務省民事局長通達は，離婚の際の子の親権者の指定については，法例第21条による

ものであることを明確にしている（平成元.10.2民二第3900号通達第2，1，(2)）。

このように，離婚後の子の親権の帰属については，法例第21条によることが明らかにされたことから，法例下においては，従来のように見解が分かれることはないものと考えられる（東京地判平2.11.28判例時報1384・71）。

通則法第32条は，法例第21条と同様に規定している。

第3　離婚に伴う未成年の子の親権者の指定と通則法第42条

1990年（平成2年）1月13日法律第4199号をもって改正された（1991年（平成3年）1月1日施行）韓国民法第909条第5項は，父母が離婚したとき，その母は前婚姻中に出生した子の親権者となることができないと規定して離婚後の未成年の子の親権者は，自動的に父としていた（現韓国民法第909条第4項は，父母が離婚する場合には，父母の協議によって親権者を定めるとしている。）。そこで，韓国人夫婦間又は韓国人男と日本人女間の離婚に伴う未成年の子の親権者の指定に関する準拠法である韓国民法第909条第5項を適用した結果，扶養能力のない父に子を扶養する親権者としての地位を認め，実際に扶養能力のある母から親権者の地位を奪うことになる場合，韓国民法の同規定に準拠することは，親権者の指定については，子の福祉を中心に考慮決定すべきものとする我が国の社会通念に反する結果を来たし，ひいては我が国の公の秩序又は善良の風俗に反するものとして改正前法例第30条（通則法第42条）により，父の本国法である韓国民法を適用せず，我が民法第819条第2項を適用して母を親権者と定めることができるか問題とされていた。

学説は，この問題について改正前法例第30条（通則法第42条）の適用を否定する見解が有力であった（折茂・前掲書389頁，林脇・「渉外判例研究」ジュリスト249・107，澤木・「判例評論」判例時報859・136，金・「大韓民国民法909条を適用して親権者を父と指定することが法例30条により許されない場合」民商法雑誌77・5・103）が，これを肯定する見解もあった（田村・「渉外判例研究」ジュリスト363・117）。

裁判例は，同種の事案について改正前法例第30条（通則法第42条）の適用を肯定するもの（水戸地判昭36．7．7下級民集12・7・1619，名古屋高判昭51．6．29判例タイムズ344・233）と否定するもの（福岡地《小倉》判昭37．6．6下級民集13・6・1170，福岡地《飯塚》判昭41．3．23判例時報442・52，大阪家《岸和田》審昭51．5．24家裁月報29・5・79）とに分かれていたが，最高裁は，これを肯定するに至った（最判昭52．3．31民集31・2・365《注1》）。

この最高裁判決に対しては，韓国民法には，父母の離婚に際し裁判所が子の養育に必要な事項を定めうる旨の規定（韓国民法837Ⅱ）（現韓国民法837Ⅳ）があり，また，扶養能力のない父が親権を濫用するときは，親権喪失の宣告の制度（同法924）があり，親権を行うものがない子についての後見の制度も整備されており，離婚した母も後見人たりうるから（同法932，935），韓国民法第909条第5項の適用の結果が，子の保護に欠けることとなるものとは見られ難い。このように準拠法たる外国法の枠内での判断を容易に放棄して法廷地法を適用しがちな公序則の濫用は戒しめられるべきである。特に本件のように夫婦がともに外国籍を有する場合には法例（通則法）が外国人の家族関係を本国法によらしめている以上，公序則の発動は慎重になされるべきであるとして反対するものがある（澤木・前掲書140頁，金・前掲書115頁）。

このように最高裁判決には公序則の適用について疑問が出されているが，この最高裁判決以後において韓国人夫と日本人妻とが離婚した後，その夫婦間の未成年の子の親権者の変更を認めない（現韓国民法第909条第6項は，裁判所は子の福利のために必要であると認められる場合においては，定められた親権者を他の一方に変更することができるとしている。）韓国民法の適用を改正前法例第30条（通則法第42条）により排除して親権者を父から母に変更した事例（大阪家審昭52．10．26家裁月報30・10・48）や韓国人間の婚姻外の子を父が認知した結果，韓国法上当然父が親権者となる（現韓国民法第909条第4項は，婚姻外の子が認知された場合には，父母の協議によって親権者を定めるとしている。）場合でも，同国法は親権者の指定・変更は子の福祉

第2章　準拠法の決定に関する諸問題

を中心に考慮決定すべきものとする我が国の社会通念に反する結果を来たし，ひいては我が国の公序良俗に反するとしてこれを排除して我が国においては民法第819条所定の協議又は親権者変更の審判がない以上，当然に父を親権者とすることはできないとした事例（大阪高判昭52.9.14判例時報895・83）がある。また，同様の理由から韓国国籍を有する父母の一方が未成年の子の親権者である場合には，改正前法例第30条（通則法第42条）により韓国民法の適用を排除して我が民法を適用し，父母の協議又は協議に代わる審判によって，親権者の変更をなし得るものとした事例がある（大阪地判昭55.9.22判例時報1005・148）。

　なお，韓国人夫婦の調停離婚又は家事審判法第24条の審判離婚において，その間の未成年の子の親権者を母と定めることができるかどうかについては，消極説が多数であり，また，離婚した韓国人母から韓国人父に対し，その間の未成年の子の親権者変更の調停申立てがあった場合，親権者変更の調停又は審判をすることができるかどうかについては，親権者変更の審判については肯定する見解が多数であり，調停による親権者の変更については消極説が多数のようである（第1回大阪家庭裁判所渉外事件研究会協議結果家裁月報31・5・148《注2》）。

　《注1》　最判昭52.3.31民集31・2・365
　　「原審の認定するところによれば，X・Yとも大韓民国の国籍を有するが，婚姻当時日本に居住し，婚姻の届出，婚姻生活等もすべて日本でなされ，2人の未成年の子もいずれも日本で出生し父母の監護養育を受けてきたところ，離婚のやむなきに至ったものであるが，父であるYは子に対する扶養能力を欠き扶養能力のある母であるXが2人の子を監護養育しているものであって，諸般の事情を考慮すると，父であるYは名目上親権者となりえてもその実がなく，実際上親権者たるに不適当であることが顕著である，というのである。
　　ところで，本件離婚にともなう未成年の子の親権者の指定に関する準拠法である大韓民国民法909条によると，右指定に関しては法律上自動的に父に定まっており，母が親権者に指定される余地はないところ，本件の場合，大

第 2 節　公序による外国法適用の排除

韓民国民法の右規定に準拠するときは，扶養能力のない父であるＹに子を扶養する親権者としての地位を認め，現在実際に扶養能力のあることを示している母であるＸから親権者の地位を奪うことになって，親権者の指定は子の福祉を中心に考慮決定すべきものとするわが国の社会通念に反する結果を来たし，ひいてはわが国の公の秩序又は善良の風俗に反するものと解するのが相当であり，これと同旨の原審の判断は，正当として是認することができる。したがって，本件の場合，（改正前）法例30条（通則法第42条）により，父の本国法である大韓民国民法を適用せず，わが民法819条 2 項を適用して，Ｘを親権者と定めた原審の判断はもとより正当である。」

《注 2 》　第 1 回大阪家庭裁判所渉外事件研究会協議結果（家裁月報31・5・148）

① 　韓国人夫婦の調停離婚（又は24条審判）において，その間の未成年者の親権者を母と定めることができるか。

〔協議結果〕

　韓国民法によれば協議離婚は可能であるから，わが国において調停離婚をなすことは許容される。ただ調停離婚の際，親権者を母と指定することについては，韓国民法909条の規定に照らし，困難であろう。その際，わが（改正前）法例30条（通則法第42条）により，右韓国民法909条の規定の適用を排除しうるか否かについては，調停（又は24条審判）の性格を裁判ととらえれば可能ではないか，との考えも示されたが，消極説が多数であった。

② 　離婚した韓国人母から韓国人父に対し，その間の未成年者の親権者変更の調停申立てがあった場合，親権者変更の調停または審判をなすことができるか。

〔協議結果〕

　親権者変更の問題は親権の帰属の問題であり，（改正前）法例20条にいう親子間の法律関係である。したがって，それは父の本国法たる韓国法による。韓国法によれば親権者変更という制度はない。したがって，本問については消極という結論が一応予想される。しかし，当該事案の内容如何によっては，

父を親権者のままにしておくことが事件本人の福祉に反することも考えられる。その場合には，(改正前) 法例30条 (通則法第42条) の公序則が発動される余地はないか。審判によって親権者を変更することを肯定する見解が多数であった。ただ審判によりうることは可としても，調停によりうるか否かについては問題があり，この点については消極説が多数であった。

なお，この問題に関連する判例として，最判昭52.3.31があるが，内国的関連性，事態の緊急性・重大性という見地からみて，右判旨の結論は首肯されよう。しかし，右内国的関連性等に関する具体的な事実につき，より詳細な判示が望ましい旨の木棚教授のコメントがあった。なお，右判例のケースでは，当事者の国籍は韓国籍という前提で議論がなされているが，むしろ無国籍に準じ，(改正前) 法例27条2項の適用をすることにより問題の解決を図ることは考えられないか，との議論もあった。

第4 認知を認めない準拠法と通則法第42条

1 渉外認知事件の国際裁判管轄権

婚姻外の子に対して生父が任意認知をしない場合に認知の訴えを提起することができるか否か，これが許されるとした場合に何人が訴えを提起することができるか，訴え提起の期間の存否及びその期間等は，通則法第29条の規定によって定まる準拠法の決定するところである。ところで，平成元年の法例の改正前においては，認知については認知当事者の本国法が結合的に適用されるから (改正前法例18)，その双方の本国法においてこれを認める場合でなければ，認知の訴えを提起することはできないものと解されていた。そこで，もし父の本国法が生父の捜索 (認知の訴え) を禁じているときは，これをもって我が国の公序良俗に反するとして，改正前法例第30条 (通則法第42条) により当該外国法の適用を排除して，我が国の民法により裁判上の認知 (強制認知) を認めるべきであるとするのが多数の学説の認めるところであった (折茂・前掲書347頁)。

平成元年の法例の改正により認知は，子の出生の当時若しくは認知の当

時の認知する者の本国法又は認知の当時の子の本国法のいずれの法律によってもすることができるが，認知する者の本国法による場合において，認知の当時の子の本国法がその子又は第三者の承諾又は同意のあることを認知の要件とするときは，その要件も備えなければならないものとされた（法例18）。

通則法第29条は，法例第18条と同様に規定している。

渉外認知事件について，我が国の裁判所がいかなる場合に裁判管轄権を有するかについて，我が国には国際裁判管轄権に関する規定はないが，子が日本人である場合は，日本の裁判所に裁判管轄権があることには異論はなく，子が外国人の場合は，その子が我が国に住所又は居所を有するときは，日本の裁判所が裁判管轄権を有するものと解される。

2　強制認知を認めない外国法と公序

平成元年の法例の改正前においては，認知については認知当事者の本国法が結合的に適用されるから（改正前法例18），当事者の双方の本国法が強制認知を許さないときは，強制認知は許されないものと解されていた。しかし，当該事案において渉外法的具体的妥当性を確保するため，強制認知を認めることが要請されるときは，これを認めない当事者の本国法の適用を公序則によって排斥しなければならないが，安易な公序則の援用を避けるため，次のことに留意する必要があるとされていた。

第1に，準拠法たる外国法に強制認知に関する規定がないことが直ちに強制認知の禁止を意味するものではないことである。すなわち，父子関係について事実主義を採る国では強制認知の制度の不存在，あるいはそれに関する規定の欠缺は，単に裁判によって婚姻外の親子関係の存在を確認する必要がないということを意味するにすぎないことも少なくない。このようなときは，強制認知制度が当該外国法上は存在せず，あるいは規定がないとしても強制認知を認めることが可能であると解される。

このような観点からすると，これまでの裁判例において強制認知の許否に関して公序則の援用されたほとんどすべての場合は，当該外国法を適正

第2章　準拠法の決定に関する諸問題

に解釈したならば，公序則を援用する必要はなかったのではないかと言われる。

　第2に，一般的な婚姻外の親族関係の発生を認めない血統主義の国では，扶養や相続などの財産的側面については，法律上の推定を伴う個別的事案ごとの証明による救済手段が認められ，また監護権などの身分的効果についても法定されており，婚姻外の子に対する保護政策は設けられている。ただその保護政策を実現する手段・方法に差異があるにすぎないから，我が国の保護手段・方法である認知を強制することは，たとえ子の国籍が日本であっても準拠法たる父の本国法の適用（改正前法例18）を排除してまでも日本において維持されなければならない秩序に当たるとは考えられない（烋場・「渉外判例研究」ジュリスト489・163，欧・「認知と公序」渉外判例百選118頁）。

　第3に，このように準拠法たる外国法を慎重・適正な解釈をしてもなお強制認知が認められないことが明らかとなったときは，当該事案について渉外法的観点から強制認知を認めることが不可欠であるかを検討する必要がある。

　これまでの裁判例としては，平成元年の法例の改正前における日本人たる子から強制認知を認めないアメリカ合衆国人（ミズリー州）父に対して認知の訴えが提起された事案について，改正前法例第30条（通則法第42条）の規定を適用して認知が認容された事例（東京高判昭32.11.28下級民集8・11・2200），子の本国法上認知を認めない場合において子（アメリカ合衆国コロラド州）から日本人父に対する認知請求が改正前法例第30条（通則法第42条）を適用して認容された事例（名古屋家審昭49.3.2家裁月報26・8・94）がある。

　また，日本国民を母とする子がオーストラリア連邦国人を父として提起した認知の訴えにつき，父の本国法に強制認知を許す規定の存在することの証明がないとして改正前法例第30条（通則法第42条）を類推して日本国民法を適用して認知を認容した事例（東京地判昭55.5.30判例タイムズ

417・152）がある。

　平成元年の法例の改正により認知は，子の出生の当時若しくは認知の当時の認知する者の本国法又は認知の当時の子の本国法のいずれの法律によってもすることができることになった（法例18）が，いずれの法律によっても強制認知を認めないときに公序則の援用が考えられるが，そのような場合は少ないであろう。

　通則法第29条は，法例第18条と同様に規定している。

3　死後認知を認めない外国法と公序

　平成元年の法例の改正前においては，認知については認知当事者の本国法が結合的に適用されるから（改正前法例18），当事者の双方の本国法が死後認知を認めていない場合，当該外国法を適用することによって死後認知を認めないことが我が国の公序良俗に反するかどうかについては，これを肯定する立場からは，その理由として，血縁関係の存在が証明しうる場合に親が死亡したという一事をもって，法律上父母の捜索の途を絶ち，法律上の親子関係を成立させる唯一の方法である認知の訴えを許さないことは不当であるということが挙げられた（大阪地判昭33.7.14判例タイムズ83・68）。しかし，この理由は，他の救済手段を設けている血統（事実）主義的法制をとる国に属する者に対する事案に対しては一般的に妥当するものではなく，また，父の死亡前に任意認知あるいは強制認知を求めることができなかった合理的な事由の認められない限り，たとえ子の利益を考慮したとしても，直ちに死後認知を許さねばならないか疑問であるとするものがある（煉場・前掲書163頁）。

　裁判例には死後認知を認める理由として，子の戸籍の身分事項欄に父の記載をする必要があることを強調するものがある（東京地判昭45.9.26判例時報620・62，東京地判昭47.3.4判例時報675・71）が，そのことが準拠法たる外国法を排除してまでも強行されなければならない公序と言えるかどうか疑わしいとするものがある（山田・「渉外判例研究」ジュリスト163・66）。

なお，日本人たる子の中華人民共和国人を父とする認知の訴えにつき，父子関係について血統（事実）主義をとる中華人民共和国法は，死後認知を排斥するものではないとして条理に従ってこれを認めた（神戸地判昭43.12.25判例時報546・86）。また，中華人民共和国人たる子の日本人を父とする死後認知についても同様に解した（東京地判昭37.10.25下級民集13・10・2146）。

平成元年の法例の改正により認知は，子の出生の当時若しくは認知の当時の認知する者の本国法又は認知の当時の子の本国法のいずれの法律によってもすることができることになった（法例18）が，いずれの法律によっても死後認知を認めないときに公序則の援用が考えられるが，そのような場合は少ないであろう。

通則法第29条は，法例第18条と同様に規定している。

4　出訴期間の徒過後に認知を認めない外国法と公序

平成元年の法例の改正までは，渉外認知の要件は，改正前法例第18条第1項により各当事者の本国法が結合的に適用されるものとされていた。したがって，認知の能力や子の承諾の要否のように明瞭に当事者の一方の要件とみられる事項以外については，父と子の双方の本国法上の要件の具備を要するものと解されていた。また，死後認知が認められるか否か，その出訴期間のいかんは，子の利害に関係する事項として子の本国法が考慮されるべきであるが，父及びその家族・相続人にとっても利害に関係のある事項として父の本国法が考慮されなければならないから双方的要件と解されていた。

平成元年の法例の改正により，認知は子の出生の当時若しくは認知の当時の認知する者の本国法又は認知の当時の子の本国法のいずれの法律によってもすることができるが，認知する者の本国法による場合において，認知の当時の子の本国法がその子又は第三者の承諾又は同意のあることを認知の要件とするときは，その要件をも備えなければならないこととされた（南・「改正法例に関する基本通達の解説」前掲書135頁）。

第2節　公序による外国法適用の排除

　渉外認知事件において当事者がその本国法上の認知の出訴期間を徒過したため，公序則が問題となったものに韓国民法第864条（死後認知につき死亡を知った日から1年内。2005年の法改正後は2年内）の規定と中華民国民法第1067条（強制認知につき子の出生後7年以内。1985年の法改正前は5年以内。なお，2007年の法改正により，期間の制限はなくなった。）の規定がある。

　学説は，ある外国法によって認められる強制認知が，単にその要件において我が国の法の認めるそれよりも一層厳格な場合であっても，そうした外国法の適用を改正前法例第30条（通則法第42条）によって排除することは許されないとする（折茂・前掲書347頁）。

　裁判例には，死後認知につき，死亡を知った日から1年内（2005年の法改正後は2年内）とする出訴期間を定めた韓国民法第864条は，我が国の民法第787条が死後認知の出訴期間につき父又は母の死亡の日から3年以内と規定しているのと異なるが，韓国民法の規定は，我が国の公の秩序又は善良の風俗に反するものではないと解したもの（京都地判昭39.10.9判例時報397・52）と父である者の本国法において強制認知を全く認めない場合には，改正前法例第30条（通則法第42条）の適用によって我が国の民法が適用され，父の死亡後3年の出訴期間内に出訴しうることと対比して，韓国民法の規定する出訴期間を徒過してなされた認知の訴えについても改正前法例第30条（通則法第42条）の精神に照らし，韓国民法の出訴期間を制限する規定を排除して我が民法の規定により認知を認めたもの（熊本地判昭44.2.20家裁月報22・5・88）とに分かれていたが，最高裁は，死後認知の出訴期間を1年（2005年の法改正後は2年内）に限定する韓国民法の適用の結果は，我が国の公序良俗に反するものではないとした（最判昭50.6.27家裁月報28・4・83）。

　本判決は，死後認知につき公序則の適用を判断した最初の最高裁判例であるが，例外的規定である改正前法例第30条（通則法第42条）の適用につき抑制的態度をとってきた学説の動向に沿ったものと言える。その後同旨の裁判例がある（大阪高判昭55.9.24判例時報995・60）。

第2章　準拠法の決定に関する諸問題

　一方，中華民国法については，認知請求についての出訴期間を子の出生から5年間（1985年の法改正後は7年間。なお，2007年の法改正により期間の制限はなくなった。）に制限していた同国民法第1067条の適用を公序則により排斥した裁判例がある（神戸地判昭56．9．29判例時報1035・118）。また，同国民法第1067条の規定する出訴期間を徒過した認知の訴えに対して当該事案の場合は中華民国法上の養育認知（中華民国民法第1065条）が成立しているものとして，公序則によって中華民国民法第1067条の規定の適用を排除するまでもなく，日本人たる子の本国法上の認知の要件をみたすべく認知の訴えを認容した裁判例がある（東京地判昭40．1．27下級民集16・1・120，最判昭44．10．21民集23・10・1834，東京地判昭48．10．26家裁月報26・7・73）。

　なお，認知無効の訴えについて出訴期間の制限を定めた韓国民法第862条，第864条を適用することは我が国の公序良俗に反しないとした裁判例がある（大阪地判昭61．11．17判例時報1252・80）。

　また，認知無効の訴えについて出訴期間の制限を定めた韓国民法第862条，第864条は，それ自体我が国の公序良俗に反するものとはいえないが，虚偽の認知により二重の実親子関係を生じているような場合に同条項を適用することは公序良俗に反するとしてその適用を排除した裁判例がある（東京地判昭56．10．9判例時報1041・87）。

　最高裁は，大韓民国の国籍を有する者から認知された日本国の国籍を有する者は，韓国民法の規定する出訴期間を経過した後においても，認知無効の訴えを提起することができるとしている（最判平3．9．13民集45・7・1151，大阪地判平4．2．6判例時報1430・113）。

　しかし，選択的適用を採る通則法第29条の解釈としては，選択的適用の対象となる法の出訴期間の制限に関する規定のうち，認知の成立に有効な法が適用されるから，いずれかの法によって認知を無効とする余地があっても，他の法律上もはや認知の無効を争い得ない場合には，認知は有効に成立したものとされる（山田・「国際私法第3版」488頁）。

第5　養子離縁を認めない準拠法と通則法第42条

1　渉外離縁事件の国際裁判管轄権

　裁判上の離縁が認められる場合に，いかなる国の裁判所がその渉外離縁事件について国際裁判管轄権を有するかについては，離婚・認知の場合と同様に我が国の法律には直接の規定がないので，解釈によらなければならないが，原則として当事者の住所又は常居所地（以下「住所等」という。）のある国に裁判管轄権が認められると解されている。養親と養子の住所等が相違する場合には，被告の住所等のある国の裁判所に裁判管轄権が認められる。しかし，被告が行方不明であるとか，国外に追放されている場合あるいは被告が応訴した場合には原告の住所等のある国にも裁判管轄権が認められる。なお，ここにいう住所とは，一時的な滞在地ではなく，常居所といわれる住所と居所との中間的概念と解されている。

　また，例外としてその養子縁組の成立に関与した裁判所の属する国の裁判所に離縁について専属的裁判管轄権が認められるとする見解がある。これは，離縁の裁判には養親子関係を実体的に消滅させる裁判と養子縁組の裁判を手続的に取り消す裁判とが合体しているからであるとされる。なお，我が国のように養子縁組の成立に原則として裁判所その他の当局が関与しない国でなされた養子縁組には該当しないとされる（三井・「養子離縁」渉外判例百選124頁）。

2　公序則適用の可否

　通則法第31条第2項は，離縁は養子縁組の当時の養親の本国法によるものと規定しているが，これは，養子縁組については，その成立から終了までを同一の法律によるのが適切であると考えられたことのほか，離縁の準拠法は，養子縁組の場合と整合性を持たせる必要があるためといわれている。その結果，離縁については，離縁の許否・方法・原因・効力のすべてを養親の本国法によることとしており，養子の本国法は考慮しないこととされている。

そこで，養親の本国法が養子離縁を認めていないときに我が国において裁判上の離縁をすることができるか，例えば，養親がアメリカ人で，養子が日本人である場合に養親の本国法であるアメリカ法には離縁の制度がないので，公序則を適用して当該アメリカ法の適用を排除して我が国の民法により離縁の裁判をすることができるかということである。
　この場合に，公序則を適用するに当たっては，養子離縁の制度が認められないという外国法の解釈が適正になされ，かつ，離縁を認めないことが我が国の公序良俗に反するとの判断が当該事案において渉外法的具体的妥当性を確保するために必要であるかについて誤りのないことが要請される（鈴木・「渉外判例研究」ジュリスト586・160）。
　我が国の家庭裁判所では同種の事案について離縁の調停や審判をした事例がある（青森家《八戸》審昭33.10.24家裁月報10・12・94，横浜家《横須賀》調昭34.5.19家裁月報11・8・131，福岡家調昭34.6.11家裁月報11・10・114，横浜家調昭34.8.17家裁月報11・12・144，水戸家審昭48.11.8家裁月報26・6・56）が，調停や審判の手続において公序則の適用をなしうるかについては問題があり，また，養親の本国法が離縁に関する規定をおいていない場合は，養子の利益を守るために離縁を認めない趣旨であるとも考えられるので，離縁制度のない外国法の規定を公序に反するとすることには疑問が持たれている（折茂・前掲書376頁，三井・前掲書125頁）。

第6　戸籍の届出と通則法第42条

1　創設的届出と公序

　当事者の本国法に離婚・認知等の制度そのものがない場合において，当該外国法の適用の結果が我が国の公序良俗に反するか否かの判断は，個々の事案ごとに司法機関によって決定されるべきものであるか，それとも戸籍事務を管掌する行政機関である市町村長においても，その判断をなし得るか問題があるが，婚姻については，公益と密接し，我が国の公序良俗の対象となる事項が多いので，市町村長は，婚姻の成立要件に関する準拠法

第２節　公序による外国法適用の排除

としての外国法の適用の結果が我が国の公序良俗に反する結果を生じる場合には，その外国法の適用を排除してこれに代えて日本法を適用すべきものと解されている。例えば，我が国において一夫多妻となる婚姻をしようとする外国人があった場合に，その者の本国法がこれを認めているとしても，一夫多妻婚は，我が国が維持しようとする私法的社会生活の秩序を破壊することになるから，その外国法の適用を排除し，その部分については日本法を適用して当該婚姻届の受理を拒むことができるものとされている。

　また，異教徒との婚姻あるいは異人種との婚姻などを禁止する外国法を適用することは，我が国の公序良俗に反するとして，その外国法の適用を排除すべきものと解され（東京地判平３．３．29判例時報1424・84），当該婚姻届は，受理して差し支えないものとされている（昭48.11.17民二第8601号回答《注１》，昭63.1.6民二第77号回答）。これらは，日本において日本人と外国人が婚姻する場合に限らず，日本において外国人同士（同国人同士又は異国人間）で婚姻する場合にもあてはまるものである。

　これに対して，当事者の本国法が離婚を認めないとき又は認知を認めない場合あるいは認知について制限を付しているときに，市町村長において当該事案にその外国法を適用した結果が我が国の公序良俗に反すると判断して当該外国法の適用を排除し，その部分について日本法を適用して当該離婚届又は認知届を受理しうるかについては，消極に解されている。けだし，実質的審査権のない市町村長は，当該事案に外国法の適用を排除される事由が存するか否かを審査することは事実上不可能であり，また，通則法第42条の適用の可否が裁判所によって判断されることなく，当事者の合意によりなされるときは，公序則の適用を当事者の恣意に任せる結果となるからである（昭41.4.14民事甲第1045号回答《注２》，昭44.1.7民事甲第18号回答《注３》，昭44.7.8民事甲第1371号回答《注４》）。

　したがって，当事者の本国法が離婚を認めないとき又は認知を認めないときは，その当事者間の協議離婚届又は任意認知届は受理できない。

第２章　準拠法の決定に関する諸問題

《注１》　昭48.11.17民二第8601号回答
　日本人男と南アフリカ共和国人女間の婚姻届について受理が認められた事例
　　　照　　　会
　標記の件について，管内八王子支局長から別紙のとおり照会がありましたが，これについては下記両説があり，いずれとも決しがたいので，何分の指示を得たく照会いたします。
　　　　　　　　　　記
甲　説
　婚姻届書に添付された申述書の記載内容からみると，南アフリカ共和国は異人種（非白人）との婚姻を制限しているものと認められるが，これは人種差別を認めるものであって，法の下の平等の精神に立脚するわが国においては，これを承認しえないことである。
　婚姻の自由は，近代国家がひとしくこれを認めるものであり，これは，わが国においても同様であって，その自由は維持されなければならない。しかるに，国際私法上の原則として適用される南アフリカ共和国の法律を適用することによって，婚姻の自由が妨げられることになる。
　よって，（改正前）法例第30条により，南アフリカ共和国の法律を排除し，本件婚姻届は受理すべきである。
乙　説
　南アフリカ共和国のとっている婚姻の制限が人種差別でありわが国ではこれを承認しえないことは甲説と同様であるが，この制限が，（改正前）法例第30条にいう公序良俗に反するか否かの判断は個々の事件ごとに司法機関によって決せられるべきものである。
　したがって，本件については，（改正前）法例第30条を適用するまでもなく，妻となるべき者は本国法により婚姻要件を備えていないので，（改正前）法例第13条によって不受理とし，しかるのちに，司法機関によって南アフリカ共和国の婚姻制限が国際公序に反するか否かの判断を求めるべきである。

第2節　公序による外国法適用の排除

　　回　答
　本年9月28日付け戸第541号で照会のあった標記の件については，受理して差し支えないものと考える。

《注2》　昭41．4．14民事甲第1045号回答
　スイス人男が日本人女の嫡出でない子を認知する場合に関する疑義照会について
　　照　会
　在スイス大使館から11月16日付公信第642号をもって妻と永年別居中のスイス人男が日本人女の嫡出でない子を認知することができるかどうかなど別紙（写）のとおり照会がありましたところ，下記のとおり若干疑義が生じましたので，貴見御回示願いたく依頼します。
　　　　　　　　　　　記
一　スイス民法第304条によれば，「姦通又は血族婚姻によって出生した子はその認知が認められない。」と規定されている。
　よって，同父は（改正前）法例第18条第1項に基づき認知の要件を具備していないので，同父のその子に対する認知は日本の法律上これをすることができないと考えるが，そのように解してよろしいか。
　なお，強制認知については，（改正前）法例第30条の適用により「右父（米国人）の本国法に認知する規定がなくとも，右子（日本人）の本国法にその規定がある限り，右子はその本国法により右父に対する認知の訴を起すことができる。」との判例（「戸籍関係判例総覧」七「外国人に対する認知の訴」第一例488頁参照）があるが，任意認知について同条の適用はないかどうかの点を含め回示ありたい。
二　（省略）
　　回　答
　1月5日付中移総第九号で照会のあった件については，次のとおり考える。
　　　　　　　　　　　記
一　前段　貴見の趣旨のとおり

41

第 2 章　準拠法の決定に関する諸問題

　　　　後段　引用の判例は，本問には適切でない。
　　　　　　なお，姦生子の認知を認めないスイス民法の規定が，わが国の公
　　　　序良俗に違反するとして（改正前）法例30条を適用することについ
　　　　ては，消極に解する。
　二　（省略）
（注）　スイス親族法の親子関係に関する部分は，1976年 6 月25日に改正
　　　（1978年 1 月 1 日施行）され，スイス民法第304条の認知に関する制限
　　　は廃止された（昭54. 5.11民二第2864号回答参照）。

《注 3 》　昭44. 1. 7 民事甲第18号回答
　ビルマ人男からの日本人女の嫡出でない子の認知届の受否について
　　照　会
　当局管内荒川区長から，標記について別紙のとおり照会がありましたが，同届書には認知者の属する国の権限ある官憲が発給した要件具備証明書にかえて，右証明書を得ることが出来ない旨の理由書が添附されておりますところ，ビルマにおける認知制度の有無ならびに同国の国際私法等も不明であるため，受否について決しかねますので，何分のご指示を願いたく関係資料を添えてお伺いします。
　　回　答
　客年11月15日付戸甲第1469号をもって照会のあった標記の件については，受理しないのが相当である。

《注 4 》　昭44. 7. 8 民事甲第1371号回答
　認知制度のない国の男が日本人女の嫡出でない子を認知することの可否について
　　照　会
　標記については，（改正前）法例第18条の規定により，認知の要件は，各当事者の属する国（又は地方）の法律によるべきところ，その父の本国法に認知の制度がない場合には，嫡出でない日本人の子を認知することができないように考えられます。

第 2 節　公序による外国法適用の排除

　しかしながら，嫡出でない子に対し，永久に父親がないものとすることは，我が法制上到底認め難いことであり，(改正前)法例第30条の規定の趣旨からも妥当でないと考えます。裁判例によれば，かかる事案について，子が日本の裁判所に強制認知の訴を提起し，裁判所においては，子の準拠法たる日本法を適用して裁判をした事例が見受けられ(東京高裁昭32(ネ)557号昭32.11.28判決)，また，離婚についても同様趣旨の裁判例(東京地裁昭32(タ)14号昭33．7．10民一部判決)があります。

　そこで，一方当事者の本国法に認知・離婚等の制度そのものがない場合において，我が(改正前)法例第30条に該当するか否かの判断をすることは，裁判所の専権事項と解すべきか，それとも当該事務を所掌する行政庁においてもなし得るかとの問題があります。

　昭和39年7月15日民事甲第2253号及び昭和41年4月14日民事甲第1045号貴職ご回答の趣旨によれば，右後者を指示されているように解されます。もしそうだとすれば，認知制度を全面的に認めていない国に属する男から，日本人女の嫡出でない子を認知する届出が市町村長になされた場合には，これを受理してさしつかえないものと考えますが，昭和44年1月7日民事甲第18号貴職ご回答と抵触するようにも考えられ，疑義がありますので何分のご指示をお願いします。

　なお，右父からの任意認知届が受理できないとすれば，強制認知の裁判があった場合は受理できるでしょうか，併せてご指示ねがいます。

　　回　　答
　客月3日付戸甲第93号で照会のあった標記の件については，左記のとおり回答する。

　　　　　　　　　　　記

　婚外親子関係の成立には，血統主義(事実主義)を採る国もあるので，(改正前)法例第30条を適用すべきか否かは，具体的事案について判断すべきものである。

第２章　準拠法の決定に関する諸問題

2　報告的届出と公序

　当事者の本国法において，離婚・認知・養子離縁を認めていないときに当該外国法を我が国において適用した結果が，我が国の公序良俗に反するとして改正前法例第30条（通則法第42条）を適用し当該外国法の適用を排除して，離婚・認知・養子離縁を認める判決がされたことがあることは前述したとおりである。これらの判決においては，事案の具体的妥当性を重視して解決を図ったため，準拠法の問題として真に改正前法例第30条（通則法第42条）を適用すべき事案であったかどうか疑問の残るものがあることは学者の指摘するところであるが，裁判所は，具体的事件を裁判するに当たり法規範の適否を審査すべき権限を与えられているものであり，この権限に基づいて判決において外国法の適用を排除したものであるならば，国家的法体系において統一的判断を維持するため，この裁判所の判断には従わざるを得ないものと考える。したがって，これらの判決に基づいて戸籍の届出があった場合には，これを受理して差し支えないものと考える。

　一方，審判又は調停において通則法第42条を適用して当該外国法の適用を排除して離婚・認知・養子離縁を認めることができるかどうかについては，これを否定するものが通説であるが，これを肯定した裁判例があることは前述したとおりである。

　ところで，家庭裁判所の審判は，法律の定めた各個の審判事項によってその形式も内容も種々であり，また，その機能も著しく相異するが，裁判所法上の裁判所である家庭裁判所が家事審判法によって具体的事件の処理をするものであるから，その国家作用としての性質は，広義の裁判であるということができる。

　また，審判の効力については，審判が家庭裁判所の具体的事件に関する判断・意見の表現であり，その内容に応じて効力を有するが，一般的には形成力，執行力及び形式的確定力があると解されている。審判に実質的確定力（既判力）があるかどうかについては争いがあるが，非訟事件の裁判は，国家が後見的指導的な作用として合目的性の見地から法律関係の形成

に協力するものであるから，既判力を有しないとする見解が通説であり，他の学説もおおむね家事審判が非訟手続における裁判である以上既判力は認められないとしている。

　このような効力を有する審判も基本的には当事者の合意が基礎となって行われるものであるが，この合意の成立は，訴権の放棄と解されるから，通則法第42条の適用について家事審判官の判断がされ，それが確定した以上は，それが裁判であることに変わりがなく，またその効力の点においてもほとんど判決と異なるところがないとするならば，判決の場合と審判の場合とを区別して考える必要はない。したがって，判決に基づく戸籍の届出を受理するのであれば，審判に基づく戸籍の届出も受理せざるを得ないものと考える。

　また，調停も基本的には当事者の合意が基礎となって行われるものではあるが，この合意は訴権の放棄と解され，法の建前から言えば，調停機関による調停判断も当然されるのであるから，公権的機関の判断が加えられていると言える。しかし，実際問題としては，調停の内容の前提となる適用される法律の解釈について裁判所の判断がどの程度加味されているのか，あるいはどの程度の調査・判断が期待できるものか種々の意見があり，また，調停において通則法第42条の適用の可否についての判断を完全に行い得るか疑問視する者もある。

　そこで，通則法第42条の適用については，厳格にされるべきであるとする国際私法上の要請もあるが，当該調停において調停委員会又は関与した家事審判官が通則法第42条の適用について判断した上で，当該外国法の適用を排除して調停が成立したものについては，これに基づく戸籍の届出は受理せざるを得ないのではないかと考える。けだし，かかる調停は，判決又は審判においてされたとほとんど同一の手続によって通則法第42条の適用の可否を判断しているものと考えるので，戸籍事務管掌者としての市町村長は，行政機関としてその判断に従わざるを得ないものと考えるからである（東京家調昭36.11.10家裁月報14・3・129《**注1**》，東京家調昭37.9.17

第2章　準拠法の決定に関する諸問題

家裁月報15・1・164《注2》)。

　なお，調停の中には準拠法について何ら言及することなく，調停を成立させているものがあり，かかる調停については，調停委員会が通則法第42条の適用の可否について判断した上で成立させたものか又は準拠法たる外国法を看過して我が国の法律を適用して調停を成立させたものか判断ができず，かかる調停の効力には疑義のあるものもあるが，裁判所は調停を成立させるについては，通則法第42条に該当する場合であるかどうかを調査する職責を有するのであるから，通則法第42条の適用について明記されていない場合でも調停が可能な事案であると認め，調停に基づく戸籍の届出を受理して差し支えないものと考える。

　戸籍の先例では，平成元年の法例の改正前においてフィリピン人夫と日本人妻との離婚につき，準拠法たる離婚を認めない夫の本国法は公序良俗に反するとしてこれを排除し，日本法を適用して調停離婚が成立しても，これに基づく届出は受理すべきでないとしている（第126回東京戸籍事務連絡協議会決議第1問）。これは，夫の本国法によって離婚そのものが認められない場合及び裁判離婚のみが認められている場合には，反致の原則が適用されない限り，我が国においては調停離婚をすることはできないとする通説の立場に従ったものと思われるが，賛成し得ない。

　一方，協議離縁はもとより離縁そのものが認められないアメリカ人養親と日本人養子との間の離縁の調停が改正前法例第30条（通則法第42条）の適用について何ら言及されることなく成立し，これに基づいて離縁の届出がされた場合，これを受理して差し支えないとしたものがある（昭44.11.25民事甲第1436号回答）。

　また，従来，韓国人夫婦又は韓国人夫と日本人妻を当事者とする離婚請求事件について，離婚後の子の親権者の指定について改正前法例第30条（通則法第42条）により未成年者である子は，その家にある父の親権に服するとする韓国民法第909条の適用を排除し，我が国の民法第819条第2項を適用して母を親権者に指定する判決（又は審判）が確定した場合，これに

第2節　公序による外国法適用の排除

基づく戸籍の届出があっても受理すべきでないとして取り扱われてきた（昭28.10.15民事甲第1895号回答，昭35.5.31民事甲第1293号回答等）が，最高裁昭和52年3月31日判決（民集31・2・365）が同種の事案について改正前法例第30条（通則法第42条）を適用してこれを認容したことから，前記戸籍先例は変更するのが相当であるとして，今後は同種の事案において離婚後の子の親権者につき改正前法例第30条（通則法第42条）を適用して母を親権者と指定し，又は父から母に変更する裁判が確定した場合，これに基づく戸籍の届出があったときは，これを受理して差し支えないこととされた（昭53.10.3民二第5408号通達，昭53.10.3民二第5409号回答）。

　従来の戸籍先例は，改正前法例第30条（通則法第42条）により韓国民法の適用を排除し，我が国の民法を適用する余地はないと解していたため，一貫して判決・審判・調停のいかんを問わず親権者の指定は無効であるとの立場をとってきたものと考えられるが，前記最高裁判決がこの種の事案において改正前法例第30条（通則法第42条）を適用することもあり得るとの判断を示したことにより，前記民事局長通達により先例が変更されたものである。

　前記民事局長通達には調停による親権者の指定又は変更の可否については何ら言及されていない。調停離婚の際に離婚後の子の親権者を母と指定し，又は離婚後子の親権者を父から母に変更する調停が成立し，その調停に基づき戸籍の届出があった場合，その親権者の指定又は変更の効力をどのように見るかが問題となるが，親権者の指定又は親権者の変更について調停が成立した場合についても，当該調停は，改正前法例第30条（通則法第42条）の規定を適用して相当と判断された上，成立したものと解し，これに基づく戸籍の届出は受理して差し支えないものとされた（昭56.11.13民二第6602号通達《注3》，昭56.11.13民二第6603号回答）。

　なお，韓国民法第909条は，1990年1月13日法律第4199号をもって改正され（1991年1月1日施行），同条第4項において，父母が離婚した場合には，父母の協議により親権を行使する者を定め，協議が不調又は不能の場

47

第2章　準拠法の決定に関する諸問題

合には当事者の請求により家庭法院がこれを決定し，親権者の変更が必要とされる場合も当事者の請求により家庭法院が決定するとされたので，この問題は立法的に解決された。

《注1》　東京家調昭36.11.10家裁月報14・3・129

　　　　調　停　条　項
一　申立人と相手方とは本日調停離婚する。
二　申立人と相手方との間の長女及び次女の親権者を申立人と定める。
　　　附　記
　申立人（夫）と相手方（妻）とは，昭和25年11月1日婚姻しその間に2子がある。申立人はフィリピン国籍を有し，相手方は日本国籍を有し共に日本国に在住して久しいが現に婚姻を継続し難い重大な事由が存在する。ところで当事者間の離婚の準拠法たるべきフィリピン法は，離婚を禁止していると解せられるが，これを我が国に適用することは公序良俗に反するから，（改正前）法例第30条により，その適用は排除されねばならない。かくして生じた法規欠缺の結果結局本件については，日本の離婚法が適用されるべきものと考える。

《注2》　東京家調昭37.9.17家裁月報15・1・164

　　　　調　停　条　項
一　申立人と相手方とは本日調停離婚する。
二　申立人と相手方とは爾今，慰藉料財産分与等名義の如何を問わず，相互に何らの請求をしない。

　（なお家事審判官は次の如き見解を付述した。）

　申立人は日本の，相手方はスペインの各国籍を有するが，昭和35年4月26日英領香港で，その地の方式により婚姻し，爾来日本において共同生活を続けてきたが，昭和37年2月頃申立人は相手方の不貞の事実を知り，ここに離婚を決意するのやむなきに至り，相手方もその事実を争わず，離婚に同意することとなった。

　ところで，（改正前）法例第16条により，本件離婚の準拠法は，離婚原因

第２節　公序による外国法適用の排除

たる不貞の事実が発生した当時の夫即ち相手方の本国法たるスペイン婚姻法ということになるが，該法は離婚を認めない。しかし苟も当事者の一方が日本人である限り，離婚を認めないスペイン婚姻法は，（改正前）法例第30条にいわゆる公序良俗に反するものとしてその適用を排除されると解すべく，かくして生じた法規欠缺の結果，日本法を適用するのが相当である。

　以上の理由により，本件離婚調停の成立を相当と認めた。

《注３》　昭56.11.13民二第6602号通達

　韓国人未成年者に対する親権者を母と指定し，又は父から母に変更する調停が成立し，これに基づく届出があった場合の取扱いについて

　従来，韓国人夫婦又は韓国人夫と日本人妻夫婦に関し，離婚後における子の親権者の指定又は変更について，（改正前）法例第30条の規定により韓国民法の適用を排除し，我が国民法第819条の規定を適用して母を親権者に指定する判決若しくは審判又はこれを変更する審判が確定した場合については，昭和52年３月31日最高裁判所第一小法廷判決（昭和51年(オ)第1017号離婚請求事件）の趣旨に照らし，これに基づく戸籍の届出を受理して差し支えないとして取り扱ってきたが（昭和53年10月３日付け法務省民二第5408号民事局長通達参照），今後は，前記夫婦の離婚後における子の親権者を母と指定し，又は，父から母に変更する調停が成立した場合についても，当該調停は，（改正前）法例第30条の規定を適用して相当と判断された上，成立したものと解し，これに基づく戸籍の届出を受理して差し支えないこととする。

　ついては，右了知の上，貴管下支局長及び市区町村長に周知方取り計らわれたい。

第3節　同時取得による国籍の積極的抵触と本国法の決定

第1　国籍の抵触の場合における本国法の決定

1　概　　説

　我が国は，通則法の適用において本国法主義をとっている。ここでいう本国法とは，当事者が国籍を有する国の法であり，国籍とは，人を特定の国家に結び付ける法律的紐帯であるとされる。

　ところで，国籍の得喪に関する事項は，各国の伝統，人口政策，国防上の要求，人権思想などを反映しており，国際法上これらの事項は原則として各国の自由に定めうるものとされている。したがって，国際私法上の連結素として国籍が問題になる場合も，その確定は，各国の国籍法の定めるところによることになる。すなわち，特定の者が特定の国家の国籍を有するか否かは，当該国家の自ら決定するところであって，国際私法の関与するところではない。このため日本の国籍を有するか否か，また，その要件等は，我が国の国籍法の定めるところであり，外国人が特定国の国籍を有するか否か及びその要件は，当該国の国籍法の定めるところによるのである。

　このように国籍の確定が国内問題であり，しかも，各国の国籍法の内容がそれぞれ異なる結果，1人で数個の国籍を持つ場合（国籍の積極的抵触）や，いずれの国籍も持たない場合（国籍の消極的抵触）が生じることになる。人は必ず国籍を持ち，しかもただ1個の国籍のみを持つべきであるということは国籍立法の理想であるが，現在までのところ各国の国籍立法は，出生地主義・血統主義を始め多くの点で対立しており，国籍の抵触を完全に防止することは不可能であるので，国際私法上国籍の抵触の解決に関する規定が必要とされるのである。我が国では，このような国籍の抵触の場合における本国法の決定の原則については通則法第38条に規定している。

2　国籍の積極的抵触と本国法の決定
(1) 内外国籍の抵触する場合

　出生による国籍の取得に関する立法例には出生地主義と血統主義とが対立し，両主義を折衷するものも，その程度・要件を異にするため国籍の積極的抵触を生じる場合がある。この場合，日本の国籍とともに外国の国籍を有するときは，日本の国籍を優先させ，日本法をもってその者の本国法とする（通則法38Ⅰただし書）。これは，父母の国籍いかんにかかわらず，外国で出生したことによって，出生と同時に外国の国籍を取得した者で，戸籍法の定めるところによって日本国籍留保の届出をした者について生ずる同時取得による二重国籍の場合であると，夫婦同一国籍の原則をとる国の外国人男性と婚姻した日本国籍を有する女性について生じる異時取得による二重国籍の場合であるとを問わず，当事者が2個以上の国籍を有する場合には，その国籍のうち日本の国籍を常に優先させ，日本法をもってその者の本国法として適用するのである。

(2) 外国国籍の抵触する場合

　2個以上の国籍を有する者について，複数の国籍国の法律のうち，いずれの国の法律を当事者の本国法として適用するかについては，平成元年の法例の改正までは，最後に取得した国籍国の法律によるものとし，国籍を基準として本国法を決定するものとしていた（改正前法例27Ⅰ本文）。

　ところが，最近の各国の国籍法の改正の動向をみると，子の国籍の取得について父母両系血統主義を採用する国が多くなった結果として，生来的に父母双方の国籍を同時に取得するということが多くなってきた。そこで，従来のように「最後ニ取得シタル国籍ニ依リテ其本国法ヲ定ム」るということでは，問題を解決することができなくなり，立法的解決が求められていたが，平成元年の法例の改正により，当事者が，2個以上の国籍を有する場合には，その国籍を有する国のうちで当事者が常居所を有する国の法律を当事者の本国法とし，国籍を有する国に常居所

を有しない場合は，その国籍を有する国のうちで，当事者に最も密接な関係のある国の法律を当事者の本国法とするという段階的決定方法によって本国法を決定することとしている（法例28Ⅰ本文，通則法38Ⅰ本文）。その結果，改正前法例においては，同時取得による外国国籍相互間の抵触について規定を欠いていたことによる学説の争いは，法例（通則法）下においては生じないものと考えられる。

なお，平成元年に法例が改正されるまでは，同時取得による外国国籍相互間の抵触について規定を欠いていたため，学説は，後述のとおり分かれていて，判例法というべきものも確立していなかった。

3　国籍の消極的抵触と本国法の決定

国籍の消極的抵触すなわち無国籍には，生来の無国籍の場合と，かつて国籍を有していた者が新しい国籍を取得しないで従来の国籍を喪失した場合とがあるが，平成元年に法例が改正されるまでは，その無国籍となった原因のいかんを問わず，その当事者の本国法は，住所地法によるべきものとされ，住所がないときはその居所地法によるものとされていた（改正前法例27Ⅱ）。なお，住所のみならず居所も明らかにならない場合には，準拠法の内容が明らかにならないときに準じるものとみて，条理に基づいて判断すべきものとする裁判例がある（神戸地判昭30.12.19下級民集6・12・2627）。これに対しては，改正前法例第27条第2項の趣旨からみて，過去の住所・居所，配偶者や父母の住所・居所などを考慮して当事者と最も密接に関係する法律を決定すべきであり，安易に実質法上の条理によることは妥当でないとする批判があった（池原・国際私法《総論》143頁，本浪・「無国籍者の属人法」渉外判例百選20頁）。

これについては，平成元年の法例の改正において，無国籍者の本国法を決定するに当たって，「住所地法ヲ以テ本国法ト看做ス」としていたのを改めて，常居所地法によるものとした（法例28Ⅱ本文，通則法38Ⅱ本文）。これは，常居所地法を本国法とみなすという規定にすると，常居所地法からの反致が成立するという解釈も可能となるので，これを否定するために

従来の「看做ス」を「ニ依ル」と改めたものである（澤木・「新しい国際私法の概説」前掲書30頁，南・「改正法例の解説四」法曹時報43・7・61）。

第2　同時取得による外国国籍の積極的抵触の発生

　同時に外国の国籍を取得して国籍の抵触する場合の例としては，通常出生による国籍の取得につき血統主義をとる国の国民を父として出生地主義をとる国で出生した者，又は，父母両系血統主義をとる国の国民を父母として出生した者について生じる。例えば，ドイツ人を父としてアメリカ合衆国で出生した者は，「ドイツ国および邦の国籍に関する法律」第4条第1項第1号及び「アメリカ合衆国移民及び国籍法」第301条(a)項によって出生と同時にドイツ国籍とアメリカ国籍の二重国籍者となる。

　また，最近の外国の国籍立法の傾向として出生による国籍の取得について血統主義をとる国において従来の父系優先血統主義を改め，父母両系血統主義をとる国が多くなりつつある。すなわち，従来は，出生による国籍取得について嫡出子については父が自国民であるときは，自国の国籍を付与することとし，母が自国民であっても自国の国籍を付与しないとする父系優先血統主義をとっていた国が，この父系優先血統主義は，男女平等の原則に反するとして出生による国籍の取得について父又は母のいずれか一方が自国民であるときは，自国の国籍を付与するとする父母両系血統主義をとるものである。

　この父母両系血統主義をとるに至った国は，昭和59年法律第45号で国籍法を改正した我が国を始め，フランス，西ドイツ，スイス，スウェーデン，デンマーク，ノルウェー，ルクセンブルク等がある（田中・「最近における諸外国の国籍法の改正の動向―両性の平等との関係を中心として―」民事月報35・2・3，35・7・33，35・9・3，36・2・3）。

　そこで，いま父系優先血統主義又は父母両系血統主義をとる国の国民を父として，父母両系血統主義をとる国の国民を母として出生した子，又は，父母両系血統主義をとる国の国民を父母として出生地主義国で出生した子

は，出生と同時に二重国籍又は三重国籍を取得することとなる。

　このような国籍立法の動向は，人はただ1個の国籍のみを持つべきであるという国籍立法の理想に反するが，父母両系血統主義は世界的なすう勢と思われるので，今後はますます出生と同時に重国籍となる者が増加することが予想される。

第3　学説の概観

　平成元年に法例が改正されるまでは，同時取得による外国国籍相互間の抵触を解決する規定を欠いており，学説は，次のように分かれていた（池原・前掲書134頁）。

Ⅰ　同時に取得した国籍間の抵触は，通常出生によって取得した2国籍間，特に血統主義による国籍と出生地主義による国籍との間に生じるものであるから，このような外国国籍間の抵触の場合にも，なお国籍自身の中にその解決の基準を求めるとして血統主義による国籍を優先させようとするもの。

　　この説に対しては，血統主義による国籍を優先させることは，他の諸要素を考慮してもなお解決できない場合の最後のよりどころとしては考慮に値するけれども，それ以上に決定的な意義を認められるべきものではないとする批判がある。

Ⅱ　このような国籍の抵触の場合には，国籍を度外視して，属人法決定の基準を住所に移すべしとするもの。

　　この説に対しては，本国法主義（国籍主義）をとっている限り，それと矛盾するものであって，適切とは言えないとの批判がある。

Ⅲ　複数の外国国籍を持っている重国籍者の属人法の決定に当たっては，国籍を主たる連結素としながら，それ以外の要素にも補助的な基準を求める立場，すなわち，抵触する国籍によって連結されている複数の国の法秩序のうちから，住所・居所，そのほか当事者と社会との関係の密接度を示す諸要素を併せ考慮して，属人法として適用すべき法秩序を選択

第3節　同時取得による国籍の積極的抵触と本国法の決定

するというもの。

　この説は，そのような方法をとる際にどのような要素をどのように勘案するかという点では，更に次のように説が分かれ，本人の住所や居所のほかに，父母の住所，配偶者の国籍，本人の使用する国語，職業の本拠，意思，国籍取得の原因のような要素をも考慮に入れることがある。

(a)　本人の現在の住所がいずれかの国籍の属する国に存在すれば，その国の法律を本国法として優先させるもの（通説・判例）。

(b)　本人の現在の住所を補助的連結素にしても決定できない場合，すなわち，その住所が関係国のいずれにもあり又はいずれにもない場合には更に次のように見解が分かれている。

　㋐　法廷地（日本）の国籍と近似の主義によって取得された国籍の属する国の法律を優先させるもの。

　　この説は，法廷地の国籍法の立法主義に内外を通じての優越性を認めようとするものであるが，このような属人法決定の連結素たる国籍の評価には，何らの合理性も見いだし得ないとの批判がある。

　㋑　本人の過去の住所，父母（嫡出子については父，非嫡出子については母）の住所，その過去の住所，本人の現在の居所等の要素を順次に考慮し，それらによっても関係諸国法のいずれとも決定できないときは，血統主義によって取得した国籍の属する国の法律を優先させるもの。

　　この説に対しては，本人の過去の住所や父母の住所などを考慮に入れること自体は，属人法としての適格をよりよく備えた本国法を選択するという目的からみて，全く根拠がないではないが，果たしてそれらの要素が本人の現在の居所よりも重視されるべきものか疑問があるとの批判がある。

　㋒　本人の現在の居所をその現在の住所に次ぐ補助的要素とし，その居所によっても決定できないときには，血統主義による国籍の属する国の法律を優先させるもの。

第2章　準拠法の決定に関する諸問題

　　　　この説に対しては，血統主義による国籍を出生地主義による国籍に優先させているのは，他の条件に全く差異がないときには，血統主義によって連結している国の法律の方が，人種・人情・風俗・道徳・文化等の点で，本人とより密接な関係をもつことが多いという理由によるものと言われ，それは，他の諸要素を考慮してもいずれとも決し難い場合の最後のよりどころとしては妥当とするものであるから，この最後の基準による前に，本人の過去の住所，配偶者や父母の住所，更には本人の客観的に認定できる意思等を先に考慮すべきではないかとの批判がある。

(エ)　複数の外国国籍を持つ重国籍者については，本人の現在の常居所・居所，過去の住所・常居所・居所（過去の住所・常居所・居所のうちでは，それぞれより新しいものを優先させる），本人の意思，配偶者の住所・常居所・居所，父母の住所・常居所・居所等を順次に考慮し，それによっても不可能なときには血統主義によって取得した国籍の方を基準として，その属人法たる本国法を決定するもの（通説）。

　　　　この説においても，複数の外国国籍がいずれも血統主義によって取得したものである場合，すなわち，父母ともに父母両系血統主義をとる国民であったときは，父又は母のいずれから取得した国籍を優先させるべきか問題が残るとの批判がある。

　平成元年に法例が改正されるまでは，同時取得による外国国籍相互間の抵触について，これを解決する規定を欠いていたため，前述のように学説が分かれていたが，法例が改正された結果，同時取得により外国国籍が抵触した場合における本国法の決定については，法例第28条第1項本文において，「当事者ガ二箇以上ノ国籍ヲ有スル場合ニ於テハ其国籍ヲ有スル国中当事者ガ常居所ヲ有スル国若シ其国ナキトキハ当事者ニ最モ密接ナル関係アル国ノ法律ヲ当事者ノ本国法トス」と定め，まず，その国籍を有する国のうち，その者が常居所を有している国があれば，その国の法律を，も

し，常居所を有している国がないときは，その国籍を有する国の中で，その者に最も密接な関係がある国の法律を当事者の本国法とする段階的決定方法が採用され，立法的に解決された（法例28Ⅰ本文）。

なお，「常居所」とは，人が常時居住する場所で，単なる居所とは異なり，人が相当長期間にわたって居住する場所であると解され，日本民法の「住所」とほぼ同一のものであるとされている。常居所を有しているか否かの判断は一般的には居住年数，居住目的，居住状況等の諸要素を総合的に勘案した上で決定される。また，「最モ密接ナル関係アル国」とは，国籍国の中で，自己と一番関係を有する国をいい，例えば，現在は国籍国以外の国に常居所を有しているが，国籍国のうちの1つの国に家族等が居住し，同国へ往来しているような場合である。重国籍である外国人の本国法を決定することができない場合は，管轄法務局若しくは地方法務局又はその支局（以下「管轄法務局」という。）の長の指示を求めるものとされている（平元.10.2民二第3900号通達第1，1(1)イ(イ)②ⅲ）。管轄法務局においては，当該外国人又は関係人について実質的審査を行った上，重国籍者の密接関連国を認定することとされているが，当分の間，法務局独自で判断することなく，すべて本省照会事案とし，①国籍取得の経緯，②国籍国での居住状況，③国籍国での親族居住の有無，④国籍国への往来の状況，⑤現在における国籍国とのかかわり合いの程度を調査の上，原局の意見を付して照会し，本省からの回答を待って処理することとされている（平元.12.14民二第5476号通知，平3.2.4民二第914号回答）。

通則法第38条第1項本文は，法例第28条第1項本文と同様に規定している。

第4　判例・戸籍先例の動向

改正前法例のもとでは，同時取得による外国国籍の抵触の場合の本国法の決定について判例法というべきものが確立していなかった。

朝鮮人又は中国人の本国法の決定については，朝鮮又は中国の現状を2

第2章　準拠法の決定に関する諸問題

国とみるならば，朝鮮人又は中国人は，ほとんど二重国籍となる場合が多いが，このような分裂国家に属する国民の本国法の決定は，通常の同時取得による外国国籍の抵触の場合とは異なる特殊な場合に属する。

裁判例には朝鮮人又は中国人の本国法について本人の現在の住所・居所のほかに，その過去の住所・居所，父母の住所・居所，更には，当事者の意思等をも考慮していずれかの国籍の属する国の法律を選んで決定したものがある（東京家審昭38．6．13家裁月報15・10・153，東京家審昭38.10.22判例タイムズ155・222，京都地判昭39.10.9判例時報397・52，名古屋家審昭39.10.19家裁月報17・3・64）。

戸籍先例では，出生による英国国籍と中国国籍の二重国籍者について，同人が香港で出生し，香港政庁から旅券の発給を受け，出生後来日するまで同地に居住し，父母は現在も同地で生活していることなどの諸般の事情を考慮して同人の本国法を英国法であるとした事例がある（昭44．7．14民事甲第225号回答）。

これは，通説に従ったものと思われるが，その処理は正当であると考える。

第4節　隠れた反致の法理

第1　概　説

一般に当事者の本国の国際私法に直接の抵触規定がなくても，その国際私法全体から総合的に判断して日本法に準拠するべきものと認められる場合は，通則法第41条の「当事者の本国法によるべき場合において，その国の法に従えば日本法によるべきときは，日本法による。」に該当するものとして，反致の成立を認める。そして，「その国の法に従えば」とは，制定法の明文の規定のみならず，判例法，法理等の法体系全体の解釈から導き出される準拠法の選択全般を示すものとされる。これを「隠れた反致」

の法理という。

第2　学説の概観

隠れた反致については，この法理を肯定する見解の中でもその要件に関して次のとおり学説が分かれている。

① 当事者の双方又は一方の住所が日本にあり，日本に裁判管轄権があるとされる場合には，常に隠れた反致が成立するとする全面適用説（桑田・「カナダ人夫に対する離婚訴訟と反致の成否」昭和44年度重要判例解説206頁）。

② 当事者の双方の住所が日本にあり，日本に専属管轄がある場合にのみ隠れた反致を認めるが，当事者の一方のみの住所が日本にあり，日本に競合管轄のみが存する場合には，隠れた反致は成立しないとする中間説（溜池・「国際私法講義〔第3版〕」169頁）。

第3　判例の動向

裁判例は，我が国においてアメリカ人が日本に住所を有する未成年者を日本の方式により養子とする縁組について，アメリカ法上，養子又は養親の同法上の住所のある国又は州が養子決定の管轄権を有し，その際の準拠法は当該国又は州の法律，すなわち，法廷地法であると解されていることを根拠として，養子となる者の住所が日本にあると認定される事案については，日本に養子決定の管轄権があり，法廷地法として日本法が適用されることになるから，アメリカの国際私法上日本法が準拠法として指定されている場合に該当するとして，反致の成立を認めている（東京家審昭42．8．22家裁月報20・3・98，岡山家審昭53.10.6家裁月報32・1・169，徳島家審昭60．8．5家裁月報38・1・146，熊本家審昭61.12.17家裁月報39・5・59，青森家《十和田》審平20．3.28家裁月報60・12・63）。

これは，アメリカ合衆国の各州の国際私法においては，養子縁組については抵触法の明文の規定が存在せず，裁判管轄権のルールのみが存在し，

第2章　準拠法の決定に関する諸問題

裁判管轄権のある養親又は養子の住所地の法律が適用されるとされていることから，各州の裁判管轄権の原則の中に抵触法の原則が隠れて内包されているとの理解を前提として，当事者の住所が日本にあることにより反致の原則を適用したものである。これを「隠れた反致」という。

アメリカ国際私法に関するこの隠れた反致の法理は，我が国の裁判実務において既に判例法として確立されている（根村・「アメリカ人夫（コネチカット州）が日本人妻の子（日本人先夫との間の嫡出子）を養子とする養子縁組届の受否について」民事月報51・10・171）。

また，裁判例は，専属管轄の場合と競合管轄の場合を区別することなく，日本に居住する養親のアメリカ法上の法定住所がアメリカ本国にあるために養子の住所地である日本に競合管轄のみ認められる事案について，隠れた反致の成立を認めているので（前掲東京家審昭42.8.22，岡山家審昭53.10.6，熊本家審昭61.12.17），裁判実務は全面適用説の立場が大勢を占めている。

第4　戸籍先例の動向

戸籍実務は，裁判例の事案について，家庭裁判所において許可の審判がされている以上，その判断を尊重して当該養子縁組の届出を受理している。また，当該未成年者が配偶者の直系卑属であるため，家庭裁判所の許可を経ない場合（民798ただし書）についても，隠れた反致の成立を認めた上で当該養子縁組が日本民法上の要件を満たしているものと認められる場合には，別途アメリカ法上の養子決定の裁判を得るまでもなく，これを受理して差し支えないとしている（平8.8.16民二第1450号回答）。

第3章　国際的身分関係の変動と氏の変更

第1節　国際婚姻に伴う氏の変更

第1　氏の性質

　氏は，旧法中においては，日本人はすべていずれかの家に属するのが根本原則であったから，家に属する者は，必ずその家の氏を称していた（旧民法746）。したがって，その称していた氏は，その属する家の氏であった。例えば，子が父の氏を称するのは，子は父の属する家に入り（旧民法733Ⅰ），その家の氏を称するからであり，また，妻が婚姻によって夫の氏を称するのは，妻は婚姻によって夫の家に入り（旧民法788Ⅰ），その家の氏を称するからであった。このように旧法時代においては，日本人は，その属する家の氏を称していたのであって，旧法の氏は，いわば家の呼称であった。個人の同一性は，この家の呼称である氏と，個人の呼称である名との結合によって表示された。

　これに対して，家が廃止された現行法の下では，家の呼称としての氏は当然なくなり，夫又は妻の氏，あるいは父若しくは母の氏又は子の氏というように個人の呼称としての氏となった。

　個人の同一性は名だけでも表示できるであろうが，同一呼称の名を称する者の間では，各々の同一性を認識するのに氏があった方が便利であるし，また，各人が必ず氏を称すべきものとされた明治初年以来の伝統や国民感情にも合致することから，旧法時代の氏とはその性質は異なるが，なお名と結合して個人の同一性を表示するための氏が存置されたものである（鵜澤・「『氏』について―戸籍問題の前提として―」戸籍研究17・2）。

　このように氏が家の呼称でなくなった現行法の下では，氏は名との組合わせによって社会的に個人を識別する符号の一部としての機能を有するも

のとなった。

　他方，西欧の先進国においても，氏はその国の有力な家を指す名称であって，一般国民が有したものではなかったといわれる。例えば，フランスは世界で最初の近代的民法典といわれるナポレオン法典（1804年）によって，初めて一般国民のすべてに代々受継ぐ不変の家の姓としての氏を用いることを義務づけ，徹底したといわれる。また，アジアやアラブの諸国では，現在でも庶民が氏を称することはそれほど定着しているわけではないといわれる（島野・「国際婚姻に基づく氏の変動について」民事研修259・17）。

　ところで，現行民法は，婚姻による氏の変更に関して第750条の規定を設けたが，ここにいう氏は，戸籍に記載された氏であり，また，戸籍編製の基準としての氏のことであるといわれる（村上・戸籍《上》73頁）。そこで，民法第750条は，戸籍編製の基準として夫婦の同氏の原則を示し，かつ，夫又は妻のいずれの氏を称するかによって，婚姻後の戸籍の編製及び戸籍への記載の順序を決定することとしたのである（戸16・14）。

第2　婚姻による夫婦の氏の準拠法

　国際婚姻が成立した場合において，夫婦の氏を国際私法上いかに取り扱うべきかについては，氏の問題が人の独立の人格権たる氏名権の問題として本人の属人法によるべきであるとする一般原則は認めながら，氏の変更が本人の意思によらない場合，すなわち，婚姻・縁組などという身分関係の変動に伴って生じる場合には，その変動の原因となった身分関係の効力の準拠法によらしめるのが適当であるから，婚姻に伴う夫婦の氏は，婚姻の身分的効力の問題であるとして改正前法例第14条により夫の本国法を準拠法とすべきであるとするのが裁判例（京都地判昭31.12.28下級民集7・12・3911，大阪地判昭35．6．7判例時報241・36，東京家審昭43．2．5家裁月報20・9・116，東京家審昭47．8．21家裁月報25・5・62，福岡高決昭47.12.22判例時報705・63）であり，通説（折茂・前掲書265頁，江川・「外国人と婚姻し

第 1 節　国際婚姻に伴う氏の変更

た日本人の戸籍」法曹時報 7・6・9，溜池・「婚姻の効果」国際私法講座 2 巻 541 頁）であった。

　これに対して，夫婦の氏は，婚姻の際，当事者の自由意思による協議によって定められ，婚姻の効力として当然に生じる問題ではなく，また，外国の立法例には夫婦各別の姓を称し得る自由を認めるものもあることから，氏の問題は，個人の呼称としての一種の人格権である氏名権の問題であるから，当事者の属人法（本国法）によるべきであり，国際婚姻が成立した場合における夫婦の氏は，夫婦それぞれの各本国法，すなわち，夫については夫の本国法，妻については妻の本国法によるべきであると主張するもの（久保・「国際私法における婚姻の身分的効力」法学新報 57・2・56）があり，また，同旨の裁判例（静岡家《熱海》審昭 49．5．29 家裁月報 27・5・155）がある。

　通説に対しては，学説は早くから夫の本国法主義をとる改正前法例第 14 条は，憲法第 24 条に定められている両性平等の思想に反するのではないかと批判していた（溜池・「婚姻の身分的効力の準拠法について」法学論叢 58・3・26）。また，人格権説に対しては，この説によれば婚姻後の夫の氏は夫の本国法により，妻の氏は妻の本国法によるべきことになるが，当事者の各本国法が相反する場合，例えば，夫の本国法によれば，妻は夫の氏を称することを要し，妻の本国法によれば，夫婦は別個の氏を称するとされている場合には，いずれの氏を称することになるのか確定できないのではないか，また，日本人女が外国人男と婚姻した場合においては，夫の本国法上夫は妻の氏を称することができるとされていない限り，日本人たる妻は，妻の氏を選択する余地がなく，夫の氏を称することを余儀なくされるとの批判があった。

　このほか，夫婦の氏の問題は，婚姻の効力の問題に含まれるものと解すべきであるが，夫婦の氏は婚姻成立時に確定されるべき事柄であるから，婚姻成立時における夫の本国法によるべきであるとするもの（石井・「夫婦の氏」渉外判例百選 101 頁），改正前法例第 14 条の夫の本国法主義の規定は，

憲法第24条に違反するものとして排除し，解釈論として夫婦の共通の本国法があるときはそれにより，それがないときは，婚姻住所地法を準拠法とすべきであると主張するもの（山崎・「渉外判例研究」ジュリスト620・132）があった。

　思うに，個人の呼称としての氏名権が当該個人に専属する人格権として当事者の属人法によるべきであるということには異論はないが，かかる氏名権あるいは氏が婚姻によっていかに影響を受けるかは別個に考えるべきではないかと考える。したがって，国際私法の解釈としては，本来身分関係の実体と関係のない夫婦の氏については，通則法第25条の働く余地のないものと考える。

第3　戸籍実務の取扱い

　戸籍実務においては，民法に規定する氏の変更は，戸籍編製の単位を定める基準となるもので，戸籍法上の制度として我が国独特のものであり，戸籍法の属人的効力の及ばない外国人には適用がないから，民法第750条の規定は，当事者の双方が日本人である場合のみ適用され，日本人男と外国人女の婚姻については，民法第750条の規定は適用されず，戸籍法においてもかかる夫婦の称すべき氏について規定されていないので，同婚姻によっては，夫婦の称すべき氏の選択の余地はなく，夫婦は各別に婚姻前の氏を称するものとしている（昭26.4.30民事甲第899号回答，昭40.4.12民事甲第838号回答）。また，外国人男と婚姻した日本人女の氏については，同婚姻によって日本人女は当然に日本国籍を喪失しないから，同女は従前の戸籍から除かれず，単にその身分事項欄に婚姻の記載をするにとどめ，たとえ日本人女がその婚姻の結果，改正前法例第14条及び夫の本国法によって夫の呼称（Surname）を称するに至る場合であっても，日本人女は，引き続き民法の規定による氏を保有するものとして処理することとしていた（昭26.12.28民事甲第2424号回答）。

　これは，我が国の戸籍簿は，日本国民の身分関係と国籍の公証を目的と

第1節　国際婚姻に伴う氏の変更

する国民台帳であるから、戸籍の記載を前提とする民法・戸籍法の規定は、すべて外国人には適用されないので、戸籍法上日本人女について従前の戸籍から除籍し、新戸籍を編製する事由がないとしていたものである。すなわち、戸籍法上妻は夫の氏を称して夫の戸籍に入籍するか、夫婦で新戸籍を編製するとき以外は従前の戸籍から除籍されないから、日本人女の戸籍が変わらない以上、氏もまた変わらないとするものであった。

　このような戸籍実務の取扱いは、個人の呼称に関する制度は各国まちまちであって、外国法におけるその変更の事由は我が国のそれと必ずしも同一でないばかりでなく、国によっては法律によらず、これを慣習又は習俗にゆだねている例が少なくないこと、戸籍法は、民法の規定する氏に従って戸籍の取扱いをすることとしているため、民法の規定する氏と変更事由等の異なる外国法又は外国の慣習等による個人の呼称に従って戸籍の取扱いをするときは、外国法が必ずしも十分に分かっていないなど種々の困難が伴い、取扱いの不可能な場合が少なくないことも考えられるので、外国人男と婚姻した日本人女に関する戸籍の取扱いは、外国法又は慣習等による呼称を顧慮することなく処理することとされたものである。

　このため、婚姻の当事者の一方が外国人である場合は、戸籍法第6条に規定する戸籍編製の基準である市町村の区域内に本籍を定める1つの夫婦に該当しないので、同法第16条の規定の適用がないとする趣旨から、日本人である当事者についてその者のみの新戸籍を編製することは認められないとしていた。また、日本人男が外国人女と妻の氏を称して婚姻し、外国において夫婦の新本籍を定める旨を記載した婚姻届は受理すべきでないとされていた。右の当事者が婚姻する場合は、婚姻届書に夫婦の称する氏を記載する必要はなく、また、それを記載した届書が受理されても、夫たる日本人男の戸籍には婚姻事項を記載するにとどめるのが相当であるとされていた（昭26.4.30民事甲第899号回答）。そして、外国人と日本人との婚姻に当たって誤って婚姻事項に夫婦の称すべき氏を記載したときは、戸籍訂正の手続によってそれを消除すべきものとされていた（昭25.7.4民事甲

第3章　国際的身分関係の変動と氏の変更

第1777号回答）。

　このほか，外国人と婚姻した日本人の氏に変更を生じないことを前提とした戸籍実務の取扱いには，次のようなものがあった。

Ⅰ　日本の国籍を離脱して米国の単一国籍となった男と婚姻した日本人女が日本人である夫の父母の養子となった場合，養子は，養親の戸籍に入るが，この場合，縁組届書に記載する養子の氏は，婚姻前から称していた現在の氏を記載すべきである（昭26.12.20民事甲第2389号回答）。

Ⅱ　戸籍の筆頭者又はその生存配偶者が外国人と婚姻している場合であっても氏に変動がなく，戸籍の筆頭者又はその生存配偶者であることには変わりがないから転籍することができる（昭28.10.29民事甲第2008号回答）。

Ⅲ　外国人と婚姻しても日本人の氏に変動を生じないとする戸籍実務の取扱いから，当事者が社会生活上著しい支障を来たしていることを理由に，戸籍法第107条の規定による氏変更の許可の申立てがなされたのに対し，家庭裁判所においてこれを認めた場合は，氏を変更する者が日本人であるときには，その変更後の氏名が外国式の氏名であってもローマ字でない片仮名又は平仮名であれば，その氏変更届は受理して差し支えない。ただし，その者が戸籍の筆頭者及びその配偶者以外の者であるときは，分籍した上でなければ受理できない（昭29.7.29～30仙台法務局管内宮城県戸籍事務協議会決議第3問）。

Ⅳ　日本人男と婚姻した外国人女の本国において日本法上の氏を自国の氏と同様に評価して，自国民が日本人配偶者の氏を称することを認めることまでは否定しない（昭41.9.5民事甲第2475号回答）。

Ⅴ　日本人と外国人との間に出生した日本人たる嫡出子（準正嫡出子を含む。）について，出生の届出人から，子の父母欄に記載される外国人たる母（又は父）の氏名は，日本人たる配偶者の氏（漢字）を用いて表記されたい旨の申出があった場合，又は外国人と婚姻した日本人から，その戸籍の身分事項欄に外国人たる配偶者の氏名変更の旨の記載方及び変更後の氏名は日本人たる配偶者の氏（漢字）を用いて表記されたい旨の

第1節　国際婚姻に伴う氏の変更

申出があった場合において，当該外国人がその本国法に基づく効果として日本人たる配偶者の氏をその姓として称していることを認めるに足る本国の権限ある官憲の作成した証明書等が提出されたときは，これに応じて差し支えない（昭55．8．27民二第5217号回答，昭55．8．27民二第5218号通達，昭55．9．11民二第5397号回答，昭56．7．16民二第4543号回答，昭56．12．9民二第7416号回答）。

ところが，昭和59年に戸籍法の一部が改正され（昭和60年1月1日施行），日本人と外国人との婚姻の届出があったときは，その日本人について新戸籍を編製することになった（戸16Ⅲ本文）。もっとも，その日本人が戸籍の筆頭者であるときは新戸籍を編製しない（戸16Ⅲただし書）が，これは，日本人同士の婚姻の場合と何ら異なるところはない（戸16Ⅰただし書）。日本人が外国人と婚姻したことによって，その者について新戸籍を編製しても，その者の氏に変更はない。これまでの単に，その者の戸籍の身分事項欄に婚姻事項が記載されるという取扱いが改められ，その者の氏で新戸籍が編製されるにすぎない。

また，昭和59年の戸籍法の一部改正によって，外国人と婚姻した日本人の氏変更の手続が改められた。すなわち，外国人と婚姻をした者が，その氏を外国人配偶者の称している氏に変更しようとするときは，その者は，その婚姻の日から6か月以内に限り，家庭裁判所の許可を得ることなく，氏の変更をすることができることとなった（戸107Ⅱ）。戸籍法第107条第2項によって外国人配偶者の氏を称することとした者は，その届出をすることによって，その届出をした者の戸籍に在籍する者が他にあるときは，従前の戸籍から除籍され，外国人配偶者の氏の新戸籍を編製することになった（戸20の2Ⅰ）。しかし，その者が戸籍の筆頭者であって他に在籍者がいないときは，外国人配偶者の氏を称する届出をしても新戸籍の編製をすることなく，筆頭者氏名欄の記載を更正するにとどめることとされた（戸規附録第7号記載例176～180，昭59．11．1民二第5500号通達第2，1・4）。

このように日本人が戸籍法の定めるところに従って外国人配偶者の称し

67

ている氏に変更しても，それは戸籍の記載上の文字を変更したにすぎず，婚姻の効果として氏の変更があったものではない（細川ほか・「戸籍法及び戸籍法施行規則の一部改正に伴う戸籍実務」民事月報39巻号外150頁）。

第4　戸籍実務への批判

　これまでの戸籍実務の取扱いに対して学説・判例は，国際婚姻による夫婦の氏の問題は，国際私法上の問題として当該準拠法に従って氏の変更を認めるべきであるのに，戸籍実務が抵触法的解決を無視しているため，婚姻によって実体法上氏の変更が生じているにもかかわらず，それが戸籍に反映されない結果となっているとの批判がされていた。その批判には次のようなものがあった。

Ⅰ　婚姻による新戸籍編製の原則が採用された現行戸籍法の下では，外国人と婚姻した日本人である婚姻当事者の一方について婚姻により変更した氏によって新戸籍を編製すべきであるとする。これは，戸籍法第6条は，夫婦の双方が日本人である場合を想定している規定であって，一方が外国人である場合については，法規の欠缺を生じているとして婚姻当事者の一方，例えば，妻のみが日本人である場合にも，妻が夫の氏を称する場合にはその氏を称してその妻につき新戸籍を編製すべきであるとするものである（久保・「国際私法と戸籍」身分法と戸籍295頁，江川・前掲書3頁）。

Ⅱ　Ⅰの取扱いに対しては，戸籍の実務上戸籍の届出の際に本国法の調査をすることは困難であるから，日本の氏のまま新戸籍を編製し，後日当事者の請求により戸籍法第113条の戸籍訂正の許可の審判を経て氏を訂正するのが相当であるとする（谷口・戸籍法〔新版〕258頁）。

Ⅲ　戸籍法第16条が「夫婦につき」と規定したのは，日本人同士の場合のみを想定したにすぎない。戸籍法の精神は，婚姻した者は，父母から独立した戸籍を持つべきであるとするところにあると考えるので，日本人が外国人と婚姻した場合にも，この規定から当然にその者の単独の新戸

籍を編製すべきものと解する。そして，例えば，外国人の夫の氏を称したい女性は，婚姻によって従前の氏を称して単独戸籍が編製された後に戸籍法第107条に規定する氏の変更の手続をとることとする。これは，戸籍の届出の際に複雑な，そしてあまり明らかでない外国法を適用して氏の変更を認めるよりも，氏変更の裁判の手続を経ることの方が戸籍事務の正確さにかないつつ，当事者の生活上の利便にもなり，国際的な生活関係の保障にも役立つとするものである（落葉・「外国人と婚姻した者又は外国人の養子となった者の戸籍」戸籍242・表3）。

Ⅳ　旧法下であれば格別，氏が家の呼称でなくなった現行法の下では，氏をもって日本独特の制度と考える根拠は失っている。氏と名の組合わせによって個人を識別する手段とする制度は，諸外国にも普遍的に存在している。したがって，渉外的婚姻の身分的効力として氏を考える場合，外国の氏が各国まちまちで，その変更の事由が我が国と同一でないこと，また，法律のみならず慣習や習俗にゆだねられていることを理由に我が国の民法の定めている氏と全く異質なものとみる必要はない。少なくとも外国人である夫の本国法により，婚姻による身分上の効力として日本人妻が夫の氏を称するに至ったのであれば，我が国の身分関係公証簿としての戸籍の性質からも戸籍上に婚姻後の氏を記載するのが妥当である。ただし，同じ戸籍には同じ氏の者しか登載できないことになっているため，その日本人女については，新戸籍を編製すべき場合があるとする（鈴木・「渉外戸籍入門」戸籍298・58）。

Ⅴ　婚姻の際の氏について各国の立法例は，婚姻によって妻は夫の氏を称するとするもの，当事者の選択によって夫妻が別姓を称しうるとするものなど一様ではなく，氏の変動事由も我が国の民法と同一ではないが，そのために戸籍の取扱いにおいて外国法を顧慮しないということは十分な理由とはならない。国際私法が各国における内容の異なる実質私法の存在を前提として，その抵触問題を解決することを目的とするものであることを考えると，このような婚姻による夫婦の氏の問題は，抵触法的

解決にゆだねるべきであり，戸籍は，実体法上確定した事項を忠実に反映させるべきものであって，単に戸籍処理上の技術的な困難さを理由に実体法上生じた効果を反映させる途を閉ざしてしまうことは相当でない。かかる戸籍処理のため当事者に実際上少なからず不都合を生ぜしめ，戸籍法第107条の氏変更の手続をとらざるを得なくなっていることを考えると，戸籍実務の取扱いについてはなお一層の検討が望まれるとする（渡貫・「外国人夫と婚姻した日本人妻の氏の変更」戸籍時報217・41）。

Ⅵ　渉外的婚姻による夫婦の氏の問題は，準拠法によって決定されるべきものであり，戸籍法がこの氏について適切な記載方法を用意していないのは，戸籍法の不備であって，それによって夫婦の氏の変更の実体が左右されるべきものではないから，この問題の真の解決のためには立法的な方策を検討すべきであるとする（林脇・「婚姻による妻の氏の変更の準拠法」昭和50年度重要判例解説232頁）。

なお，裁判例には，日本人の妻が外国人の夫と婚姻した場合には日本人の妻については新戸籍を編製すべきものであり，そうでないとしてもその妻が外国人の夫の氏を称する場合には，少なくともその氏を称するものとして日本人の妻について新戸籍を編製すべきであると解するが，戸籍実務がそのような処理を認めていない以上，日本人の妻が外国人の夫の氏を称しておりながら，戸籍上これを記載する途を閉ざされてしまう結果になるので，現在のところこれを救済するためには，氏の変更の手続（戸107）によることを認めるのもやむを得ないとするものがあった（東京家審昭43．2．5家裁月報20・9・116，静岡家《熱海》審昭49．5．29家裁月報27・5・155）。

このように裁判実務では，外国人男と婚姻した日本人女が夫の本国法の規定によって夫の氏を称するに至った場合は，変更後の氏を戸籍に反映させるために戸籍法第107条の氏変更の許可の申立てがあったときは，これを認容して対処していた。

また，渉外関係にある婚姻による氏の問題の準拠法は，人の独立の人格

権たる氏名権の問題として本人の属人法によるべきであるから，日本人男と婚姻したスイス人女の婚姻後の氏は，スイス民法により夫の氏を取得したものと解されるので，右夫婦間の嫡出子の母欄にされた夫の氏の表音に従った片仮名による母の氏の記載の削除を求めた事案について，あえて母欄に前記日本人夫の氏を取得したスイス人妻の氏を片仮名で記載する必要はないとして，母欄の氏の記載の削除を許可したものがあった（京都家審昭55．2．28家裁月報33・5・90）。

これらの批判に対しては，次のような意見があった。

「夫婦・親子等の親族関係と日本国籍を有することを合わせて登録公証する日本の戸籍制度は，国家機関が維持する公法上の制度である。そうであるが故に，戸籍に登載される個人の氏名が厳格に規定され，個人がみだりに変更することが許されないのである（戸籍上の氏は，民法に規定する身分関係を理由とする氏の変更によるか，戸籍法107条1項に規定する氏の表記の変更手続による以外戸籍に記載された氏を変更することができない。）。日本人の戸籍上の氏名は，日本国民としての公法上の地位に基づく規制を受けているといわざるを得ないのではないだろうか。すなわち，戸籍上の氏は，日本法によって，つまり民法と戸籍の両面から，完結的に規制されているものであり，国際私法の領域の埒外にあるといえないであろうか。私法上の効果として婚姻による氏の変動が仮にあったとしても，日本法上の日本人の氏は，戸籍制度上の公権としての要素を強く持っているといえないであろうか。私は，戸籍制度上の氏を称することを公法上の問題として把え，しかも戸籍法上の氏と民法上の氏を実質的にも，形式的にも一致しているものとみたい。戸籍法が先か，民法が先か，どちらが主で，どちらが従であるかを議論することは問題とならない。先にも述べたとおり，民法750条にいう夫又は妻の称する氏は戸籍に記載された氏そのもののことであり，両者は実質的に相互依存しているからである。と考えてくると，民法750条は戸籍法の規定を踏まえて理解されなくてはならない。そこで戸籍に登載されていない外国人と日本人との婚姻には民法750条は適用されないと

第3章　国際的身分関係の変動と氏の変更

　いう結論が導き出されるのである。(中略)外国法によって日本人が外国人たる配偶者の氏を称するとされる場合，(改正前)法例14条説は，日本人妻の氏は，私法上の効果としては婚姻によって外国人たる夫の氏に変わっているのであって，婚姻前に在籍する父母の氏とは，氏が異なったという。そして，戸籍の処理としては，①現行戸籍法における事務処理として，その妻について夫の氏を称する氏による新戸籍を編製すべきであるという説がある。しかし，戸籍事務のように，法規に従って厳格に処理されるべきものに，そのような法の根拠のない処理を認めることは相当でないのではなかろうか。また，②立法論として，このような場合は，夫の氏を称するに至った者について，夫の氏を称する氏名をもって新戸籍を編製する規定を設けるべしとする説がある。そしてこの説は，この事務処理として，婚姻届にその旨を記載させて行うことを予想しているものと考えられる。

　しかし，外国法適用の効果として，日本人が外国人配偶者の氏を称するに至るのかどうかの判断を，戸籍事務を処理する市区町村長に義務づけるのは相当でないと考える。何故なら，婚姻の成立は，速やかに実現されるべきであるにも拘らず，婚姻の効果としての夫婦の氏の変動を審査するために婚姻届の受理が遅延するおそれがあるからである。諸国の氏の制度は，まだ生成発展している状態であり，慣習の変更，政府の指導，法の改正による氏の制度の変更は，めまぐるしい。さらに，それが国際的な問題になったときに，どう処理されるべきかは，各国において，裁判官，行政官，学者等の間で意見が分かれている状態であり，婚姻当事者に婚姻後の氏の変動を立証させることも，また，市区町村長が職権でそれを調査することも至難の技であるからである。したがって，この問題は，婚姻成立の時点における戸籍事務の取扱いは現行どおりとし，婚姻成立後に，個別の事件ごとに，その必要性に応じて，戸籍法107条1項によって処理されるのが相当であると考える。具体的に言えば，夫の本国法上の効果として妻が夫の氏を称する場合に，そのために日本の戸籍上の氏を夫の氏に改めなけれ

ば，種々の困難が発生するときは，先ず分籍をして（戸籍法21条，民法753条），戸籍の筆頭者となった後に，家庭裁判所の許可を得て，氏変更の届出をして（戸籍法107条），戸籍上の氏の表記を変更するのである。この家庭裁判所の裁判を通じて，外国人配偶者の本国法に基づく日本人配偶者の婚姻後の氏の変動の問題は充分に時間をかけて調査されるものであり，その方が，市区町村長が調査するよりは，いい結果が得られるのではないだろうか。」（島野・前掲書25頁）。

また，「氏名の成立自体の問題は，個人の特定という公法的要請とより強く関係するものであり，しかも現在の国際社会においては，各個人が国籍という絆によって，国家と結びつけられており，このような公法的要請は，第1次的には本国によって規律されることが旅券制度を通じて期待されている以上，それは，公法上の問題として，もっぱら各個人の本国法によって規律すべきである，ということである。

以上のような見解に立つときは，次のような諸結果が，論理上当然に導かれてくることになろう。第1に，自由意思による氏名の変更の許可については，本国のみが管轄権を有し，その効力は国際的に承認されなければならない。しかし，例外的に住所地国が，外国人の氏名について介入することがありうるが，それは属地的効力しか認められないということになる。第2に，親族法上の身分変動を理由として氏が変更する場合であっても，それは，本国法が承認し，それが本国の公簿に登載されるかぎりにおいて，国際的に承認されうるものであって，国際私法上の身分関係の準拠法はそれに適用さるべきでないし，住所地国による氏名変更は，同様に属地的効力しか有しないものである。」（澤木・「人の氏名に関する国際私法上の若干の問題」家裁月報32・5・25）。

第5 国際婚姻に伴う氏の取扱いについての新しい動き

① 国際婚姻に伴う夫婦の氏の問題については，以上に述べたように学説，判例更には実務家からの意見があったが，戸籍実務においては，氏につ

いての取扱いは統一しており、日本法上、氏については通則法第25条の適用はなく、国際婚姻によって氏の変更はないものとしている。その理由として、戸籍の届書を受理する時点では、外国法の内容も不明であり、法的根拠も明らかでないままに届書の処理をすることの当否、身分関係の創設が急がれるのに、氏の問題でいたずらに時間を採られることの是非、といったことがあろう。さらに、国際婚姻に伴う氏の変更については、家庭裁判所における戸籍法第107条第1項の氏変更の許可の審判を求めることが、外国法の調査、解釈といった面からもより正確なものとなるということが、国際婚姻による氏の変更を認めないとする理由とされていた。

ところが、国際婚姻に伴う夫婦の氏の取扱いについては、昭和59年の戸籍法の一部改正によって改められたが、日本人のいわゆる民法上の氏については何らの変更はなく、戸籍法第107条第1項の氏変更届の特則としてその取扱いが改められたものである。

昭和59年の戸籍法の一部改正前は、日本人が外国人と婚姻した場合にその戸籍の変動について規定がなかった。その理由は、民法第750条の「夫婦は、婚姻の際に定めるところに従い、夫又は妻の氏を称する。」との規定は、外国人との婚姻には適用されないというところにあった。昭和59年の戸籍法の一部改正の際に、民法第750条は改正されなかったので、日本人が外国人と婚姻しても、日本人配偶者の氏に変更はないとする取扱いに変更はない。

一方、婚姻の際の氏の変更についての各国の立法例をみると、婚姻によって妻は夫の氏を称するとするもの、当事者の選択により、夫又は妻の氏を称するとするもの、婚姻後も夫婦は当事者の選択によって、婚姻前の氏を称し得るとするものなどがあり、統一されたものはない。ところが、女子差別撤廃条約（女子に対するあらゆる形態の差別の撤廃に関する条約）の成立を機に、夫婦の称する氏についての論議が活発化してきた。これらの社会状勢の変化もあり、昭和59年の国籍法及び戸籍法の一

第1節　国際婚姻に伴う氏の変更

部改正によって，出生による国籍の取得が父系血統主義から父母両系血統主義に改められたほか，国際婚姻に伴う戸籍の処理方法についても所要の改正がされた。その結果として，戸籍法第16条第3項が新設され，外国人と婚姻した日本人についても，婚姻によって新戸籍を編製することとなった。すなわち，戸籍法第16条第3項は，日本人が外国人と婚姻した場合は，その者が，既に戸籍の筆頭者である場合を除き，その日本人について新戸籍を編製するものであり，従来のその者の戸籍の身分事項欄に婚姻事項を記載するにとどめるという取扱いが改められた。しかし，外国人と婚姻した日本人について新戸籍を編製しても，その氏は従前の氏であり，婚姻後の氏が夫の氏か妻の氏か，ということについての解決とはなっていない。これは，国際婚姻については民法第750条の適用がないとする基本的な考え方があるためである。

そこで，この民法第750条の原則を変更することなく，外国人と婚姻した日本人の氏について，戸籍法第107条の手続により外国人配偶者の氏を称することができるという解決方法を取り入れた（戸107Ⅱ）。

昭和59年に戸籍法が改正されるまでは，外国人と婚姻した日本人が，婚姻生活を継続する上で外国人配偶者と同じ呼称となることを欲するときは，家庭裁判所の許可を得て氏変更の届出をしなければならないものとされ，これを認容する裁判例がある（東京家審昭43．2．5家裁月報20・9・116，静岡家《熱海》審昭49．5．29家裁月報27・5・155，東京高決昭59．3．29家裁月報37・1・118，札幌家審昭59．3．7家裁月報37・1・139）。

これが，昭和59年の戸籍法の改正によって，外国人と婚姻した日本人は，その婚姻の日から6か月以内に限り，家庭裁判所の許可を得ることなく，その氏を外国人配偶者の称している氏に変更する旨の届出をすることによって外国人配偶者の氏を称することができることとなった（昭59．11．1民一第5500号通達第2，4（**注**））。

② 外国人と婚姻をした日本人からの申出により，その戸籍の身分事項欄に外国人配偶者の氏変更の事実を記載するには，当該外国人がその本国

第3章　国際的身分関係の変動と氏の変更

法に基づく効果として日本人配偶者の氏をその姓として称していることを認めるに足りる権限ある本国官憲の作成した証明書を提出させる必要があるが，日本において婚姻をしたブラジル人妻の氏変更については，同国の法令上，在日ブラジル大使館では，日本の官憲の作成する証明書に婚姻後の氏が記載されていない限り，ブラジル人妻の婚姻後の氏を記載した証明書を発行することができず，その婚姻後の氏をブラジル本国の身分登録簿に登録することができないというブラジル国の身分登録制度特有の事情にかんがみ，その変更を証する書面の添付を省略し，次のとおり取り扱う（平8.12.26民二第2254号通知）。
1　日本人男とブラジル人女の婚姻届の場合
　　日本人男とブラジル人女の婚姻届があった場合は，その届出の際に，婚姻後の妻の氏についてブラジル国では，婚姻時における夫婦の合意により，妻は夫の氏又はこれに自己の氏の全部若しくは一部を組み合わせた結合氏を称するものとされている旨の説明をし，同時に申出書の提出を求め，これに変更後の妻の氏名を記載するか，又は届書の「その他」欄に同様の記載をするよう指導する。
2　ブラジル人同士の婚姻届の場合
　　ブラジル人同士の婚姻届があった場合は，婚姻届書の「その他」欄に本国法上の氏名の表記（ポルトガル語等）を併記して，1と同様の記載をするよう指導する。
　なお，ブラジル本国における婚姻登録については，届書記載事項証明書をもってするよう指導する。
　この取扱いは，ブラジル政府の正式の要請に応えて例外的な措置を講じるものであり，ブラジル以外の国の外国人配偶者については，従来の取扱いに変更はない。
③　従来，日本で婚姻をしたブラジル人妻の氏変更の取扱いについては，ブラジル国の身分登録制度特有の事情にかんがみ，その婚姻の届出の際に，申出書の提出等を求め，ブラジル人妻の氏変更を証する書面の添付

を省略する取扱いをしている（平8.12.26民二第2254号通知）が，その後のブラジル民法の改正により婚姻による氏の変更について，妻だけに適用される規定が夫婦のいずれにも適用される規定に改められたので，妻だけに適用されていた婚姻による氏の変更の取扱いを夫にも適用することが相当であるから，日本で婚姻したブラジル人夫の氏変更についても，同様の取扱いをして差し支えない（平18.2.3民一第290号通知）。

《注》　昭59.11.1民二第5500号通達（改正平13.6.15民一第1544号通達）
　　　戸籍法及び戸籍法施行規則の一部改正に伴う戸籍事務の取扱いについて

　このたび国籍法及び戸籍法の一部を改正する法律（昭和59年法律第45号）（以下「改正法」という。）が公布され，また，戸籍法施行規則の一部を改正する省令が本日公布された。

　改正後の戸籍法（以下「法」という。）及び戸籍法施行規則（以下「規則」という。）は，昭和60年1月1日から施行されるが，この改正に伴う戸籍事務については，次のとおり取り扱うこととするから，これを了知の上，貴管下支局長及び市区町村長に周知方取り計らわれたい。

　なお，これに反する当職通達又は回答は，本通達によつて変更又は廃止するので，念のため申し添える。

第1　（省　略）

第2　渉外婚姻に関する取扱い

　1　（省　略）

　2　（省　略）

　3　（省　略）

　4　氏の変更

　　(1)　外国人と婚姻した者の氏の変更

　　　ア　日本人配偶者は，婚姻成立後6箇月以内に限り，家庭裁判所の許可を得ないで，その氏を外国人配偶者の称している氏に変更する旨の届出をすることができることとされたが（法第107条第2項），こ

の場合の戸籍の記載は，戸籍事項欄及び身分事項欄に記載例176から180までの例により，これをする（規則第34条第2号，第35条第13号）。

なお，戸籍事項欄の記載は，管外転籍の場合に移記を要するが，身分事項欄の記載は，新戸籍を編製され，又は他の戸籍に入る場合に移記を要しない（規則第37条，第39条）。

イ　アの届出は，届出人の身分事項欄に記載された外国人配偶者の氏と異なる氏を変更後の氏とする場合には，受理することができない。ただし，外国人配偶者の氏のうち，その本国法によつて子に承継される可能性のない部分は，法第107条第2項に規定する外国人配偶者の称している氏には含まれないので，その部分を除いたものを変更後の氏とする届出は受理することができる。

届出人の身分事項欄に記載された外国人配偶者の氏と同一のものを変更後の氏とする場合は，その氏の中に明らかに上記部分を含むものと認められる場合を除き，届出を受理して差し支えない。

ウ　変更後の日本人配偶者の氏は，片仮名によつて記載するが，配偶者が本国において氏を漢字で表記する外国人である場合において，正しい日本文字としての漢字により日本人配偶者の身分事項欄にその氏が記載されているときは，その漢字で記載して差し支えない。

エ　外国人配偶者が死亡した後は，アの届出をすることができない。

オ　戸籍の筆頭者でない者から外国人との婚姻の届出及びアの届出が同時にあつたときは，婚姻の届出による新戸籍を編製した後に，アの届出による戸籍の記載をする。

カ　アの届出があつた場合において，その届出人の戸籍に同籍者があるときは，届出人につき新戸籍を編製し，氏変更の効果は同籍者には及ばない（法第20条の2第1項）。

この場合において，氏変更前の戸籍に在籍している子は，同籍する旨の入籍届により，氏を変更した父又は母の新戸籍に入籍するこ

とができる。

　　アの変更届と同時に同籍する子全員から入籍届があつた場合においても，氏を変更した者につき新戸籍を編製する。
キ　アにより氏を変更した者と外国人配偶者を父母とする嫡出子を戸籍に記載する場合には，その父母が離婚し，又はその婚姻が取り消されているときを除き，母欄の氏の記載を省略して差し支えない。
ク　改正法施行前に外国人と婚姻した者であつても，昭和59年7月2日以降に婚姻をした者は，改正法施行の日から昭和60年6月末日までその氏を外国人配偶者の称している氏に変更する旨の届出をすることができる（改正法附則第11条）。

　　この場合において，届出人が戸籍の筆頭者でないときは，届出人につき新戸籍を編製し（法第20条の2参照），戸籍の記載は，記載例178から180までの例に準じて行う。
(2)　（省略）
(3)　（省略）

第2節　国際養子縁組に伴う養子の氏の変更

第1　縁組による養子の氏の準拠法

　国際私法上，人の氏の変更が問題となるのは，一般に婚姻・養子縁組等の身分変動に伴う場合と，それらに関係なく，自己の意思に基づいて変更する場合に分けられる。自己の意思に基づく氏の変更については，直接通則法に規定はないが，氏の問題は，氏名権として人格権の問題として論ぜられ，本人の属人法が準拠法となる。すなわち，属人法について本国法主義をとる我が国の通則法の基本原則から，この場合はその者の本国法が準拠法とされる。このことについては，学説・判例ともに争いがない。他方，身分変動に伴う氏の変更については，例えば，養子縁組による養子の氏は，

第3章　国際的身分関係の変動と氏の変更

縁組の効力が発生した時に決定すべき人の呼称であり、身分関係発生の準拠法によるべきであるとしながらも、氏の問題は、人の氏名権すなわち人格権の一種として、本人自身の本国法によらしめるのが正当であるとするもの（久保・国際私法例説108頁）と身分変動の原因となっている身分関係についての効力ないし効果の準拠法によるべきであるとするもの（通説）とに分かれる。さらに、後説による場合、養子縁組に伴う養子の氏の変更の準拠法としての養子縁組の効力の準拠法としては、養子の氏は、縁組の効力が発生した時に決定すべき人の呼称であるから、その後の国籍の変更によって変わるべきものではないとして改正前法例第19条第2項によるべきであるとするもの（早田・「渉外判例研究」ジュリスト207・89）と改正前法例第19条第2項に規定する養子縁組の効力とは、養親と養子との養親子関係の発生だけを意味し、その結果として、養親と養子の間にいかなる法律関係が発生するかは、改正前法例第20条によるべき問題であるとして、養子の氏の問題はこれに含まれるとして改正前法例第20条によるべきであるとするもの（江川・国際私法284頁、折茂・前掲書367頁）とに分かれる。

　ところで、改正前法例第20条説による場合は、同条が親子間の法律関係の準拠法について変更主義をとっていると解される結果、養子縁組成立時の養父の国籍がその後変更した場合、養子の氏の問題も養父の変更後の国籍に基づいて決定される準拠法によって異なった解釈がなされることになり、極めて不安定な立場に置かれるという点に難があると言われるが、改正前法例第20条説をとる者は、準拠法の変更主義が必ずしも子の氏そのものの変更を意味するものではないことを注意すべきであるとしている（折茂・前掲書368頁）。

　また、改正前法例第19条説によると、養父と養母の国籍が異なる場合には、いずれの本国法によるべきか問題が残るが、これについては、親子の問題につき父の本国法を母のそれに優先させる改正前法例第20条の趣旨から、養父の本国法によるのが適当であるとするもの（島内・「渉外判例研究」ジュリスト439・126）と当事者の協議により準拠法の選択をせしめるとす

第２節　国際養子縁組に伴う養子の氏の変更

るもの（西沢・「外国人との養子縁組」家族法大系Ⅳ256頁）とがある。

　裁判例は，改正前法例第19条説によるもの（京都家審昭33．4．21家裁月報10・5・64，東京家審昭41.10.29家裁月報19・6・98，札幌家審昭47.10．5家裁月報25・3・116）と改正前法例第20条説によるもの（東京家審昭41．6．8家裁月報19・1・63，東京家審昭41．7．9家裁月報19・1・68，東京家審昭45．8.17家裁月報23・4・84）とに分かれている。

　思うに，氏名権が人格権であり，その者に固有の属人法によって律せられるべきであるというのは，氏名をその称する個人の私的な権利としてみた場合にはいえるが，その氏名の変更が公的な登録簿上の問題として論じられるときは，公法上の氏名の秩序の問題が生じるので，養子の称する氏は，養親子関係の重要な要素の一部として養親子関係の準拠法によるべきであると考える。また，改正前法例第19条説と改正前法例第20条説とが分かれるのは，結局，それらの条項の適用範囲をいかに解するかによるものであるが，改正前法例第19条第２項にいう養子縁組の効力とは，養子縁組の成立による直接的効果，すなわち，養親子関係の発生，養子が取得する法律上の地位を意味し，それに基づく間接的効果，すなわち，養子縁組に伴って養子の氏が変更せられるべきか否かの問題は，縁組によって成立する親子関係の内容に関するものとして，その準拠法は，改正前法例第20条によって定められるべきである（島野・「渉外判例研究」ジュリスト494・158）との意見に賛成したい。

　平成元年に法例が改正されるまでは，以上述べたように改正前法例の第19条説，第20条説のいずれによるべきかについて学説の対立があった。ところが，平成元年に法例が改正された際に，改正前法例第19条が，養子縁組の要件は，各当事者につき縁組当時のそれぞれの本国法を適用するとの配分的適用主義をとっていたため，準拠法の適用関係が複雑であったのを改めて，近時の多くの立法例が養親の本国法主義を採っていることにかんがみ，養親の本国法主義を採ることとした。これは，養親子の生活が営まれる地は養親の属人法国であるのが通例であることのほか，養親の本国の

養子縁組に関する法制が特に重要であることによるものである（南ほか・「法例の一部を改正する法律の施行に伴う戸籍事務の取扱いについて（基本通達）の解説」民事月報44巻号外266頁，南・「法例改正に関する基本通達の解説」前掲書159頁，南・「改正法例の解説(三)」法曹時報43・2・54）。

　養子縁組の効果について，改正前法例第19条第2項は，養子縁組の効力は養親の本国法によるものとしていたが，法例は，第20条第2項で，養子とその実方の血族との親族関係の終了及び離縁についての準拠法を定めているのみで，養子縁組の効力に関して明文の規定を設けていない。しかしながら，法例第20条第1項は，「養子縁組ノ成立ノ要件ハ」と限定的に規定しないで，「養子縁組ハ」と概括的に規定しているので，養子縁組の法律関係を成立と効力に分けることなく，同一の準拠法によることにしたものであると解されている（南・「改正法例の解説(三)」法曹時報43・2・57）。

　また，法例は，養子縁組の効力については，第20条第1項により，養親の本国法によるとしているものと解されるが，養親子関係の成立，養子と養親の血族との親族関係の発生については明文の規定をおいていない。これらの問題は，いずれも養子縁組の成立に直接関係する問題であるので，第20条第1項を適用して養親の本国法によるものと解すべきであるとされている（南・「改正法例の解説(三)」法曹時報43・2・57）。

　通則法第31条は，法例第20条と同様に規定している。

　ところで，国際養子縁組に伴って日本人である養子の氏に変更を生ずるか否かの問題については，通則法は明文の規定を設けていないため，通則法下においても，従来と同じように，養子縁組の効力としてとらえるべきか，それとも親子間の法律関係の問題としてとらえるべきかの対立が考えられる。

第2　戸籍実務の取扱い

　戸籍実務は，外国人と縁組した日本人の養子の氏について準拠法である外国法を適用した結果，養子が養親の氏を称するとされる場合であっても，

第2節　国際養子縁組に伴う養子の氏の変更

　婚姻の効力としての氏の変更の場合と同様，我が国の民法の規定する氏の変更事由と異なる外国法又は外国の慣習による個人の呼称に従って戸籍の取扱いをすることは，困難と不可能を生じるとの理由で，これを顧慮しないとする態度をとっている。したがって，日本人と外国人との縁組についての戸籍の取扱いに関する限り，氏の変更はないものとして取り扱われる。すなわち，日本人である当事者の戸籍の身分事項欄に外国人との縁組事項が記載されるにとどめる取扱いがされている（昭23.12.14民事甲第2086号回答）。

　このため，身分変動による氏の変更については，戸籍の上では養子が成人して分籍して戸籍の筆頭者になった後に戸籍法第107条第1項に規定する，直接には身分変動に関係のない本人の意思に基づく氏の変更の取扱いにより処理されていた（第61回東京戸籍事務連絡協議会第2問結論）。

　ところが，昭和59年の戸籍法の一部改正によって日本人が外国人の養子となった場合は，日本人である養子は家庭裁判所の許可を得て外国人である養親の称している氏に変更することができることとなった（戸107Ⅳ）。この氏変更届があったときは，その者について新戸籍を編製することになる（戸20の2Ⅱ）。この氏変更の性質は，婚姻による氏変更の場合と同様であり，戸籍法独自の規定による呼称の変更にすぎず，民法第791条の規定による子の氏の変更とは性質を異にするから，新戸籍を編製された子と，従前戸籍の筆頭者である父又は母の間には民法上の氏の同一性が認められる。ただ，子についてだけ氏の呼称の変更を認めたので，子について新戸籍を編製することとせざるを得ないため，戸籍法第20条の2第2項の規定が置かれたのである（細川ほか・「戸籍法及び戸籍法施行細則の一部改正に伴う戸籍実務」民事月報39巻号外177頁）。

　家庭裁判所の養子縁組許可の審判の中には，外国人である養親の本国法の規定に従って，その主文において養親の氏を称する旨を示しているものがある（宮崎家審昭34.12.23家裁月報12・3・150，東京家審昭42.10.31家裁月報20・4・54，東京家審昭45.8.17家裁月報23・4・84，札幌家審昭47.10.5

第3章　国際的身分関係の変動と氏の変更

家裁月報25・3・116）が，この場合にも戸籍の上では，養子の氏は，縁組前のまま変更がないものとして取り扱われていた。

　また，アメリカのある州の養子法では，養子決定をする裁判所は，養子決定に当たり養子の氏名を養子決定申立書に記載されている氏名に変更することを命じることができるものとされているので，我が国の家庭裁判所において外国人である養親の氏を称するため，氏変更許可の審判がされた場合がある（東京家審昭41．6．8家裁月報19・1・63，東京家審昭41．7．9家裁月報19・1・68）が，日本人である養子が戸籍の筆頭者でないときは，未成年者は分籍できないので，氏の変更を戸籍上に表示する手続は認められないとしていた。

　これらの戸籍実務の取扱いに対しては，身分変動に伴う氏の変更について，その準拠法上の根拠が明らかにされた場合は，それを戸籍に反映されるよう努力が払われるべきであり，例えば，父母の戸籍に在籍する日本人の子の氏が縁組によって外国人である養親の氏に変更された場合は，戸籍法第6条に規定する戸籍は「一の夫婦及びこれと氏を同じくする子ごとに」編製するという戸籍編製の原則に反するに至るので，外国人である養親の氏を称するに至った子について単独の戸籍を編製するというのも1つの方法であるとするものがあった（島野・前掲書159頁）。また，外国人である養親の氏を称するための氏変更の許可の審判がされた場合には，その届出により養子の氏を実体法上変更しうるものとし，戸籍にもこれを反映する方法，すなわち，その養子について変更後の氏をもって単独の新戸籍を編製する方法がとられるべきであるとする意見があった（鈴木・戸籍法各論Ⅱ《渉外戸籍》101頁，渡貫・「外国人と縁組した日本人養子の氏の変更」戸籍時報119・28）。

　国際養子縁組に伴う養子の氏の変更については，準拠法である外国法によって，縁組により養子は当然養親の氏を称する場合と縁組の際若しくは後に裁判所の決定によって養子の氏を養親の氏に変更することを認めている場合があるが，縁組当事者にこれらの縁組後の養子の氏の変更について

第2節　国際養子縁組に伴う養子の氏の変更

立証させることも，また，市町村長が職権でそれを調査することも困難であるから，氏変更の許可の申立てによって家庭裁判所の裁判を通じて，外国人である養親の称している氏への変更の問題が十分に調査されるのが相当であると考える（戸107Ⅳ）。

第3　養子の氏の変更についての家庭裁判所の権限

1　裁判管轄権

国際私法上の氏の変更の申立事件の裁判管轄権の存否の決定については，いわゆる国際非訟事件手続法における裁判管轄権の分配の問題となるが，我が国では，この点に関する明文の規定はない。一般に氏変更の問題は，氏名権として人格権の問題であるとして，その準拠法については，本人の属人法，すなわち，本人の本国法によるとする考え方があるが，通則法の立法趣旨から考えるならば，裁判管轄権の問題も原則として申立人の本国の裁判所に裁判管轄権を認めるべきである。しかし，これに関する裁判管轄権について規定のない我が国においては，国際非訟事件手続法の合理的解釈としての条理によって，申立人の住所のある国の裁判所に国際裁判管轄権を認めるのが相当であると考える。けだし，国際非訟事件としての氏の変更の申立ては，その人の生活の本拠を有する地の公序にも影響を及ぼすから，住所を裁判管轄権決定の基準とすることに一応の合理性を認めることができるからである（京都家審昭55．3．31家裁月報33・5・97）。

なお，氏の変更に関する国際裁判管轄権については，申立人の本国にのみこれを認め，本国以外の国における氏の変更を許可する裁判は，その申立人の本国で認められ，本国においてその旨が記録・承認される場合に限って認めるべきであり，その保障のない限り外国人について氏変更の裁判管轄権を認めるべきでないとするものがある（加藤・「氏の変更」渉外判例百選137頁）が，前述のとおり申立人の本国の承認の有無にかかわらず，申立人の住所のある国の裁判所に国際裁判管轄権を認めるのが相当である。

国内裁判管轄権については，国内法では自己の意思に基づく氏の変更の

第3章　国際的身分関係の変動と氏の変更

申立てについては申立人の住所地の家庭裁判所にその管轄権を認め（特別家事審判規則4），身分の変動に伴って生じる子の氏の変更に関しては，子の住所地の家庭裁判所と定められている（家事審判規則62）。ところで，国際私法上の氏の変更の申立てが我が国においてされた場合，例えば，国際養子縁組による氏の変更の申立てがされたときは，我が国にはこの種の事件の国内裁判管轄権についての規定がないので，条理に従って特別家事審判規則をも参考にした上で，申立人の住所地の家庭裁判所に裁判管轄権があると解すべきであるとされている（小野寺・「渉外判例研究」ジュリスト376・136）。

2　外国法適用の権限

国際養子縁組に伴う氏の変更に関して養親の本国法である外国法によるとした場合に，外国法の適用に関して，我が国の家庭裁判所に外国法で規定する裁判所の権限と同じ権限があるかどうかが問題となる。例えば，外国法が氏の変更を裁判所の命令（order）によらしめているものとした場合に，我が国の家庭裁判所においてその外国法による命令をなしうるか否か，また，アメリカ合衆国法上の養子縁組についての決定（decree）ないし命令（order）と，我が国の家庭裁判所の許可を同一のものとみることができるかどうかの問題である。

これらの問題について，学説は，一般に肯定的に解している（折茂・前掲書373頁）。すなわち，国際私法が私法的国際生活の安全保障を任務とする法であり，法例（通則法）が準拠法として外国法を指定している以上，我が国の裁判所としては，その組織上又は裁判所の機能として支障のない限り，外国法を適用実現する手続が，裁判所の権限の中に類似するものがない場合にも我が国の裁判所として常に裁判ができるとするものである（小野寺・前掲書138頁，山田・「渉外判例研究」ジュリスト511・133）。

裁判例には，氏の変更について養子縁組による養子の氏の変更の性格及び養親の本国法の実体法を適用実現する手続法上の権限と，我が国の家庭裁判所の権限である子の氏の変更の制度及びそれを実現する手続法として

の家事審判法,家事審判規則上の権限とを比較した上で,氏の変更についての外国の裁判所の命令は,その制度の本質的内容において我が民法の規定する子の氏の変更についての家庭裁判所の許可（民791）と同視しうるとしたものがある（東京家審昭41．6．8家裁月報19・1・63，東京家審昭41．7．9家裁月報19・1・68，東京家審昭45．8．17家裁月報23・4・84）。

第3節　渉外認知に伴う子の氏の変更

　渉外的に認知された子の氏について,戸籍実務は,次のとおり取り扱っている（平20.12.18民一第3302号通達第1,2(1),昭59.11.1民二第5500号通達第3,1(2)）。

1　日本人が外国人を認知した場合

　認知された外国人である子は,認知のみによっては直ちに日本国籍を取得しないので,日本の民法上の氏を称しない。

　国籍法は,平成20年12月12日法律第88号により改正され,平成21年1月1日施行されたが,同法第3条により出生当時に日本人だった者に認知された子である20歳未満の外国人は,法務大臣に届け出ることによって（戸102），日本国籍を取得するので,日本の民法上の氏を称する。

　国籍取得者の称すべき氏及び入籍する戸籍は,原則として次のとおりとする。

(1)　国籍取得者が準正子でないとき
　ア　国籍取得者の氏は,新たに定めるものとする。
　イ　国籍取得者が氏を新たに定めるときは,新戸籍を編製する。
　ウ　国籍取得者の母が国籍取得時にすでに帰化等により日本国籍を取得しているときは,母の戸籍に入籍することを希望する場合は,母の戸籍に入る。

(2)　国籍取得者が準正子であるとき
　ア　国籍取得者の氏は,準正時（準正時に父母が離婚しているときは

第3章　国際的身分関係の変動と氏の変更

　　離婚時）の父の氏である。
　イ　国籍取得者は，国籍取得時において氏を同じくする父又は母の戸籍があるときは，その戸籍に入る。
　　　上記により入るべき戸籍がないときは，国籍取得者につき新戸籍を編製する。この場合においては，親子関係を戸籍上明らかにするため，いったん，父母が国籍取得者と同一の氏を称して最後に在籍していた戸籍（除籍）に入籍させた上，直ちに除籍して新戸籍を編製する。

2　日本人が外国人に認知された場合

　認知された日本人である子の民法上の氏は変わらない。

　父が外国人である子のうち，戸籍の筆頭者又はその配偶者である者は，戸籍法第107条第1項により家庭裁判所の許可を得て，その呼称上の氏を父の称している氏に変更することができる。この場合においては，本籍欄の筆頭者の氏名を更正する。

　戸籍の筆頭者及びその配偶者以外の者は，その呼称上の氏を父の称している氏に変更しようとするときは，同条第4項により家庭裁判所の許可を得て変更することができる。この場合においては，その者について新戸籍を編製する（戸20の2Ⅱ）。

第4章　外国判決の承認

第1節　外国離婚判決の承認

第1　概　説

　一国の裁判制度にとって外国の判決は，当然に効力を認められるものではなく，外国での訴訟係属も内国での訴訟追行に当然影響を及ぼすものではないから，自国に新たに同一事件について訴えが提起されたときは，国際私法上定められた法にのっとって判決を下すことができる。しかし，既に外国で判決が下されているのに同一事件について内国でもう一度判断するのは，手続的にも不経済であり，実体的にも適用される法が区々となり，解決の不統一を現出することになるから，これを避けることが望ましい。多くの国で一定の要件の下で外国判決の効力を内国においても認める態度をとっているのはこのためである。その要件としては，外国裁判所の管轄権，訴訟開始に必要な呼出しの手続，公序良俗に違反しないこと，相互の保証の要件等が掲げられるのが一般であり，その他限られた範囲で準拠法の要件を挙げるものがある。

　我が国においては，外国判決の効力の承認の要件について民事訴訟法第118条に規定があり，上記の要件のうち準拠法の要件を欠いている。したがって，外国判決と同一事件について我が国が国際私法を通じて判断を行う場合は，準拠法が認める解決と異なっているときでも，承認の要件を充たす限りでは既に外国判決のなした解決を優先させるという態度をとっているものということができる。このような民事訴訟法第118条の規定が外国離婚判決にも適用されるかどうか問題となるのである。

第4章　外国判決の承認

第2　学説の概観

　学説は，外国離婚判決の承認という問題自体に対する根本の理論的立場がそれぞれ異なるところから，外国離婚判決の承認について民事訴訟法第118条の規定が適用されるかどうか，適用されるとしてもそのままの形で適用されるか，それとも若干の修正を加えて適用されるのか，適用されないとすれば，いかなる特別の原理によるのか等について，次のように分かれている（山田・「渉外判例研究」ジュリスト287・103）。

Ⅰ　外国判決の外国訴訟法上有する効力をその実体に触れないでそのまま尊重しようとする考え方から，原則として外国判決の承認の一般原則に基づき外国離婚判決を承認するもの。

　　この説は，民事訴訟法第118条の適用について，次のように分かれる。

(ア)　民事訴訟法第118条がそのまま適用されるとするもの（山田・前掲書104頁，林脇・「渉外判例研究」ジュリスト513・114（近時の有力説））。

(イ)　民事訴訟法第118条が第4号の相互の保証の要件を除き，そのまま適用されるとするもの（久保・国際身分法の研究158頁）。

(ウ)　第4号を除く民事訴訟法第118条の要件のほか，我が国の国際私法の定める準拠法に従ってされたものであることを要件とするもの。

(エ)　(ウ)の場合と同じ考え方であるが，準拠法の要件が民事訴訟法第118条第3号の公序良俗の要件の中に含まれるとするもの。

(オ)　執行の問題の生じない離婚判決の承認には民事訴訟法第118条の適用はなく，したがって，条理により，我が国の国際民事訴訟法の立場から管轄権を有する国の裁判所のした判決であることを要するとするもの。

Ⅱ　外国判決による離婚を認めるかどうかの問題は，準拠法に基づいて形成された法律関係をそのまま承認することであるとして，問題を抵触法上のものとして把握しようとする考え方から民事訴訟法第118条によらず，形成判決の特質から我が国の国際私法の定める準拠法に従ってされ

た離婚であれば，これを承認するとするもの。

　この説は，外国離婚判決の裁判管轄権の有無から，次のように分かれる。

(ア)　我が国の国際民事訴訟法の立場から裁判管轄権を有する国の裁判所のした判決であることを要するとするもの（江川・「外国離婚判決の承認」立教法学1・31）（従来の通説）。

(イ)　我が国の国際私法の定める準拠法の所属国の国際民事訴訟法の立場から裁判管轄権を有する国の裁判所のした判決であることを要するとするもの。

(ウ)　準拠法の要件のみで足り，いずれの国の裁判所のした判決であるかを問わないとするもの。

Ⅲ　外国離婚判決の承認という問題は，これを訴訟法上の問題としてとらえるか，抵触法上の問題としてとらえるかにより異なることを認め，外国離婚判決は，我が国の国際私法の定める準拠法に従ってされ，かつ，それに付随して我が国の国際民事訴訟法の立場から裁判管轄権を有する国の裁判所のしたものであれば，これを承認すべきであるが，他方，準拠法の要件を充足していなくても，外国判決の承認の一般原則に基づき民事訴訟法第118条の要件を充足しておれば，これを承認することができるとするもの。

　なお，昭和36年4月に公表された法務大臣の諮問機関である法制審議会国際私法部会小委員会の法例改正要綱試案（婚姻の部）では，外国離婚判決の承認については，特別の規定を設けて立法的解決を図ることが妥当であるとして，次のようにまとめられている。

　　第21　外国離婚判決の承認について，特別の規定を設けること。この場合における承認の要件は，次のとおりとする。

　　(イ)　管轄権を有する国の裁判所のした判決であること。

　　(ロ)　わが国の国際私法の定める準拠法に従ってなされたものであることを要件とするか否かについては，保留。

(ハ)　民事訴訟法第200条（現第118条）第2号及び第3号に掲げる要件を備えていること。

　しかし，平成元年の法例の改正では，試案に示されたような解決方法はとり入れられていない。

　法例の改正の際に裁判管轄権及び外国裁判所の裁判の承認の規定が置かれなかったのは，①両性平等の観点から早期に法例を改正する必要があったこと，②国際裁判管轄権については，我が国が独自に定めても条約の根拠がない限りメリットが少ないこと，③我が国の裁判所に国際的な事件が提訴された場合における国際裁判管轄権に関しては，最高裁昭和56年10月16日判決（民集35・7・1224）があり，これによれば，当該事件について民事訴訟法の規定する裁判籍が我が国内にあるときは，我が国に国際裁判管轄権があるとしており，この点について実務上問題が生じていないこと，④外国裁判所の裁判の承認の問題については，戸籍実務上，民事訴訟法第200条（現第118条）を全面的に適用することとしており（昭51.1.14民二第280号通達），訴訟事件に関する限り問題が生じておらず，非訟事件については，本格的に検討するためには十分な時間を要すること等によるものである（南・「改正法例の解説(一)」法曹時報42・7・31）。

第3　判例の動向

　外国離婚判決の承認に関して最高裁判例はないが，下級審の裁判例は，学説と同様に次のように分かれている。

Ⅰ　外国離婚判決の承認について民事訴訟法第200条（現第118条）の規定が第4号の相互の保証を含めてそのまま適用されるとし，準拠法の要件を要しないとするもの（東京地判昭46.12.17判例時報665・72）。

Ⅱ　外国判決承認に関する民事訴訟法第200条（現第118条）の規定は，離婚のような身分上の事項に関する外国判決の承認に関しては適用されないが，同条第4号の相互の保証を除いて第1号ないし第3号は類推適用

第1節　外国離婚判決の承認

される。更にこの要件に加えて外国判決が我が国の（改正前）法例の定める準拠法，すなわち，離婚原因たる事実の発生した当時の夫の本国法に準拠したものでなければならないとして準拠法の要件を要するとするもの（東京地判昭36．3．15下級民集12・3・486）。

Ⅲ　外国離婚判決の承認に関して民事訴訟法第200条（現第118条）の規定は，第4号の要件を除いて第1号ないし第3号のみを準用し，準拠法の要件は問わないものとするもの（横浜地判昭46．9．7判例時報665・75）。

このほか，外国離婚判決の承認に関して民事訴訟法第200条（現第118条）第1号の規定は，外国離婚判決にも適用ないし類推適用され，外国離婚判決が同条同号所定の外国判決の承認の要件を欠くときは，同判決は日本においてその効力を否定されると解すべきであるとするものがある（東京地判昭48．11．30家裁月報26・10・83，宇都宮地《足利》判昭55．2．28判例時報968・98，東京地判昭55．9．19判例タイムズ435・155，東京地判昭63．11．11判例時報1315・96）が，上記のいずれの見解に従うものか明らかでない。

なお，外国離婚判決に基づいてされた戸籍の記載につき，外国裁判所の確定判決は，民事訴訟法第200条（現第118条）により我が国においても効力を有するものであるから，もし外国の離婚判決が形式的に同条に該当する場合には，実質的審査権をもたない戸籍吏としては，これを受理しないわけにはいかず，それに基づいて戸籍の記載がされた場合には，一応有効なものとして取り扱うべきものであり，したがって，その記載が法律上許されないものとはいうことができないから，もし外国離婚判決が無効であると主張するのであれば，それは戸籍法第116条の確定判決によって戸籍の訂正をすべきものであって，戸籍法第113条による戸籍訂正を申し立てることができないとした裁判例がある（東京家審昭46．12．13家裁月報25・2・108）。

第4　戸籍先例の推移

我が国は，特定の国家機関が外国判決の承認の要件を具備しているかど

第4章　外国判決の承認

うかを統一的に審査し，この審査を通った外国判決のみが我が国においてその効力を有するとするような制度を採用していない。したがって，外国離婚判決を得た原告は，直接戸籍吏に離婚の届出をする。一般に戸籍事務管掌者である市町村長は，届出の受否を決するには，その届出が虚偽でなく，真実の届出義務者あるいは届出人の届出であるか否か，並びに届出の内容が民法・戸籍法その他法令に違反しないかどうかなどの実質的形式的要件の具備の有無を審査すべきものとされている。この場合の審査権は，形式的審査権であって実質的審査権ではないとされている。

　そこで，従来の戸籍実務では，外国離婚判決に基づく届出があった場合にどのような審査をした上でその受否を決定してきたかを概観する。

　①　身分登記制度をとっていた明治31年戸籍法の下では，外国判決に基づいては身分登記はできないとされていた（明43．10．28民刑第814号回答）が，大正8年に至ってその先例は変更され，以後外国離婚判決に基づいて戸籍の記載がされるようになった（大8．8．28民事第3773号回答）。この回答の見解は，その後再確認され，また，その内容が更に明確となった。すなわち，アメリカ在住の日本人夫婦がその居住する州の裁判所において受けた判決は，その離婚原因が本国法たる我が国の民法第813条（現第770条）に該当し，かつ，その判決が確定したものであるときは，我が国において承認される。したがって，アメリカ合衆国の離婚判決が我が国の民法第813条（現第770条）の離婚原因に基づくこと並びにその判決が確定した日を証明する書面を添付して離婚の届出（報告的届出）をすることができ，その受理によって戸籍簿に離婚の記載をすることができることが明らかとなった（大11．7．7民事第2618号回答）。この先例は，その後も繰り返し遵守された（昭25．10．12民事甲第2711号回答，昭29．1．26民事甲第150号回答，昭31．3．26民事甲第656号回答）。また，外国に住所を有する日本人夫婦についての離婚の判決は，我が国の国際民事訴訟法の立場から管轄権を有する国の裁判所のした判決であり，かつ，改正前法例第16条本文の認める準拠法によるものであれば，当該判決の効力は日本においても承認されるものとさ

第1節　外国離婚判決の承認

れた（昭25.12.22民事甲第3231号回答）。

　なお，在米日本人間のアメリカ合衆国裁判所の離婚判決がこれらの要件に適合しないため承認し得ないが，協議離婚の要件を具備する届出については，便宜有効な協議離婚届として取り扱って差し支えないとされたものがある（昭27.3.5民事甲第239号回答，昭和38.5.29民事甲第1561号回答）。

　②　ところが，前記先例にもかかわらず，アメリカ人夫と日本人妻間のアメリカ合衆国各州の離婚判決に関する照会に対して，離婚原因を証する書面を提出させる必要はない旨の回答がなされたものがあり（昭30.10.27民事二発第530号回答，昭31.9.21民事甲第2184号回答，昭33.3.11民事甲第543号回答，昭38.1.25民事甲第180号回答，昭40.5.6民事甲第983号回答），また，日本人夫婦についての外国離婚判決の場合にも，一応離婚原因を証する書面を添付させるべきであるとしながらも，それが著しく困難なときは，添付を省略してもよい旨の回答がされ（昭37.8.28民事甲第2414号回答，昭41.2.11民事甲第370号回答），さらに，離婚判決証明書には離婚原因が記載されていないにもかかわらず，この点については何ら触れることなく，単に判決の確定のみを要求する回答がされたものがあった（昭40.3.1民事甲第480号回答）。

　③　これらの先例に対して，中国人夫と日本人妻間のメキシコ国チワワ州の離婚判決につき，その判決は，改正前法例第16条本文による夫の本国法上の離婚原因によっていないことを理由にその離婚判決に基づく離婚の届出は受理すべきでないとしたものがあり（昭41.10.5民事甲第2581号回答），また，アメリカ人夫と日本人妻のメキシコ国チワワ州の離婚判決に基づく戸籍の記載の申出につき，同判決が改正前法例第16条本文による夫の本国法上の離婚原因によっていないと思われること，及び我が国の民事訴訟法第200条（現第118条）第2号の要件を充足していないことを理由に戸籍の記載をすべきでないとしたものがあった（昭45.1.13民事甲第15号回答）。なお，外国離婚判決の承認についても民事訴訟法第200条（現第118条）の適用があるとしたものがあった（第97回東京戸籍事務連絡協議会決議第1問）。

95

第4章　外国判決の承認

④　このように外国離婚判決の承認に関する戸籍先例は，外国離婚判決が改正前法例の定める準拠法に従ったものであり，かつ，我が国の国際民事訴訟法の立場から管轄権を有する国の裁判所のした判決である場合に限り承認されるとしながらも，外国離婚判決についても民事訴訟法第200条（現第118条）が適用されるとの見解を示していたが，昭和51年に至って従来の解釈を改め，外国離婚判決の承認については，民事訴訟法第200条（現第118条）が第4号も含めて全面的に適用されるから，外国離婚判決が改正前法例第16条本文に定める準拠法，すなわち，離婚原因の発生したときにおける夫の本国法に準拠していることは必要でないとの解釈を明らかにした（昭51. 1. 14民二第280号通達《**注**》）。

この先例変更の理論的根拠としては，まず第1に（改正前）民事訴訟法第200条の立法経過に求められる。（改正前）民事訴訟法第200条は，大正15年の民事訴訟法の改正の際に外国判決の承認に関する一般規定として新設されたものであるが，その改正の理由として，ここにいう外国判決は，執行が問題となる財産権に関する外国判決ばかりでなく，外国離婚判決のような身分関係に関する外国形成判決にも全面的に適用されることが意図されていたと考えられることである。第2に外国離婚判決の承認について（改正前）民事訴訟法第200条が適用されるとした当然の結果として，外国離婚判決が（改正前）民事訴訟法第200条に定める条件を充足すれば，その内容を事後審査することなく，その効力を認めようとするものであるから，かかる判決は，改正前法例の定める準拠法に従ってされたことを要しないと考えられたものである（藤田・「外国離婚判決の承認—昭和51年1月14日民二第280号民事局長通達について—」戸籍363・31）。

この先例変更に対しては，「従来の先例の考え方は，外国離婚判決の承認については，その判決が（改正前）法例第16条の定める離婚準拠法に準拠していることのほかに（改正前）民事訴訟法第200条第1号から第3号までに掲げられているのと同じ要件の具備をも要求していたのであって，実質上は，（改正前）法例第16条と（改正前）民事訴訟法第200条の累積的

第 1 節　外国離婚判決の承認

適用の立場であったとも言えるのであるが，ただ（改正前）民事訴訟法第200条第 4 号の相互保証の要件を排除するために（改正前）民事訴訟法第200条の規定は適用がないとしたのだとも考えることができる。（改正前）法例第13条が我が国で婚姻が挙行される場合だけに適用のある規定ではないのと同じように，（改正前）法例第16条も我が国で離婚がなされる場合だけに適用がある規定なのではなく，外国離婚判決の効力が我が国の裁判所その他において問題となるすべての場合に適用があるのだという考え方も成り立つのであって，この考え方の方が家族法上の身分関係に関して一般的に本国法主義をとる我が国の（改正前）法例の根本の建前にもよく合致するともいえる。そして，戸籍先例も（改正前）民事訴訟法第200条の規定が設けられる以前から（改正前）法例第16条の規定を根拠に外国離婚判決の効力を認めてきたのである。従来の戸籍先例の考え方からすれば，外国裁判所の判決による離婚も，それは外国離婚の一種なのであるから，（改正前）法例の定める離婚準拠法に適合している限り，その判決による離婚の効力，つまり婚姻解消という身分上の効果の発生は，他の手続，方法による離婚と同じように我が国においても承認されるのであって，このことは（改正前）民事訴訟法第200条が新設される以前もそうであったし，（改正前）民事訴訟法の同規定が新設された後であっても，（改正前）法例の規定がそのままである以上，その原則を変更すべき理由はない。」として批判するものがある（平賀・「外国離婚判決の承認—先例変更を機会に—」戸籍369・2）。

　しかし，外国の立法例，例えば，フランス民法第310条は，(1)夫婦の一方及び他方がフランス国籍であること，(2)夫婦の双方がフランスの領土にその住所を有するとき，(3)フランスの裁判所が離婚又は別居について審理する管轄権限を有するのに対して，いかなる外国の法律も自らの管轄権限を認めていないときは離婚及び別居は，フランスの法律によって規律されると規定している。このように，外国法によっては，離婚当事者の夫が日本人であっても日本法に準拠して裁判をされないことがあり，また，日本

97

第4章　外国判決の承認

法の離婚原因と相違する理由で離婚を認められることもあるので，これら離婚判決を我が国で承認しないことになれば，跛行婚が生じることになり，身分的地位の変動の国際的安定性の確保という基本的要請に欠けると思われるので，先例変更は是認しうるものと考える。また，この新しい先例の立場は，跛行婚を少なくするためできるだけ外国離婚判決の承認を容易にしようとする，ハーグ国際私法会議で採決された「離婚及び別居の承認に関する条約」の主旨にも合致するものと考える。

　⑤　離婚判決の確定に基づく離婚届は，これまで訴えを提起した者から判決の謄本等を添付して届け出なければならないものとされ，訴えの相手方は届け出ることはできないとされていたので，外国に在住する外国人夫が日本に在住する日本人妻を被告として夫の所属する国の裁判所で離婚判決がされたような場合に被告である妻から当該離婚判決書を添付して離婚届があっても受理すべきでなく，管轄法務局の長の許可を得て職権記載をするものとされていた（昭28. 12. 8民事甲第2342号回答，昭29. 6. 2民事甲第1156号回答）が，昭和51年の戸籍法の改正に伴い，戸籍法第63条第2項において「訴えを提起した者が前項の規定による届出をしないときは，その相手方は，裁判の謄本を添付して届け出ることができる。」との規定が新設されたので，届出期間（裁判確定の日から10日）の経過後であれば，訴えの相手方である妻から離婚届をすることができることとなった（戸77・63）。

《注》　昭51．1．14民二第280号通達

　　外国でなされた離婚判決は，（改正前）民事訴訟法第200条の条件を具備する場合に限り，我が国においてもその効力を有するものと解すべきである（先例変更）。

　　標記の件について，外務大臣官房領事移住部長から別紙甲号のとおり照会があり，別紙乙号のとおり回答し従前の解釈を改めることとした。ついては，右了知の上貴管下各支局及び市区町村に周知方取り計らわれたい。

　　（別紙甲号）

第 1 節　外国離婚判決の承認

外国裁判所の離婚判決に基づく離婚届の受理について（照会）

　今般，標記の件に関し，ロス・アンジェルス総領事より別添のごとき照会がありましたが，照会の諸点は，在外公館における離婚届の受理にあたり，心得るべき点であると思われますので，何分の貴見ご回示お願いします。
　なお，上記照会のうち，渉外的離婚訴訟事件の裁判管轄権の問題については，昭和47年11月28日民事甲第4946号民事局長回答を同館に通報ずみですので，申し添えます。

別　　添

　ロス領第522号
　昭和49年6月20日

　　　　　　　　　　　　　　　　在ロス・アンジェルス橘総領事

　　外務大臣　殿

　　　外国裁判所の離婚判決に基づく離婚届の受理について
　4月15日付貴信領々第121号
　一　当館においては従来から「在外邦人の戸籍および国籍に関する事務」（改訂版）58ページにより，在外日本人夫婦の一方が在留国の裁判所に離婚の訴を提起し，その離婚判決が確定した場合は日本法上も離婚が有効に成立したものとして訴を提起した者は戸籍法第41条に従いその判決謄本を添付して在外公館に離婚の報告的届出をすべきとの了解の下にその届出を受理してきている。
　二　しかしながら，当館が冒頭貴信により送達の嘱託を受けた訴訟書類をたまたま閲覧したところ，右書面において，原告○本○子は，被告○本○太○がカリフォルニア州裁判所の離婚判決の確定証明書を添付し，当館に離婚の届出をなし，当館より右届書の本籍地送付により戸籍上も両人が離婚した旨の登載がなされている事案に関し，右カリフォルニア州裁判所の離婚判決はわが国の（改正前）民事訴訟法第200条第2号の条件を具備していないから無効であると主張している。
　三　ついては今後ともかかる外国裁判所の離婚判決に基づく離婚届の提出

99

第4章　外国判決の承認

がある場合の執務参考までに下記につき何分の儀御回示願いたい。

　(イ)　日本の裁判所でなく外国の裁判所の離婚判決によっても日本人夫婦の離婚が日本法上有効に成立するという法的根拠（国際裁判管轄）如何

　なお，（改正前）法例第16条但書によって日本に居住する外国人の離婚についても，日本裁判所の管轄権が認められる以上，外国裁判所も同様当該国に居住する日本人の離婚に関して管轄権を有するものと一応解されるが（昭和25年12月22日民事甲第3231号民事局長回答参照），これは夫婦が共に日本人である場合には必ずしも該当しないとも思われる（外国人間における離婚の裁判管轄権に関する最近の最高裁判例も，被告の住所地国の管轄を原則とし，原告が遺棄された場合，その他これに準ずる場合に限って正義公平の見地から原告の住所地国の管轄を認めるという見解をとっている由である―最判昭和39年3月25日民集18・3・486）。

　(ロ)　かかる離婚届の受理に関し，上記の民事局長回答によれば，外国裁判所の離婚判決の効力は準拠法の要件（（改正前）法例16，民法770）を満たすものである場合に限り，日本においても承認されるものとされているところ（戸籍先例全集渉外編(1)1652～1653ページ参照），離婚届の受理に際し，この準拠法の要件を審査する必要はないか。

　(ハ)　在外公館は，当該外国判決について，わが国の外国判決承認の要件（（改正前）民事訴訟法200）を具備しているかどうかを審査する必要はないか。

　必要がないとされる場合には，その理由としては，（改正前）民事訴訟法第200条は給付判決の承認についてだけ適用があり，離婚の如き形成判決の承認については外国で生じた法律状態の変動の問題として裁判管轄と準拠法の2要件によって形成されるのが妥当であり，同条文の適用はないと解すべきものなりや。

（別紙乙号）

　　　回　　答

　昭和49年12月23日付け領領第393号をもって照会のあった標記の件について左記のとおりと考えます。

　　　　　　　記
(イ)　(改正前) 民事訴訟法第200条である。
(ロ)　必要はない。
(ハ)　必要がある。

　　外国でなされた離婚判決は，(改正前) 民事訴訟法第200条の条件を具備する場合に限り，我が国においてもその効力を有するものと解すべきであるから，外国判決に基づく離婚届の受理に際し，当該判決がそのための条件を具備しているか否かを審査する必要があるところ，実際の処理に当たっては，離婚届に添付された判決の謄本等によって審査し，当該判決が（改正前) 民事訴訟法第200条に定める条件を欠いていると明らかに認められる場合を除き，届出を受理して差し支えない。

　　なお，届出に際しては，原則として，判決の謄本，判決確定証明書，日本人の被告が呼出しを受け又は応訴したことを証する書面（判決の謄本によって明らかでない場合) 並びにそれらの訳文の添付を求めるのが相当である。

　　おって，具体的事件の処理に当たって疑義を生じた場合には，資料を付して当職あて照会願いたい。

第5　戸籍実務の処理

　外国離婚判決の承認について民事訴訟法第118条（民事訴訟法（大正15年法律第61号による改正法) は，平成8年法律第109号により全部改正され，平成10年1月1日から施行された。）が全面的に適用されることとなったので，かかる外国離婚判決の謄本を添付して離婚届がなされた場合，市町村長は，その判決が同条に定める条件を具備しているか否かを審査しなければならない（昭54.10.5民二第4950号回答）。

　民事訴訟法第118条は，外国裁判所の確定判決が次に掲げる要件のすべてを具備する場合に限り，その効力を有するとしている。

第4章　外国判決の承認

1　法令又は条約により外国裁判所の裁判権が認められること。
2　敗訴の被告が訴訟の開始に必要な呼出し若しくは命令の送達（公示送達その他これに類する送達を除く。）を受けたこと又はこれを受けなかったが応訴したこと。
3　判決の内容及び訴訟手続が日本における公の秩序又は善良の風俗に反しないこと。
4　相互の保証があること。

　これを詳述すると，次のとおりである（小室・注解民事訴訟法351頁）。

1　裁判権の存在（1号）

　これは，国際民事訴訟法の原則によって国際裁判管轄権，すなわち，間接的一般管轄権がその外国裁判所にあることを必要としている。国際民事訴訟法の原則による間接的一般管轄権については，各国に共通する統一的な規則が定められているわけでなく，通説は，これと直接的一般管轄権とは同一の法則によって律せられるべきものとしており，結局，我が国が条理上認める国際民事訴訟法の原則によって決定されることとなる。外国判決のされた事件について我が国又は第三国に専属的裁判管轄権があれば，その外国裁判所には裁判管轄権はなく，その判決は承認されない。管轄権の有無を調査するに当たって判決の内容の当否は審査できないが，管轄の原因となる住所，常居所の有無の審査はすることができ，外国裁判所の判断には拘束されない。

　間接的一般管轄権の存在については，従来も外国離婚判決の承認の要件として審査の対象となっていたものであり，外国でされた離婚判決が我が国において効力があるものとして承認されるためには，その外国裁判所が当該夫婦の離婚についての管轄権を有することが前提とされており，我が国の国際民事訴訟法上管轄権の認められない外国裁判所の離婚判決は，我が国においてはその効力を承認することはできない（宇都宮地《足利》判昭55．2．28判例時報968・98）。

2 敗訴被告に対する送達（2号）

これは，訴訟の開始を知り防禦の手段を尽くす機会が与えられず，敗訴した被告を保護する目的であるから，その機会が与えられなくても勝訴していれば，本号の適用はない。訴訟の開始に必要な呼出し若しくは命令の送達の方法は，我が国の民事訴訟法による送達である必要はなく，現実に訴訟を了知できる普通の送達方法でよいとされる。応訴とは，被告が訴訟開始を知ったことを前提とするので，本案に限らず管轄違いの抗弁など本案前の抗弁を提出しても応訴したことになる。また，被告の利益のための規定であるから，その責問権の放棄は適法とされる。

本号の要件を具備していることを証する書面としては，訴訟の開始に必要な呼出し若しくは命令（第1回期日の呼出し等）の送達に関する証明書を提出させ，それにより審査することを原則とするが，判決の謄本により被告（適法な代理人を含む。）が裁判所に出頭していることが明らかな場合は，応訴していることが分かるので，送達に関する証明書を提出させる必要はない。送達に関する証明書の提出が不能若しくは著しく困難であり，かつ，判決の謄本によっても本号の要件を具備していることが明らかでない場合には，前記民事局長通達が当該判決が民事訴訟法第200条（現第118条）に定める条件を欠いていると明らかに認められる場合を除き，届出を受理して差し支えないとしていることから（平5．1．5民二第1号回答），渉外戸籍事件で要件具備証明書の添付できない場合の一般例にならい，本号の要件を具備する旨及び送達に関する証明書の提出が不能若しくは著しく困難な理由を記載した申述書を提出させて受理して差し支えないものと考える。

なお，本号の要件を具備していない場合であっても，原告が届出期間内に離婚の届出をしないとき，被告がかかる判決の謄本を添付して離婚の届出をした場合は，判決が確定しており，かつ，他の要件をすべて具備する限り，これを受理して差し支えないものと考える。

3　公序（3号）

　外国裁判所の判決の内容及び訴訟手続が日本における公の秩序又は善良の風俗に反するときは，その効力は承認されない。これは，通則法第42条とその目的を同じくし，民法第90条の概念に一致する。外国判決が日本における公序良俗に反するとは，判決の内容が公序良俗に反する場合，例えば，極端な人種差別を認める場合や民法が実親子関係を認めていない者の間にその成立を認める内容の場合（最決平19．3．23民集61・2・619）のみならず，訴訟手続が公序良俗に反する場合，例えば，当事者が公序良俗に反する方法で外国判決を成立させたときである。この公序良俗に反するかどうかを判断するのは，判決時ではなく，承認の時を標準とすべきものと解される。

　本号の要件は，添付の判決謄本によって具体的事件について個々に判断するほかなく，判断が困難な場合には管轄法務局の指示を求めた上で受否を決すべきものと考える。

　なお，外国離婚判決が我が国の通則法に定める準拠法に従っていなくても，そのことのみをもっては直ちに我が国の公序良俗に反するとは言えない。

4　相互の保証（4号）

　相互の保証は，必ずしも当事者の属する国の相互間で条約・協定などによって明定されている必要はなく，双方の国内の法令又は慣例などにより法律上相互に保証し合う建前になっておれば，具体的に実例がなくても，実際上承認するであろうと期待できる状態であればよいと解される。外国の承認の要件は，本条の要件と同一である必要はなく，重要な点で同一であるか，本条より緩やかな要件で承認しておれば，相互の保証があるということができる。これに対して，外国が我が国の判決を再審査し，又は事実の確定について確定後も抗弁権を認めている場合には，相互の保証があるとは言えないとされる。この相互主義は，外国判決が確定したときに確保されておればよいとされる。なお，通説は，外国離婚判決のような身分

関係に関する判決には、相互保証の適用はないとしている。

本号の要件を具備しているかどうかに関しては、特に証明書を求めることなく、市町村長は独自に判断しなければならないが、外国離婚判決の承認に本号を適用すること自体に異論があること、また、当該離婚判決をした国においては、当事者は離婚を有効なものとして処遇され、離婚を前提としてその後の身分行為が形成されていることも考えられるので、本号を適用するに際しては、その運用を緩やかにして、当該外国離婚判決が本号の要件を具備しないことが明らかに認められない限り、一応本号の要件を具備するものとして処理して差し支えないのではないかと考える（藤田・前掲書32頁、基本先例「外国において離婚判決があった場合の戸籍の取扱い（先例変更）」戸籍時報250・32）。

第2節　外国養子決定の承認

第1　概　説

外国に在住する日本人は、行為地法による方式として在住国の法律に定めるところに従って養子縁組をすることができる。例えば、アメリカ合衆国に在住する日本人は、在住地の裁判所によって養子縁組の判決（養子決定）を得た場合は、これによって縁組は有効に成立する。したがって、外国の方式によってされた養子縁組の当事者が日本人である場合は、その者の戸籍に縁組が成立した旨を記載しなければならないが、そのためにはその外国の方式に従ってされた養子縁組の成立を証する書面が提出されることになるので（戸41）、その届出があった外国に駐在する日本の大使・公使若しくは領事又は市町村長は、これを審査しなければならない。

外国の方式に従ってされた養子縁組の形式的要件については、その外国の養子縁組に関与する権限を有する機関によって所定の方式に従って縁組がされたか、また、その提出された証明書等が真正に作成されたものであ

第4章　外国判決の承認

るか等を審査しなければならない。

　ところで、養子縁組の実質的要件については、我が国の国際私法においては、各当事者の本国法が準拠法とされていた（改正前法例19Ⅰ）が、平成元年の法例の改正により、養子縁組の成立の準拠法は、縁組の当時の養親の本国法によるとされ、養子についての保護要件を備えていることを要求されることとなった（法例20Ⅰ）。

　通則法第31条第1項は、法例第20条第1項と同様に規定している。

　そこで、外国の方式によって成立した養子縁組についても、この準拠法に基づく要件を充足していなければならないかどうかである。例えば、アメリカ合衆国において裁判所の裁判によって成立するとされている養子決定は、我が国のような契約型の養子縁組とは異質な国家行為型の縁組であり、また、アメリカ合衆国の裁判所は、当事者の本国法によって縁組を宣告せず、法廷地法によって宣告するから、当事者の本国法によれば許されない縁組が成立する可能性があるが、このような縁組も我が国において有効な縁組として承認することができるかどうかである。

　外国離婚判決については、我が国がそれを承認するに当たって我が国の国際私法の定める準拠法に従ってされたものであることを要するか否かについて、この要件をはずしてこの問題を専ら訴訟法の次元で解決しようというのが多数説であり、また、最近の戸籍先例の立場であることは、前節で述べたとおりであるが、このことが外国養子決定のような非訟事件の裁判についても同様のことが言えるかどうかである。すなわち、外国離婚判決のときに準拠法の要件を度外視できるのであれば、外国養子決定のときにも準拠法の要件を離れて承認する可能性もあるのではないかというのである。この点については、外国離婚判決のような訴訟事件と外国養子決定のような非訟事件の裁判の在り方の違い等から同一に解してよいか問題がある（海老沢・「外国養子決定の承認」民商法雑誌75・3・52）。

第２　学説・判例の動向

　外国に在住する日本人につき在住国の方式，例えば，アメリカ合衆国などの裁判手続によって成立した養子決定の承認の問題について，学説はアメリカ合衆国の養子決定のような国家行為型による縁組も我が国の養子縁組のような契約型の縁組と区別しないで，実質的要件は各当事者につきその本国法により（改正前法例19Ⅰ），方式はその行為の効力を定める法律，すなわち，養親の本国法（法例８Ⅰ・20Ⅰ・改正前法例８Ⅰ・19Ⅱ）又は行為地法（法例８Ⅱ）によって処理すべきものとしたもの（なお，通則法第10条第１項は，法律行為の方式は，当該法律行為の成立について適用すべき法，すなわち，縁組の当時における養親となるべき者の本国法（通則法31Ⅰ）によるとし，また，同条第２項は，行為地法に適合する方式は，有効とするとしている。），あるいは非訟事件の裁判の承認の理論に任せたものと考えられるものがあり，外国養子決定の承認の問題について直接言及した論説は少ない。ただ当該外国法上管轄権を有する裁判所によってされ，その外国法上有効に養子縁組が成立した限り，その養子縁組の効力を承認することは，国際法上の義務ではないが，国際礼譲の原則によって要求されるところであるとするものがある（西沢・「外国人との養子縁組」家族法大系Ⅳ257頁）。

　また，非訟事件の裁判の承認の一般理論として，外国の非訟裁判の承認の要件としては，民事訴訟法第200条（現第118条）第１号によって当該裁判をした裁判所の属する外国が，我が国の法律からみて我が国の専属裁判権を害することなく裁判権を有していたこと，及び同条第３号によって承認の対象となる裁判が我が国の公序良俗に反しないことの２つの要件を要すると解するものがある（鈴木・「外国の非訟裁判の承認・取消・変更」法曹時報26・9・28）。

　これに対して，外国の非訟裁判の承認については，裁判管轄権と公序良俗のみを要件とすることを原則とするが，この原則は，個々の非訟事件の性質によってさまざまに変容を余儀なくされるとしながらも，外国養子決

定については，準拠法の要件を離れて承認する可能性があるとするものがある（海老沢・前掲書56頁）。

なお，1964年10月28日ハーグ国際私法会議第10会期において採択された「養子縁組に関する裁判の管轄権・準拠法及び裁判の承認に関する条約」（1978年10月23日発効）は，第8条でこの条約によって規定され，かつ，第3条第1項に従い管轄権を有する機関によって許可された養子縁組は，いずれの締約国においても何らの方式を要することなく承認されるものとしている。

また，法務大臣の諮問機関である法制審議会国際私法部会小委員会が昭和47年11月に公表した法例改正要綱試案（親子の部）では，外国養子縁組の承認について次のようにまとめられ，準拠法の要件を加重する立場がただし書の形で括弧書されている。

　第11
　　一　（省略）
　　二　（省略）
　　三　養子縁組については，養親となる者又は養子となる者が常居所〔又は国籍〕を有する国の機関が管轄権を有する。
　　四　三により管轄権を有する国の機関がした養子縁組は，わが国において承認される。〔ただし，わが国の国際私法の定める準拠法に従ってされたものであることを要する。〕
　（別案）
　　一　養子縁組については，養親となる者又は養子となる者が常居所を有する国の機関が管轄権を有する。
　　二　（省略）
　　三　外国で適法に行われた養子縁組は，一に適合するときは，原則としてわが国において承認される。〔養子となる者についての同意及び公的機関の関与に関する要件は，その者の属人法に従ってなされたものであることを要する。〕

その後，平成元年に法例が改正されたが，外国養子縁組の承認については，特に規定が設けられなかった。

ところで，外国養子決定の承認に関する裁判例は，これまでのところ見当たらない。これは，戸籍実務の取扱いが外国で養子縁組の裁判があったことが証明されれば，その裁判確定の日に縁組が成立したものとして，ほとんど無条件に戸籍への記載を認めていることから，裁判によってその当否が争われる機会が少ないのではないかと推測されている（海老沢・前掲書11頁）。

第3 戸籍実務の取扱い

外国に在住する日本人が在住国の裁判所で養子決定を得て，その決定書の謄本を添付して縁組届があった場合，その届出を受理すべきであるとした先例は多い（昭12．2．1民事甲第103号回答，昭29．11．5民事甲第2347号回答，昭34．4．14民事甲第759号回答，昭54．8．1民二第4255号回答）。

ところで，外国の方式によって養子縁組が成立した場合，縁組に関する実質的要件を欠くとの理由によって，戸籍に縁組成立の旨の記載をすることを拒否することはできない。これは，我が国の民法の定める養子縁組の実質的要件は，それに違反したとしても当然に無効となるものはほとんどなく，縁組の取消原因でしかなく，しかもその取消しは裁判上請求しなければならないから，取消しの裁判がない限り，一応有効なものとして戸籍に縁組の成立した旨を記載しなければならないからである。

これは，その実質的要件の違反が外国の裁判所が養子縁組を成立させる決定に当たって我が国の民法に規定する実質的要件を考慮しなかったために生じた場合も同様と考えられるから，外国養子決定のあったことが戸籍に記載されたことをもって外国養子決定の承認があったと解することはできない。外国における養子決定の承認については，我が国の民法の要件を具備していることを要するものと解されている（昭42．5．25民事甲第1754号回答《注》，三浦・「戸籍行政先例上からみた外国養子決定承認の理論㈡完」民

109

第4章　外国判決の承認

事研修298・24）。

《注》　昭42．5．25民事甲第1754号回答
オランダ人夫妻（妻は日本国籍を併有する）がオランダで15歳未満の日本人女を養子とする場合の縁組の要件及び方式

　　　照　　会
　次の者の間の法的養子縁組がオランダ国において成立しようとしていますが，オランダの公的機関（Central Adoption Board）では，オランダにおいてオランダ国の方式に依って成立した養子縁組は，日本においても法的に有効であり，従ってその養子縁組は本児童の戸籍に記載されうるものであることを，前以て確認する為に，国際社会事業団オランダ支部を通じて照会してまいりました。この点について御見解を賜わりたく折返し御回答下さるようお願いします。

　　　回　　答
　4月13日付書簡によって照会のあった標記の件について，次のとおり回答します。

　　　　　　　記
　わが国の国際私法規定である（改正前）「法例」によれば，養子縁組の実質的成立要件については各当事者の本国法により，また，形式的成立要件（方式）については，養親の本国法によらなければならない。ただし，方式については挙行地の方式によって行なわれた養子縁組も有効である。
　ところで，御照会の養子縁組の養子となる日本人については，日本法の要求する実質的成立要件を充たしているものと考えられる。したがって，養親となるべきオランダ人について，オランダ法の要求する実質的成立要件が充たされ，かつ，当該縁組がオランダ法の定める方式（裁判所の命令）によって，有効に成立したときは，日本法上も有効である。
　このように外国の方式によって有効に成立した養子縁組は，日本人たる当事者又はその他の者からなされた報告に基づいて，日本人たる当事者の戸籍に記載される。右の報告には，権限を有する官憲の発行した証明書を添付し

110

なければならない。

第4　戸籍実務の今後の方向

外国離婚判決の承認については、従来の先例を変更して、その承認の要件として民事訴訟法第200条（現第118条）を適用して準拠法の要件を排除したことから、外国養子決定の承認についても準拠法の要件を排除することはできないかどうかが問題とされる。

外国の裁判所が養子縁組の成立に関与する仕方・程度は、国によって相違し、また、離婚判決に比べて世界各国の非訟事件に対する裁判所の関与は、必ずしも同一ではないとも言われているので、我が国において外国養子決定の承認について民事訴訟法第118条を類推適用して準拠法の要件を全く排除することは、必ずしも妥当とは言えないようにも思われる。

しかし、裁判所が養子縁組に関与するのは、主として子の福祉のためであると考えられるから、外国でされた養子決定についてその国の裁判所が関与しているときは、我が国においても民事訴訟法第118条の条件を具備している場合は、これを承認すべきものと考える（ハーグ条約8参照）。

第5章　嫡出でない子につき父がした嫡出子出生届と認知の届出の効力

第1節　概　説

　民法は，婚姻・縁組等の身分行為を要式行為とし，戸籍法の定めるところによりこれを届け出ることによって，初めて婚姻・縁組が有効に成立するものとしている（民739Ⅰ・799）。民法が婚姻・縁組等の身分行為を要式行為とした理由は，(1)当事者の身分行為の意思の明確性の確保，(2)国家の理想に反する身分秩序の発生の防止，(3)身分行為の効果の発生時期の明確化と公示にあるとされる（佐藤・「無効な身分行為の転換と身分行為の要式性」民事研修247・9）。

　ところで，民法第781条第1項は，「認知は，戸籍法の定めるところにより届け出ることによってこれをする。」と規定し，認知は，要式行為とされている。したがって，夫が妻以外の女性との間にもうけた子について，妻との間に出生した嫡出子として出生の届出をした場合，その出生届に認知の届出の効力を認めるかどうかについては，要式主義の原則からは疑問が出されるところである。

　認知は，嫡出でない子と事実上の父との間に法律上の父子関係を創設するものであり，その意味では，認知は，婚姻・縁組と同様創設的身分行為とされるが，認知の本質は，既に存在する父子関係を確認する性質を有するものであるから，同じく創設的身分行為とされていても，認知と婚姻・縁組とでは，その本質に質的な差異がある。すなわち，認知においては，父の意思が重要なのではなく，父子関係の存在こそ重要なのであるから，婚姻・縁組のように当事者の意思に基づいて無から有を生じさせる典型的な創設的身分行為とは異なり，認知の要式性の要求が後退することが是認されるとも考えられるからである（佐藤・前掲書12頁）。したがって，夫が

第5章　嫡出でない子につき父がした嫡出子出生届と認知の届出の効力

妻以外の女性との間にもうけた子について嫡出子出生届をした場合，その嫡出子出生届には，それが子の出生届であるという意味と，その子との間に親子関係が存在していることを認める意味の2つの行為が併存しているから，前記嫡出子出生届は届出資格のない事実上の父からされているので，出生届としては無効であっても，親子関係が存在するという事実を承認する認知の届出としては有効であると解することができるし，また，自分の嫡出でない子について嫡出子出生届をするくらいの父にとっては，その子を認知する意思があるとみるべきであるから，この嫡出子出生届によって認知の届出の効力が生じるとすることも可能ではないかと考えられるのである。

第2節　学説・判例の動向

第1　学説の概観

　学説は，旧法時代において判例（大判大15.10.11民集5・703）が夫が妻以外の女性との間にもうけた子について妻との間の嫡出子として虚偽の出生届をした場合，この出生届には認知の効力を有すると判示して以来，かかる判例に賛成する態度をとっていたが，新法施行後においてもほとんどすべての学説が旧法時代と同様，このような嫡出子出生届に認知の届出の効力を認めている。すなわち，認知は，父子関係の存在という事実を承認する届出であるから，父の承認の意思が認められる限り，その届出は，必ずしも認知の届出の形式をとることを要しないし，現行戸籍法第62条が旧戸籍法第83条の前段を削り，後段だけを踏襲したのは，現行民法が庶子の名称を廃止したための形式的操作にすぎないのであって，自己の婚姻外の子について嫡出子出生届をするほどの父には，認知するだけの意思があるとみるべきだとする旧法時代の判例理論の実質的基礎まで排斥するものとは言えないこと，及びその実質的基礎は，現行戸籍法第62条に通じるもの

であること等を根拠として、父がした虚偽の嫡出子出生届に認知の届出の効力を認めるべきであるとしている（我妻・親族法《法律学全集》235頁，中川・新訂親族法385頁等）。

なお，学説の一部には，認知は，本来法定の要式を具備した認知届によってされるべき要式行為であり，旧法は特に父からする庶子出生届を認め，これに認知の届出の効力を付与したので，この規定から虚偽の嫡出子出生届の場合も同様に取り扱うことができたが，現行法ではかかる認知の届出の効力を有する庶子出生届の制度が廃止されたので，虚偽の嫡出子出生届に認知の届出の効力を認めることはできないし，また，戸籍法第62条は，婚姻中の夫婦間の子で認知により準正となる場合の特別の例外規定であるから，これを単純な認知の場合に援用することには疑問があるとするものがある（青木・戸籍法236頁，小石・先例親族相続法95頁等）。

第2　判例の動向

旧法時代においては，判例は大審院大正15年10月11日判決（民集5・703）が嫡出でない子の父がした虚偽の嫡出子出生届により認知の効力を生じると判示して以来一貫してかかる嫡出子出生届に認知の効力を認めていたが，新法施行後における裁判例としては，家庭裁判所における戸籍訂正事件について積極説をとるもの（東京家審昭35．6．16家裁月報12・11・143，福島家審昭37．4．20戸籍訂正に関する諸問題の研究115頁）と消極説をとるもの（大阪家審昭37．4．20戸籍訂正に関する諸問題の研究113頁）とに分かれていた。

ところが，最高裁判所は，夫が妻以外の数名の女性との間にもうけた子について，一部は妻との間に生まれた嫡出子として，また，一部は父の資格で嫡出でない子として出生届がされているものについて，そのいずれの出生届にも認知届の効力を認めるに至った（最判昭53．2．24民集32・1・110《注》）。この最高裁判所判決は，嫡出でない子の父子関係について事実上の父子関係があれば，現行制度上解釈の可能な限り法律上の父子関係

第5章　嫡出でない子につき父がした嫡出子出生届と認知の届出の効力

を認めようとする立場に立つものと考えられる。

　そこで，任意認知の方式を可能な限り緩やかに解し，任意認知の方式である戸籍法上の認知届とは，嫡出でない子につき自己の子であることを承認し，その旨を申告する意思の表示が含まれた届出が戸籍事務管掌者たる市町村長に受理されることと解し，それが出生届の形式をとっていても差し支えないとして虚偽の嫡出子出生届に認知届の効力を認めるとともに，更に戸籍実務が当然のこととして排斥した父からの嫡出でない子としての出生届にも認知届の効力を認めたものである。

　《注》　最判昭53．2．24民集32・1・110

　　「嫡出でない子につき，父から，これを嫡出子とする出生届がされ，又は嫡出でない子としての出生届がされた場合において，右各出生届が戸籍事務管掌者によって受理されたときは，その各届は認知届としての効力を有するものと解するのが相当である。けだし，右各届は子の認知を主旨とするものではないし，嫡出でない子を嫡出子とする出生届には母の記載について事実に反するところがあり，また嫡出子でない子について父から出生届がされることは法律上予定されておらず，父がたまたま届出たときにおいてもそれは同居者の資格において届出たとみられるにすぎないのであるが（戸籍法52条2，3項参照），認知届は，父が，戸籍事務管掌者に対し，嫡出子でない子につき自己の子であることを承認し，その旨を申告する意思の表示であるところ，右各出生届にも，父が，戸籍事務管掌者に対し，子の出生を申告することのほかに，出生した子が自己の子であることを父として承認し，その旨申告する意思の表示が含まれており，右各届が戸籍事務管掌者によって受理された以上は，これに認知届の効力を認めて差支えないと考えるからである。」

第3節　戸籍実務の取扱い

第1　戸籍先例の推移

　戸籍先例は，旧法時代においては，前記大審院判例とは異なり，嫡出子でない子について父からされた嫡出子出生届を当時戸籍届出制度として認められていた庶子出生届に転換した上で，旧戸籍法第83条の規定に基づいて，認知の届出の効力を認めていたが，新戸籍法施行後においては，これを有効に転換すべき庶子出生届の制度が存しないこと，また，認知は要式行為であって，戸籍法に規定する認知届以外の方法によって認知の意思表示をすることができないことを理由に，たとえ事実上の父からの嫡出子出生届が誤って受理されたとしても，これによって認知の届出の効力は生じないとしていた。したがって，夫が妻との間の嫡出子として出生届をした子が，後に親子関係不存在確認の審判又は判決によって妻の子でないことが明らかにされた場合においては，子が戸籍上父の戸籍に入籍していることは過誤であるとして，嫡出子出生届に基づく戸籍の記載は，全部消除して，改めて母から嫡出でない子としての出生届をさせ，その届出に基づいて子の出生当時母の在籍していた戸籍に入籍させるという取扱いがされた（昭25.10.12民事甲第2767号回答，昭25.10.27民事甲第2845号回答）。

　このような戸籍実務の取扱いに対して学説の多くは，これに反対し，また，家庭裁判所の戸籍訂正事件に関する裁判例の中には，学説に同調するものが次第に多く見られるようになった。

　そこで，戸籍実務も従来の態度を改め，親子関係存否確認の裁判において父子関係が否定されない限り，父からの嫡出子出生届に認知の届出の効力を認めることとして，父に関する記載は消除することなく，母の記載のみを訂正すべきであるとされた（昭39.6.30民事甲第2240号回答，昭39.10.26民事甲第3470号回答，昭40.1.7民事甲第4016号通達）。これは，父と子の間に事実上の父子関係があれば，任意認知の方式を緩やかに解して父から

第5章　嫡出でない子につき父がした嫡出子出生届と認知の届出の効力

の嫡出子出生届によって法律上の父子の形成，すなわち，認知の効力を認めたものである（昭40.6.23民事甲第1451号回答）。

　この取扱いが認められるのは，事実上の父からの嫡出子出生届によって子が既に父の戸籍に記載されている場合に子と表見上の母との間に母子関係不存在確認の裁判が確定した場合，あるいは父母の婚姻が無効とされた場合若しくは日本人女の嫡出でない子について外国人たる父から嫡出子出生届がされ，当初から外国人に関する出生の届出として受理されて，外国人に関する届書として保管され，戸籍に記載されたと同様に公示されている場合に限られるものと解される。

　なお，外国人に関する届書については，外国人の身分関係を公証する重要な証明資料であるから，これに戸籍に準じる価値を認め，その訂正については，戸籍訂正に近い慎重な手続を要すると解される。

　このように嫡出でない子につき父がした嫡出子出生届に認知の届出の効力が認められることになったことに伴い，次のようなことが新たに問題とされた。

I　虚偽の嫡出子出生届に基づいて戸籍に記載された親子関係について母子関係のみを否定し，父子関係について何ら触れない裁判があった場合も父欄を消除しない取扱いは認められないかどうかである。

　　これについて，前記昭和40年1月7日民事甲第4016号通達による取扱いは，戸籍訂正の申請書に添付された裁判の謄本によって出生の届出をした父と子との間に事実上の父子関係の存在が認められる場合に肯認せられるものであるとして，戸籍先例は，これについて消極に解していた（第87回東京戸籍事務連絡協議会第3問結論）。

II　父母の婚姻前に父が嫡出子出生届をなし，その後父母が婚姻届をしている場合に，直ちにこの嫡出子出生届に認知の届出の効力を認められないかどうかである。

　　この点についても，戸籍先例は消極に解していた。すなわち，この嫡出子出生届に認知の届出の効力を認めることは相当ではなく，父から父

母婚姻の旨の追完届がされた場合に当該追完届に認知の届出の効力を認め，父がその追完届をする前に死亡している場合は，認知の裁判を得なければならないとしていた（昭23．7．10民事甲第2052号回答，昭35．12．9民事甲第3092号回答，昭40．11．17民事甲第3285号回答，昭53．2．3民二第633号回答）。
Ⅲ　父のした嫡出でない子としての出生届に認知の届出の効力が認められるかどうかである。嫡出でない子の出生届は，父が同居者の資格ですることはできるが，父の資格ですることは，新法施行後は認められないので，この出生届は，届出の時点で審査され，不受理とされるべきものであって，たとえ誤って受理されたとしても認知の届出の効力は認められないとして消極に解していた。これは，Ⅱの取扱いに関する従来の戸籍実務における基本的な考え方と同じである。

第2　戸籍実務の今後の取扱い

　このような戸籍実務の取扱いに対しては，最高裁昭和53年2月24日判決（民集32・1・110）が虚偽の嫡出子出生届にも認知の届出の効力を認めるとともに，父からの嫡出でない子としての出生届に認知届の効力を認めたことから再検討を迫られたが，戸籍先例は，嫡出でない子について父が届出人の資格を父としてした嫡出子出生の届出又は非嫡出子出生の届出が誤って受理された場合の戸籍の処理について最高裁昭和53年2月24日判決（民集32・1・110）にかんがみ，その出生の届出に認知の届出の効力を認め，左記のとおり取り扱うべきものとして変更された（昭57．4．30民二第2972号通達）。
　なお，この取扱いは，渉外戸籍事件についても同様に適用される。
Ⅰ　父がした嫡出子出生の届出に基づいて嫡出子として戸籍に記載されている子について，子と戸籍上の母との間に親子関係が存在しないことを理由として戸籍法第116条又は第113条の規定に基づく戸籍訂正の申請があったときは，子の母欄及び父母との続き柄欄の記載を訂正した上，子

第5章　嫡出でない子につき父がした嫡出子出生届と認知の届出の効力

の記載全部を子の出生当時の実母の戸籍に移記しなければならないが，その際は，同申請書に添付された判決書謄本等の記載によって届出人父と子の間に血縁上の父子関係がないことが明らかでない限り，父欄の記載を消除することなく，かつ，出生事項の記載も訂正しない。

　父母の婚姻無効を理由として戸籍法第116条又は第114条の規定に基づく戸籍訂正の申請があった場合における父欄の記載及び出生事項の記載の処理についても同様である。

Ⅱ　父が子の母との婚姻の届出前に嫡出子出生の届出をした子について出生の届出の受理後，戸籍の記載前に父母が婚姻の届出をしたときは，父に父母婚姻の旨の追完届をさせることなく，その出生の届出に基づいて子を父母の婚姻後の戸籍に入籍させる。

　出生の届出の受理後，戸籍の記載前に父母が婚姻の届出をし，子が嫡出子として父母婚姻後の戸籍に記載されているときは，その記載は訂正することを要しない。

　出生の届出の受理後，相当の期間内に父母が婚姻の届出をしないときは，その出生の届出について子の父母との続き柄，父又は母の戸籍の表示等に関する所要の追完の届出をさせた上，子を母の戸籍に入籍させ，父欄には届出人父の氏名を記載し，出生の届出人の資格は父と記載する。

Ⅲ　嫡出でない子について父が届出人の資格を父としてした非嫡出子出生の届出が誤って受理されている場合において，いまだ戸籍に記載されていないときは，子を母の戸籍に入籍させ，父欄には届出人父の氏名を記載し，出生の届出人の資格は父と記載する。

　子が母の戸籍に入籍記載されているが，父欄の記載がされていないときは，戸籍法第116条又は第113条の規定に基づく戸籍訂正の申請により，父欄に父の氏名を記載する等所要の訂正をする。

　右の訂正は，戸籍面上及び届書の記載により父がその出生の届出をしたものであることが明白であるときは，同法第24条第2項の規定に基づき職権ですることもできる。

子が父の戸籍に誤って入籍しているときは，子の記載全部を子の出生当時の母の戸籍に移記するが，その際は，父欄の記載を消除することなく，かつ，出生事項の記載も訂正しない。

Ⅳ　右の嫡出子出生の届出又は非嫡出子出生の届出に基づいて戸籍の記載がされている場合に，届出人父と子との間に父子関係が存在しないときは，戸籍法第116条又は第113条の規定に基づいて父欄を消除する等の戸籍訂正の申請をすることができる。

Ⅴ　従前の取扱いによって子の戸籍の父欄を消除する等の戸籍訂正が行われているときは，子との間に父子関係があると主張する利害関係人は，戸籍法第113条の規定に基づいて父欄に届出をした父の氏名を記載する等の戸籍訂正の申請をすることができる。

　Ⅰの取扱いは，裁判実務では，母子関係存否確認の判決等においては，父が誰であるかということは直接要件事実でないため，その点については何ら触れていない判決等もあるから，かかる場合は，父子関係の存否を確認する資料とならないことを考慮されたものと思われる。

　Ⅱ，Ⅲ，Ⅳの取扱いは，これらの問題が事実上の親子関係の有無が問題とならない任意認知の受理の段階の問題であるとして，誤って嫡出子出生届又は非嫡出子出生届が受理されたときは，父からの任意認知が事実上の父子関係の有無を問わず受理されるものであることからみて，当該出生届に認知届の効力を認めるべきであるとして，出生事項中届出人の資格は父とし，父欄の記載をするものとして，もし父子関係を争う者があれば，認知無効の裁判等によって父子関係を確定することができることが考慮されたものと思われる。

第3　渉外的事例の処理

1　父日本人・母朝鮮人の場合

新法施行後婚姻関係にない日本人甲男と朝鮮人丙女との間に出生した嫡出でない子丁について甲男からその妻乙女（日本人）との間に出生した嫡

第5章　嫡出でない子につき父がした嫡出子出生届と認知の届出の効力

出子として出生届がされ，甲の戸籍に入籍している場合は，この認知の届出の効力を有する嫡出子出生届が昭和25年12月6日民事甲第3069号通達（以下「前記通達」という。）《注》前になされたものであれば，子丁は，日本人父の認知によって内地の戸籍に入るべき者であるから，平和条約の発効によっては日本国籍を喪失しないので，母子関係存否確認の裁判あるいは戸籍法第113条の規定による戸籍訂正の許可の審判の理由中で父として嫡出子出生届をした者と出生子との間に父子関係がないことが明らかでない限り，その裁判の謄本を添付して甲の戸籍の子丁の母欄及び父母との続き柄欄を訂正した上，嫡出でない子は父から認知されても，当然には父の戸籍に在籍できないので，父の資格による出生届出事項を子につき新たに編製される戸籍の子丁の身分事項欄に移記する（昭40.1.6民事甲第4003号回答）。

なお，認知の届出の効力を有する嫡出子出生届が前記通達以後にされたものであるときは，子丁は母丙の朝鮮の戸籍に入るべき者であるから，平和条約の発効によって日本国籍を喪失しているので，甲の戸籍から消除しなければならない。

《注》　昭25.12.6民事甲第3069号通達
　　　　　朝鮮又は台湾と内地間における父子の認知について
　　標記の件に関する従前の内地における戸籍の取扱については，旧国籍法第5条第3号，同法第23条，戸籍法第22条及び同法第23条の各規定の精神に則り，内地人男が朝鮮・台湾に本籍を有する女の出生した子を認知した場合は，子は内地に新戸籍を編製し，また，朝鮮・台湾に本籍を有する男が内地人女の出生した子を認知した場合は，子は内地の戸籍から除くこととされていた（昭和23年9月9日第5243号大宮市長の照会に対する同年12月15日民事甲第3367号本官回答，昭和23年11月2日日記戸第946号神戸司法事務局長の照会に対する昭和24年4月18日民事甲第898号本官回答及び昭和24年11月18日民事甲第2694号本官通達参照）。

　　右戸籍の取扱は，今後はこれを改め，前記各場合の認知によっては，子の

戸籍に変動を生じないこととした。従って，この場合においては，認知された子について内地に新戸籍を編製することなく又は内地の戸籍からその子を除くことなく，単に認知者たる内地人男又は被認知者たる内地人女の子の各戸籍の身分事項欄に，戸籍法施行規則附録記載例24又は25の振合に準じて認知の記載をするに止めることに一定したから，御了知の上貴管下各支局及び市区町村に対して徹底方取り計らわれるよう通達する。

2 父朝鮮人・母日本人の場合

(1) 朝鮮人父の正妻（朝鮮人）との間の嫡出子として出生届がされた場合

新法施行後婚姻関係にない朝鮮人甲男と日本人丙女との間に出生した嫡出でない子丁について，甲男からその妻乙（朝鮮人）との間の嫡出子として出生届がされた場合は，出生子丁について乙女又は丙女との母子関係存否確認の裁判を得た上，父甲男（父が届出後に死亡している場合には実母丙女）から先にされた嫡出子出生届について，母の氏名，子の氏名及び出生子の父母との続き柄を訂正する旨の追完届をさせた上，丁を出生当時の日本人母丙の戸籍に入籍させる。

その嫡出子出生届が前記通達前にされているときは，嫡出子出生届に認知の届出の効力のないことが裁判上確定されない限り，出生子丁は朝鮮人父の認知によって朝鮮戸籍に入るべき者であるから，戸籍の記載を要しないので，同追完届と当該出生届とを外国人に関する届書として一括して保存する（昭40.5.13民事甲第794号回答）。

従前の戸籍実務では，先に事実上の父からされた嫡出子出生届は無効と解し，改めて日本人の実母から嫡出でない子としての出生届をさせた上，出生子を同女の戸籍に入籍させるとともに，外国人登録の抹消手続を行うほか，先の嫡出子出生届書には，その事由を記載した附せんをちょう付しておく取扱いであった（昭35.3.28民事甲第731号回答）。

なお，最高裁平成16年7月8日判決（家裁月報57・3・104）は，次の

第5章　嫡出でない子につき父がした嫡出子出生届と認知の届出の効力

とおり判示して昭和20年8月14日に朝鮮人父Aと日本人（内地人）母との間の非嫡出子として出生したことにより，日本国籍を取得したXが，昭和25年9月8日にAから認知されたことにより，国内法上，朝鮮人としての法的地位を取得するに至り，昭和27年4月28日の平和条約の発効により日本国籍を喪失したとされたことにつき，Aの認知は，昭和25年7月1日の新国籍法施行後であるから，認知によって当然に日本国籍を喪失することはないとして，Y（国）に対し，日本国籍を有していることの確認を求めた事案について，国籍法施行後に朝鮮人父から認知された子は，内地の戸籍から除籍される理由がないから，平和条約の発効によっても日本国籍を失うことはないとした。

1　旧国籍法第23条本文は，「日本人タル子カ認知ニ因リテ外国ノ国籍ヲ取得シタルトキハ日本ノ国籍ヲ失フ」と規定していたところ，昭和25年7月1日施行の国籍法は，自己の意思に基づかない身分行為によって日本国籍を失うという法制は採用せず，旧国籍法第23条の規定も廃止した。地域籍の得喪が，旧国籍法の前記規定に準じて定められていたことに照らすと，上記のような法制の変動の結果，上記の国籍法施行日以降においてされた親の一方的な意思表示による認知は，もはや地域籍の得喪の原因とはならなくなったものというほかなく，朝鮮人父によって認知された子を内地戸籍から除籍する理由はなくなったものというべきである。

2　昭和25年12月6日付け法務府民事甲第3069号民事局長通達（以下「第3069号通達」という。）は，地域籍についても，朝鮮又は台湾と内地間における父子の認知に関する従前の取扱いを新しく施行された国籍法の趣旨に準じた取扱いに改めたものであるところ，第3069号通達の取扱いを，同通達発出日の昭和25年12月6日以降の認知に限定する理由はなく，国籍法施行の昭和25年7月1日以降の認知についても同様の取扱いを行うべきである。そうすることによって，法の下の平等の精神にも沿うことになる。

3 以上のとおり，国籍法施行後に朝鮮人父から認知された子は，内地の戸籍から除籍される理由がないから，平和条約の発効によっても日本国籍を失うことはないと解するのが相当である。そうすると，Ｘは，平和条約の発効後も日本国籍を有する。

(2) **日本人母が朝鮮人妻と記載されて嫡出子出生届がされた場合**

新法施行後婚姻関係にない朝鮮人甲男と日本人乙女間に出生した子丙について甲男から嫡出子出生届（乙女について朝鮮人乙女と記載されている。）がされている場合は，乙女については同一人であり，その表示に錯誤があるにすぎないから出生子丙について乙女との母子関係存在確認の裁判を得るまでもなく，先にされた嫡出子出生届につき，父から母の戸籍の表示，氏名及び子の氏，出生子の父母との続き柄を訂正し，母の戸籍に入籍する旨の追完の届出をさせた上，丙を日本人母乙の戸籍に入籍させる。父から追完の届出ができない場合には，母から追完の届出をさせて差し支えない（昭41．1．12民事甲第208号回答）。

なお，嫡出子出生届が前記通達前にされ，同父母が婚姻しているときは，先に提出された嫡出子出生届について甲男から母の戸籍の表示，氏名を訂正する旨の追完及び父母の婚姻届について父母の婚姻により嫡出子の身分を取得する旨の追完の届出をさせて，外国人に関する届書として出生届と一括して保存する（昭40．5．13民事甲第796号回答）。

(3) **朝鮮人父母（母の氏名は架空の朝鮮名）の嫡出子として出生届がされた場合**

新法施行後婚姻関係にない朝鮮人甲男と日本人乙女間に出生した子丙について甲男から朝鮮人丁女間の嫡出子として出生届（丁女に関する記載は架空のもの）がされている場合は，丙について実母乙との母子関係存在確認の裁判を得させた上で，同裁判の謄本により出生届をした父と事実上の父子関係がないことが明らかでない限り，甲男から先にされている嫡出子出生届の母の戸籍の表示及び氏名，子の氏，出生子の父母との続き柄を訂正する旨の追完届をさせて出生子丙を出生当時の日本人母

第5章 嫡出でない子につき父がした嫡出子出生届と認知の届出の効力

乙の戸籍に入籍させる。

なお，その嫡出子出生届が前記通達前にされているときは，同追完届と当該出生届を一括して外国人に関する届書として保存する（昭40.7.5民事甲第1709号回答）。

(4) 朝鮮人父・日本人母（実名で記載されている）の嫡出子として出生届がされている場合

新法施行後婚姻関係にない朝鮮人甲男と日本人乙女間に出生した子丙について甲男から出生地（乙女の非本籍地）の市町村長に対して母乙女の本籍及び氏名をそれぞれ正確に表示して嫡出子出生届がされ，これが受理された後，甲男から先にされた嫡出子出生届について届出人の資格を「同居者」に，出生子の父母との続き柄を嫡出でない子とそれぞれ訂正する旨の追完届があった場合は，先に甲男からされた嫡出子出生届には認知の届出の効力を認められるので，届出人の資格を「同居者」と訂正する事項を消除の上受理し，出生子丙を日本人母乙の戸籍に入籍させる。

なお，その嫡出子出生届が前記通達前にされているときは，同追完届と当該出生届を一括して外国人に関する届書として保存するのが相当である。

(5) 父母の婚姻無効の裁判が確定した場合

朝鮮人甲男と日本人乙女とは，昭和23年婚姻届をし，その間に出生した子丁（昭和24年生），戊（昭和26年生）につき，それぞれ出生後2週間以内に甲男から嫡出子出生届をしたが，その後甲男は，昭和9年に朝鮮人丙女と婚姻していることが判明したので，乙女の申立てにより甲乙間の婚姻は重婚のため無効である旨の審判がされ，同審判が確定した場合，丁・戊の嫡出子出生届について甲男から当該婚姻無効確認の審判の謄本を添付して母の戸籍の表示及び子の氏名並びに出生子の父母との続き柄を訂正する旨の追完届があったときは，丁については前記通達前の出生届であるから嫡出子出生届に認知の届出の効力がないことが裁判上確定

第3節　戸籍実務の取扱い

されない限り，朝鮮の父の戸籍に入るべき者として取り扱い，追完届は出生届と一括して外国人に関する届書として市町村長が保存する。戊については，前記通達以後の出生届であるから出生届及び追完届に基づき，父甲母乙，父母との続き柄を男（女）として日本人母乙の戸籍に入籍させる（昭40.4.23民事甲第869号回答）。

3　父朝鮮人・母朝鮮人の場合

(1)　朝鮮人父の正妻（朝鮮人）との間の嫡出子として出生届がされた場合

新法施行後婚姻関係にない朝鮮人甲男乙女間に出生した丁につき，甲男からその妻丙女（朝鮮人）との嫡出子出生届がされた場合，出生子丁について表見上の母丙又は実母乙との母子関係存否確認の裁判を得た上，その裁判の謄本を添付して，甲男（甲男が行方不明であるときは，実母乙）から先にされた嫡出子出生届について，母の氏名及び出生子の父母との続き柄を訂正する旨の追完届をさせ，同追完届と出生届とを一括して外国人に関する届書として市町村において保存する（昭40.5.13民事甲第797号回答）。

(2)　婚姻関係にある朝鮮人父母間の嫡出子として出生届がされた場合

新法施行後婚姻関係にない朝鮮人甲男乙女間に出生した子丙について，甲男から甲男乙女間の嫡出子として出生届がされた場合は，甲男（甲男が死亡しているときは，乙女）から先にされた嫡出子出生届について出生子の父母との続き柄を訂正する旨の追完の届出をさせ，同追完届と出生届を一括して外国人に関する届書として市町村において保存する（昭48.3.7民二第1952号回答）。

4　父中国人・母日本人の場合

新法施行後婚姻関係にない中国（本土）人甲男と日本人乙女間に出生した子丙について，甲男から甲乙間の嫡出子として（乙女につき中国人乙女と記載されている。），昭和23年1月出生届がされた場合，母子関係については，母の戸籍の表示，氏名を除いて先にした嫡出子出生届の内容は，事

第5章　嫡出でない子につき父がした嫡出子出生届と認知の届出の効力

　実に合致しているから，母子関係の存在に関する裁判を求めることなく先にされた嫡出子出生届につき，甲男から母の戸籍の表示，氏名及び出生子の父母との続き柄を訂正する旨の追完の届出をさせ，子は先にされた嫡出子出生届が旧国籍法施行中にされているため，同法第23条の規定によって日本の国籍を喪失しているので，同追完届と出生届を一括して外国人に関する届書として市町村において保存する。

　なお，先に提出された嫡出子出生届が新国籍法施行（昭和25年7月1日）以後にされているときは，子は中国人父の認知によって日本国籍を喪失しないので，同追完届をさせ，出生当時の日本人母乙の戸籍に入籍させる。

　また，父日本人・母中国人の場合及び父母ともに中国人の場合は，1・3に準じて処理して差し支えない。

　なお，台湾人については，朝鮮人の場合と同様に処理することとなる（昭40.7.16民事甲第1879号回答，昭42.7.31民事二発第558号回答）。

第6章　中国関係事件の戸籍の処理

第1節　概　　説

　我が国が中華人民共和国と国交を回復した昭和47年9月29日以降，中国本土に残留していた日本人及びその者と身分関係を有する中国人の日本への入国が増加し，これに伴い，これらの人々の身分関係が問題となることが多かったが，同国の身分関係法規が必ずしも明らかでなかったこと，また，身分関係を確認する資料が少なかったこと等からこれらの人々の身分関係の認定に困難を生じることが多かったことは否めなかった。

　ところで，中国関係事件の戸籍の処理をするに当たって重要な中国人の本国法をいかにして決定するかについて，その考え方が多岐に分かれていることは第2章第1節で詳述したところであるが，戸籍実務では，我が国が中華人民共和国政府を承認するまでは，一貫して我が国が正統政府として承認している政府の法，すなわち，中華民国政府の法を中国人の本国法とする取扱いであった（昭28.10.31民事甲第1988号通達）。

　この問題は，主として我が国に在住する中国人について論じられてきたものであるが，中華人民共和国政府が現に支配する領域に居住する中国人の本国法として，現実にその地域には施行されていない，当時我が国が承認していた中華民国政府の法を適用することは相当でないと考えられた。

　そこで，戸籍実務においても，我が国が中華人民共和国政府を承認した以後においては，中国人の本国法は，原則として我が国が正統政府として承認している中華人民共和国政府の法を本国法として適用すべきものとしながらも，当事者が明らかに我が国が承認していない中華民国政府に属していると認められる場合には，我が国が承認していない中華民国政府の法を適用しうるとした（昭51.9.8民二第4984号回答）。したがって，中国本土に居住する中国人の本国法としては，中華人民共和国政府の成立前にあっては中華民国法を，また，同政府の成立以後にあっては，中華人民共

和国法を適用するものとする取扱いがされている。

第2節　各種の届出

第1　出　生　届

1　嫡出性の推定

　1980年9月10日第5期全国人民代表大会第3回会議において制定され，1981年1月1日から施行されている中華人民共和国婚姻法（以下「婚姻法」という。）によれば，いわゆる婚生子という概念はあるが，我が国の民法のような嫡出子，嫡出でない子のような区別はないものと思われる。1950年4月13日中央人民政府委員会第7次会議において制定され，同年5月1日から施行された婚姻法（以下「旧婚姻法」という。）によれば，いわゆる婚姻によらずして出生した子については，生母あるいはその他の人的及び物的証拠により実父が証明された場合は，その実父に父としての責任を負わしていた（旧婚姻法15）。したがって，父が出生子を自己の子として承認することは，父であることの証拠にすぎないのであって，いわゆる認知主義ではなく，父子関係についても事実主義を採用しているものと思われる。
　そこで，婚姻法には，我が国の民法第772条の規定のような父性推定に関する規定はないが，中国人父日本人母間に離婚後87日目に出生した子は，日本人母が中国人男との婚姻同棲中に懐胎した子であること，また，中国人男が出生子が自己の子であることを承認していること，更に中国法においては，父子関係の確定について客観的事実をもってする，いわゆる客観主義が行われていること等を総合的に判断して，右出生子を中国法にいわゆる婚生子（日本法にいう生来の嫡出子）に該当する者と認定し，当該出生子は，その出生時において既に父が中国人であることが明らかであり，我が国の改正前国籍法第2条各号に該当しないから，日本国籍を取得しないので，中国人父から子を日本人とする嫡出子出生届は受理すべきでないと

第2節　各種の届出

されている（昭53.7.28民二第4279号回答）。

　なお，中国においては，本件のごとき中国人男と日本人女との離婚後に出生した子について中国人男（父）が自己の子であることを承認すれば，その子は，中国国籍を取得するとされている（1978年3月16日中華人民共和国外交部回答《注》）。

　《注》　1978年3月16日中華人民共和国外交部回答
　　　中国人男と日本人女の離婚後87日目に生まれた子女の場合，父が自己の子女であることを承認すれば，その子女の国籍は，父と同じ中国籍となる。

2　出生子の国籍

(1) 出生により日本国籍を取得する場合

　①　中華人民共和国は，1980年9月10日中華人民共和国全国人民代表大会常務委員会委員長令第8号をもって国籍法を制定し，同日から施行されたが，それによると，父母の一方が中国人であれば，子は中国国籍を取得するものとされている（国籍法4・5）。

　そこで，中国においては，同法が施行される以前は国籍の得喪に関する成文法はなかったが，国籍の取得については右と同様の取扱いがされていたものと考えられるので，中国本土において日本人父と中国人母との間の婚姻中に出生した子が，中華人民共和国の旅券を所持している場合においても，日本人父から子を日本国籍を有する者として嫡出子出生届があれば，これを受理して差し支えない（昭52.8.31民二第4313号回答，昭52.10.7民二第5115号回答，昭53.12.26民二第6786号回答）。

　②　中国から帰国した日本人男から昭和34年に中国人女と同国において婚姻した旨の結婚証を添付して，報告的婚姻届と父から同夫婦間に出生した3名の子の嫡出子出生届がされたので，調査した結果，日本人男は，その供述から昭和39年当時に中国国籍を取得していることが判明したので，同男は日中国交回復の日（昭和47年9月29日）に日本国籍を喪失したものとして処理するのが相当とされたため，前記婚姻届及び同男が日本国籍を喪失する前に出生した長男・次男の出生届は受理して差し支えないが，同

男の日本国籍の喪失した後に出生した三男の出生届は受理すべきでないとされた（昭53.12.27民二第6788号回答）。

(2) **出生による日本国籍の取得が否定された場合**

　従来の戸籍実務では，中国本土において中国人男と婚姻した日本人女の戸籍に中国人男との婚姻の記載がなく，かつ，添付の関係証明資料等によっては，同人らにつき挙行地の方式による婚姻が成立したことを確認することが困難な事情にあるときは，関係者の供述から挙行地の方式によって婚姻が成立したことが明らかであっても，その夫婦の婚姻中に出生した子について，日本人女から嫡出でない子とする出生の届出があれば，これを受理するほかはないとする取扱いであった（昭34.10.21民事甲第2353号回答，昭37.11.7民事甲第3190号回答，昭41.12.28民事甲第3644号回答）。

　しかし，日本人女の戸籍に中国人男との婚姻の記載がされていないのは，同女が中国人との婚姻の記載の申出をしないために生じているものであって（戸41），婚姻の成立を否定する理由とはならないし，日本人女について，中国人男との婚姻が有効に成立したとすれば，婚姻を証明する資料の有無にかかわらず，その間に出生した同人らの子は，理論的には中国人父の嫡出子であり，昭和59年の国籍法の改正前であれば日本国籍を取得する事由がないので，日本人女からの嫡出でない子としての出生届は受理することができないということになる。

　そこで，従来の取扱いは相当でないとしてその取扱いを改め，日本人女から昭和43年に中国本土において中国人男との間に出生した子について嫡出でない子としての出生届がされたので，調査した結果，父母につき婚姻の成立を証する書面はないが，母の供述等から判断して昭和23年当時中国本土において，中華民国法の定める方式により有効に婚姻が成立していることが認められるので，その間に出生した子は父母婚姻後の出生子であるから，我が国の改正前国籍法第2条各号に該当せず，日本国籍を取得しないので，日本人女からの嫡出でない子としての出生届は受理すべきでないとされた（昭53.1.21民二第431号回答，昭53.11.7民二第6054号回答，同旨

広島高《岡山》決昭50.7.21家裁月報28・12・161,東京地判昭54.2.19判例タイムズ386・115)。

3　出生子の姓

未成年の子は，親の氏を称すべきか否かについては，子の氏は親子間の法律関係に該当するものとして改正前法例第20条によって定まる準拠法の適用を受けるとする説（折茂・前掲書387頁）もあるが，子の氏は子の人格権の問題として子の自身の本国法を準拠法とすべきである（竹沢・「渉外戸籍事件における氏名の性質と準拠法について」戸籍449・34)。

中華人民共和国においては，夫婦別姓をとっており（婚姻法14)，また，嫡出子の姓は，父又は母のいずれかの姓を選択することができるものとされているので（婚姻法22)，中国人父母間又は中国人父と日本人母との間に出生した嫡出子について母の姓（氏）を付してされた出生届は受理して差し支えない（昭49.2.13民二第1017号回答，昭53.7.28民二第4279号回答)。

4　添付書類

中国本土から引き揚げた日本人父又は母から同地で出生した子の出生届をするに当たって，出生証明書が得られないので，これに代えて引揚証明書を提出した場合，引揚証明書の当該出生子の氏名が中国名等で表示され，出生届の氏名と符合しない場合でも管轄法務局の長の指示を得てこれを受理して差し支えない（昭31.1.26民事甲第152号回答）（**資料１～６**)。

第６章　中国関係事件の戸籍の処理

【資料１】　人民法院公証員発給の出生証明書

出 生 証 明 書

(74)依法红字第○号

兹証明○島○彦的妻子○鳥淑○于一九三九年九月十七日在黒龙江省依兰县土城子人民公社合江大队出生．

中华人民共和国黑龙江省依兰县人民法院
公証員　楊洪生
一九七四年一月□日

【資料２】　公証処公証員発給の母子関係証明書

証 明 書

(76)沈证字第68号

兹証明○田○子（女，一九二三年出生）与○明（女，一九五四年出生）、○侭（女，一九五七年出生）是母女关系．

中华人民共和国辽宁省沈阳市公証处

公 証 員　白渕久
一九七六年□月□日
沈阳市公証处

第2節　各種の届出

【資料３】　高級人民法院公証員発給の親属関係証明書

第6章　中国関係事件の戸籍の処理

【資料４】　公証処公証員発給の親属関係証明書

亲属关系证明

齐公证字（77）第3号

兹证明○芝○及○成○（○川○）之妻，○鸿○及○成○之子，○昱是○成○之女。

○芝○，女，中国籍，一九四三年六月二十一日出生

○鸿○，男，中国籍，一九七○年八月八日出生

○昱，女，中国籍，一九七三年八月二日出生。

中华人民共和国黑龙江省齐齐哈尔市公证处

公证员　何立民

一九七七年九月十七日

【資料５】　公証処公証員発給の家庭関係証明書

家庭关系证明书

（77）证字第43号

兹证明张○○（男，一九三五年八月生）与张○松（女，一九三六年八月生）于一九五九年十月结婚，婚生张○（男，一九六二年十一月生）张○（男，一九六四年十二月生）张○（男，一九七六年四月生）。

写真

中华人民共和国辽宁省沈阳市公证处

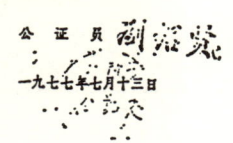

公证员　刘○○

一九七七年七月十三日

第２節　各種の届出

【資料６】　常住人口登記表（集体戸）

常住人口登記表（集体戸）

戸主或与戸主関系	戸主	妻	長子	次子	三子
姓　　名	林〇水	〇〇〇	林〇或	林〇静	林〇衆
別　　名	〇山〇				
性　　別	男　民族 漢	女　民族 漢	男　民族 漢	男　民族 漢	男　民族 漢
出生日期	1923.3.29.	1924.11.25.	1941.1.15.	1944.11.10.	1965.5.10.
籍貫 省、市、县	日本国	南富村	東成村	東成村	東成村
公社（乡） 路（街、巷）	日本国	福建省福清县	福建省福清县	福建省福清县	福建省福清县
生産大队（村）门牌号		東海公社 南盛大队	高山公社 東成大队	高山公社 東成大队	高山公社 東成大队
家庭出身	下中农	下中农	下中农	下中农	下中农
本人成分	渔民	农民	学生	学生	学生
婚姻状况	已 兵役状況	已 兵役状況	已 兵役状況	未 兵役状況	未 兵役状況
文化程度	高小	初小	高中	初中	高小
宗教信仰	特长	特长	特长	特长	特长
特　　征					
在何单位任何职务					
何时由何地迁来本县 何时由本县迁往何处					
在本县另有住址					
注销戸口日期、原因、迁往地址及迁移証字号					
戸口登記事項変更更正記載及受理戸口日期、経办人姓名					
備　　注	1949年2月2日 結婚	1949年2月2日 結婚			
編　　号					

137

第６章　中国関係事件の戸籍の処理

第２　認　知　届

１　任意認知

改正前法例第18条第１項は，嫡出でない子の認知の準拠法につき，「其父又ハ母ニ関シテハ認知ノ当時父又ハ母ノ属スル国ノ法律ニ依リテ之ヲ定メ其子ニ関シテハ認知ノ当時子ノ属スル国ノ法律ニ依リテ之ヲ定ム」と規定していたから，嫡出でない子の認知が有効に成立し，その効力が完全に発生するためには，一方においてその血統上の父と認められる者に関しその本国法による認知の要件を具備するとともに，他方において子である者に関しその本国法による認知の要件を具備することが必要であって，そのいずれかを欠いても認知は有効に成立しないものとされていた。

これに対して，平成元年に改正された法例によると，第18条第１項で「父トノ間ノ親子関係ニ付テハ子ノ出生ノ当時ノ父ノ本国法ニ依リ母トノ間ノ親子関係ニ付テハ其当時ノ母ノ本国法ニ依ル」としたほか，同条第２項前段において，「子ノ認知ハ前項前段ニ定ムル法律ノ外認知ノ当時ノ認知スル者又ハ子ノ本国法ニ依ル」ものとして，追加的特則を設けた。これは，認知はできるだけ容易に認め，親子関係の成立をしやすくするために選択的連結を導入したものである。その結果として，子の出生当時の認知する者の本国法又は認知の当時の認知する者若しくは子の本国法の３種類の法律のいずれによっても認知することができることとなった（南・「改正法例の解説㈢」法曹時報43・２・38）。

通則法第29条は，法例第18条と同様に規定している。

ところで，中国法は，父子関係について事実主義をとっているものと思われるので，血統上の父が中国人である場合は，父子関係は血縁上の事実によって成立するから，父からの任意認知を認める規定はないが，その嫡出でない子が日本の国籍を有するときは，その本国法である我が民法には中国法のように血縁上の事実によって父子関係の成立を認める規定がないから，更に我が民法第779条，第781条に従い任意に認知の届出をするか，

又は，同法第787条に従い認知の訴えを提起してそれに対する勝訴の判決を得るか，あるいは，家事審判法第23条第２項に従い同判決に代わる認知の審判を得るか，そのいずれかの手続を経ない限り，いまだ父子関係は完全に成立したことにはならないので（最判昭44.10.21民集23・10・1834参照），中国人父の日本人子についての認知届は，これを受理して差し支えない（昭47.12.6民事甲第5034号回答）。

また，中国法には，父が成年の子を認知する場合に，その承諾を必要とする趣旨の規定はないから，特に認知される子の承諾は要しないものと解される。

ところで，認知についての子の承諾は，子の保護のための子の側の要件と解され，その要否は，専ら子の本国法によって判断すべきものとされる（通則法29Ⅰ・Ⅱ，平元.10.2民二第3900号通達第４）。したがって，子の本国法において，父が成年の子を認知する場合に特にその承諾を要しないとしているときには，たとえ父の本国法において子の承諾を要するとしていても，結局子の承諾は要しないとされるから，日本人父からされた中国在住の中国人子（成年者）の認知を承諾する旨の書面の添付のない認知届も受理して差し支えない（昭51.11.19民二第5987号回答）。

2　胎児認知

日本人男からされた中国人男と婚姻中の同国人女の胎児を認知する届出については，中華人民共和国の法制上，日本の「嫡出推定」に相当する制度を定めた法規はないが，婚姻中の女が出産した子は，事実上夫の子と推定されるので，受理すべきでない（平９.２.４民二第197号回答）。

3　死後認知

親子関係の発生要件に関して事実主義をとると，認知主義をとるとを問わず，その法の精神が婚外子の保護にある以上，父の死亡のいかんを問わず，その利益の存する限り，その訴求を認めるべきであるとして，中華人民共和国人を父とする日本人である子からの死後認知の請求が認められている（神戸地判昭43.12.25判例時報546・86，東京高判昭56.７.13判例時報

1013・34)。

第3　養子縁組届

① 中国における養子縁組については，旧婚姻法にはその実質的要件に関する規定はなく，養父母と養子女との関係のみを規定していた（旧婚姻法13）。婚姻法でも，国家は合法的な養子縁組関係を保護すると規定しているが，その成立要件については何ら規定していない（婚姻法26Ⅰ）。中国における養子縁組は，養子と実父母との間の権利と義務（相続・扶養など）は，養子縁組関係の成立によって失われるとして断絶養子を志向している（婚姻法26Ⅱ）が，完全養子ではないから，養子離縁は一定の手続に従ってできると解されている。養子離縁により実父母との関係は当然に復活する。

養子縁組の要件については，中華人民共和国養子縁組法（以下「中国養子法」という。）が，1991年12月29日第7期全国人民代表大会常務委員会第23回会議を通過し，1992年4月1日から施行されるまでは，明文の規定はなく，一般的法規範として次のとおり解されていた。

養親に実子がいる場合には原則として養子縁組は認められない。養父母は，責任を負担することができる成年者でなければならない。養子は，一般的には撫養及び教育を必要とする未成年者でなければならない。養子に父母がいるときには，父母の同意を要する。養子が孤児の場合には，監護人又は教養機構の同意を要する。養子が一定年齢に達していて養子縁組について理解能力を有しているときは，本人の同意を得なければならない。

養子縁組は，原則として公証処において行い，戸籍登記手続をして戸籍上の記載がされて確定する。公証処がないところでは，公安派出所か居民委員会において戸口登記簿を変える手続をすれば足りる。養子縁組については，特別な届出の様式はない。養子は，養父の姓を名乗るのが普通である（野村・「中国の婚姻家庭法の新展開—1980年中華人民共和国婚姻法の考察—」ジュリスト732・40）。

中国養子法に基づく養子縁組の実際の取扱いについては，必ずしも明確

ではない点があるが，日本において日本人が中国人を養子とする縁組の届出があった場合には，当分の間，次の点に留意して取り扱うこととされていた（平6．3．31民二第2439号通知）。
1　養子が10歳未満である場合
　　法例第20条第1項後段に規定する養子の本国法上の養子若しくは第三者の承諾若しくは同意又は公の機関の許可その他の処分あることの要件（以下「養子の保護要件」という。）として，中国公証処の発行する声明書（日本の公証人の作成する公正証書をもって代えることができる。以下同じ。）による中国人実父母の同意が必要である（中国養子法10参照）。
　　なお，養子本人の同意は，不要である（同法11参照）。
2　養子が10歳以上で14歳未満である場合
　　養子の保護要件として，中国公証処の発行する声明書による中国人実父母及び養子本人の同意が必要である（同法10・11参照）。
3　養子が14歳以上で15歳未満である場合
　　養子の保護要件として，中国人実父母の同意及び養子本人の同意が必要であるが，これらの同意については，中国公証処の発行する声明書によるほか，任意の形式による同意書によるものであっても差し支えない。
　　したがって，中国人実父母が縁組代諾者として届出人となり，養子縁組届書に署名（押印）している場合には，同人らの同意書が別途添付されていなくても，その同意があるものとして取り扱って差し支えない。
4　養子が15歳以上である場合
　　養子の保護要件として，中国人実父母の同意及び養子本人の同意が必要であるが，これらの同意については，中国公証処の発行する声明書によるほか，任意の形式による同意書によるものであっても差し支えない。
　　したがって，養子本人が養子縁組届書に署名（押印）している場合には，本人の同意書が別途されていなくても，その同意があるものとして取り扱って差し支えない。
ところで，外務省領事局政策課から中国養子法の調査についての回答が

第6章　中国関係事件の戸籍の処理

あったことを踏まえ，今後は，次のとおり行うこととされた（平22.6.23民一第1541号通知）。
1　養子が10歳未満である場合
　　養子縁組には，通則法第31条第1項後段の要件（以下，「養子の保護要件」という。）として，中国人実父母の同意が必要である（中国養子法10参照）が，同意の方式については，定めがない。
　　したがって，中国人実父母が縁組代諾者として届出人となり，養子縁組届書に署名・押印している場合には，中国人実父母の同意書が添付されていなくても，それらの同意があるものと取り扱って差し支えない。
　　なお，養子本人の同意は，不要である（同法11参照）。
2　養子が10歳以上で15歳未満である場合
　　養子縁組には，養子の保護要件として，中国人実父母の同意及び養子本人の同意が必要であるが，同意の方式については，定めがない。
　　したがって，中国人実父母が縁組代諾者として届出人となり，養子縁組届書に署名・押印している場合には，中国人実父母の同意書が添付されていなくても，それらの同意があるものと取り扱って差し支えない。
3　養子が15歳以上である場合
　　養子縁組には，養子の保護要件として，中国人実父母の同意及び養子本人の同意が必要であるが，同意の方式については，定めがない。
　　したがって，養子本人が養子縁組届書に署名・押印している場合には，養子本人の同意書が添付されていなくても，その同意があるものと取り扱って差し支えない。
②　中華人民共和国においては，2010年10月28日中華人民共和国渉外民事関係法律適用法が中華人民共和国第11期全国人民代表大会常務委員会第17回会議により可決され，同日中華人民共和国主席令第36号として公布され，2011年4月1日から施行されている。
　　同法は，養子縁組の要件及び手続等について，次のように規定している。
　　第28条　養子縁組の要件及び手続については，養親及び養子の常居所地

の法律を適用する。養子縁組の効力については，養子縁組当時の養親の常居所地の法律を適用する。養子縁組関係の解消については，養子縁組当時の養子の常居所地の法律又は法院地の法律を適用する。

③　中国政府発行の公証書に日本人男の継女とされている証明書を添付して養子縁組が成立したとする報告的届出は，受理しないのが相当である（平4.12.22民二第7055号回答）。

④　日本人夫婦が6歳未満の中国人女を中国の方式により養子とする縁組が成立し，戸籍に普通養子縁組として記載された後，これを特別養子縁組とする旨の追完届については，日本民法上の特別養子縁組の成立要件である我が国の家庭裁判所の審判に相当するものがないので，当該追完届を受理すべきでない（平7.10.4民二第3959号回答）。

⑤　アメリカ人男と日本人女の夫婦が6歳未満の中国人女を中国の方式により養子とする縁組が成立し，戸籍に普通養子縁組として記載された後，これを特別養子縁組とする旨の追完届については，外国人養子縁組実施弁法（1993年11月10日施行）に規定する手続により養子縁組が成立した場合であっても，日本民法上の特別養子縁組の成立要件である我が国の家庭裁判所の審判に相当する処分・決定等が存在しないので，当該追完届を受理すべきでない（平8.5.28民二第995回答）。

なお，当事者において特別養子とすることを望む場合には，家庭裁判所に特別養子縁組審判の申立てをし，認容審判を得た上で，審判書の謄本を添付して市町村長に特別養子縁組届をする（東京家審平8.1.26家裁月報48・7・72）。

⑥　我が国において日本人と中国人の夫婦が日本に在住する中国人2名（14歳未満の兄弟）を養子とする縁組については，法例第33条（通則法第42条）（公序）に基づいて中国養子法第8条第1項の適用を除外し，当該縁組を許可した審判例がある（神戸家審平7.5.10家裁月報47・12・58）。また，同種の事案について縁組を許可する審判がされた場合において，法例第33条（通則法第42条）（公序）の規定に基づいて中国養子法第8条第1項の適

用を除外した旨及びその根拠とされた認定事実の要旨を理由中に明示した審判書の謄本を添付して縁組の届出がされたときは、その審判書の記載に基づいて審査を行い、その届出を受理して差し支えない（第184回東京戸籍事務連絡協議会協議結果、戸籍638・53）。

⑦　嫡出子2名を有し、永住者の在留資格で我が国に在住する中国人夫婦が、中国に居住する妻の兄夫婦の嫡出子（満15歳）を養子とする養子縁組については、次の理由により養子縁組をすることができない（平22.6.23民一第1540号回答）。

1　華僑とは「国外に定住する中国公民」をいうとされており（中華人民共和国華僑及び華僑家族の権利及び利益保護法2）、また、一般に永住者の在留資格をもって我が国に在住する者は、我が国に定住しているものと考えられている。したがって、本件養親となる夫婦は、永住者の在留資格をもって我が国に在住していることから、華僑であると認められる。

2　妻の兄の子は、姻族であることから、養父となる者については、本件養子縁組は、中国養子法第7条第1項及び第2項の「3代以内の同輩の傍系血族（四親等内の傍系血族を指す）の子を養子とするとき」に該当しない。したがって、養父となる者は、本件養子縁組をすることができない（中国養子法4柱書き・6①）。また、養母となる者は、単独で養子をすることはできない（中国養子法10Ⅱ）ことから、本件養子縁組をすることはできない。

3　養子となる者の実父母の一方が死亡している場合には、養子縁組について生存親の同意のほか、死亡した実親の父母の同意が必要である。

4　中国養子法第6条第2号及び第3号の各要件については、要件具備証明書又は要件具備証明書を得られない旨及び当該各要件を備えている旨が記載された申述書並びに当該各要件に関する本国官憲作成の証明書、これを提出させることができないときは、当該各要件を満たしている旨の判断の資料となり得る本国官憲発給の身分関係を証する書面を提出させ、これらに基づき判断する。

第4　婚　姻　届

1　婚姻の方式

①　婚姻の方式は，婚姻挙行地の法律による（通則法24Ⅱ）が，婚姻挙行地の法律は，たとえその法律が我が国が承認していない国家又は政府の制定した法律であっても，その法律がその地域で有効に施行されている限り，その法律を適用すべきものであるから，我が国が中華人民共和国政府を承認する以前に同国の方式によって成立した婚姻も有効と認めて差し支えない（昭35.12.27民事甲第3302号回答，昭42.3.2民事甲第354号回答）。

②　日本に在住する日本人と中国に在住する中国人の婚姻届が日本の市町村長に届出され，受理されている場合について，在東京中国大使館領事部は，日本国の方式により婚姻したとしても，中華人民共和国民法通則第147条は適用されないため，同国婚姻法に規定する実質的成立要件である⑴重婚でないこと（婚姻法3），⑵婚姻意思があること（同5），⑶法定婚姻年齢（男満22歳・女満20歳）に達していること（同6），⑷近親婚でないこと及び医学上結婚すべきでないと認められる病気に罹っていないこと（同7）等及び形式的成立要件である結婚しようとする男女双方が自ら婚姻登記機関に出頭して結婚登記をすること（同8）の各要件を具備しているとは判断できないので，中国政府としては有効な婚姻とは認めないとしていた。そこで，前記の届出がされた場合には，市町村長は，届出事件本人に対し，日本法上婚姻届は受理できるが，中国政府はこれを有効な婚姻とは認めない旨を説明し，当事者がそれでも受理を希望する場合には受理して差し支えない。また，使者又は郵送による届出の場合は，そのまま受理して差し支えない。なお，婚姻届を受理するに当たっては，婚姻要件具備証明書又は公証員等が証明した独身証明書及び性別・出生年月日に関する証明書並びに婚前健康検査証明書（婚姻登記機関の指定する病院で証明したもの）のほか，国籍を証する書面を添付させなければならないとしていた（平3.8.8民二第4392号通知）が，日本に在住する日本人と中国に在住

する中国人が日本において婚姻した場合であっても，同国民法通則第147条が適用され，婚姻の実質的成立要件のみならず，形式的成立要件も婚姻締結地の法律である日本民法が適用されるので，日本で成立した婚姻は中国でも有効な婚姻と認められる。したがって，当事者は，中国で改めて婚姻登記又は承認手続をする必要はない。また，日本で婚姻が成立していることを証明する書面は日本の外務省及び在日本中国大使館又は領事館において認証を得れば，中国国内でも有効な証明書として使用できるとされた（平14．8．8民一第1885号通知）。

したがって，今後の日本人と中国人との創設的婚姻届に添付すべき書面としては，従来から要するものとされていた書面のうち，医学上婚姻すべきでないと認められる病気に罹っていないという医師の証明書の添付は不要となるが，独身証明書や性別・出生年月日の証明書については，従来どおり必要であるので，これらを添付させ，日本民法上の婚姻要件を充たしているか否かの審査を行う。

2　婚姻の成立
(1)　中華人民共和国の方式による婚姻

①　中華人民共和国における婚姻は，結婚年齢が旧婚姻法では男子20歳，女子18歳であったが，婚姻法では男子満22歳，女子満20歳にそれぞれ2歳引き上げられた。

なお，婚姻法に定める婚姻年齢に満たない中国人男（20歳）と日本人女との婚姻届については，中国人男について同国官憲発給の婚姻要件を具備している旨の証明書の添付があるので，受理するのが相当であるとされた事例がある（昭57．9．17民二第5700号通知）。

これは，同国においては，その婚姻法の解釈上，在外華僑の婚姻要件に関しては，個別の事案ごとに，同法の精神に反しない限り，居住地国の婚姻要件を考慮して弾力的に取り扱うこととしている模様であり，本件の証明書もそのような取扱いの下に発給されたものと認められるところから，同証明書により当該中国人男について同国法上の婚姻要件を具備している

ものと認めて差し支えないとしたものである。また，婚姻法では，婚姻は婚姻登記機関において結婚登記をし，結婚証を受けとることにより成立する（婚姻法8）が，旧婚姻法施行後しばらくの間は事実上既に結婚しているのに結婚登記の手続だけが欠けているものについては，そのまま夫婦関係を認め，必ずしも登記を補行するには及ばないとされていた（浅井・現代中国法の理論171頁）ので，結婚の意思を有し，社会的にも夫婦と見られるに至ったときは，結婚の登記を欠く場合であっても，中華人民共和国法上婚姻は有効に成立したものと解されていた（宮崎・新比較婚姻法Ⅰ32頁）。

そこで，中国人男と日本人女が中国本土において中華人民共和国政府が成立する以前から中華民国の方式によらずに事実上結婚し，中華人民共和国政府が成立した時においても事実上の婚姻状態が継続し，同政府により事実婚姻と認められているときは，同人らは中華人民共和国政府の成立の日（昭和24年10月１日）をもって中華人民共和国の方式による婚姻が成立したものとして日本人女の戸籍に婚姻の記載をするのが相当であるとされる。しかし，このような婚姻については，婚姻の成立を証する書面がないため，戸籍法第41条の趣旨による処理をすることができないので，日本人女から戸籍の記載の申出書を提出させ，これに基づき戸籍法第44条第３項，第24条第２項の規定により職権をもって戸籍の記載をするのが相当であると解される。

なお，旧婚姻法施行（昭和25年５月１日）前の重婚は，当然に無効ではないと解される（昭和53.11.７民二第6054号回答）。

②　日本において事実上婚姻していた中国人男と日本人女が昭和28年ころ中国へ帰国し，中華人民共和国政府が帰国後の同人らの事実上の婚姻状態をもって有効な婚姻と認めているときは，中華人民共和国の方式により婚姻が成立したものとして，婚姻の成立の日は，中国本土に上陸した日に有効な婚姻が成立したものとして取り扱った例がある（昭和55.３.26民二第1954号回答，醍醐・「中国残留邦人の国籍について」民事月報34・４・36）。

(2) 中華民国の方式による婚姻

　中華民国の方式による婚姻は，公開の儀式と2人以上の証人を有することにより成立し（中華民国民法旧982），結婚の登記（同国戸籍法旧23）は婚姻の成立要件ではないとされていた。公開の儀式とは，儀式が公然と行われ，一般不特定人がともに見ることができることであり，また，2人以上の証人を要するのは，当事者双方が婚姻意思を有するか否かを確かめるためであると解されており，婚姻証書の作成は，婚姻の成立要件ではないとされていた（宮崎・新比較婚姻法Ⅰ116頁）。

　したがって，中国人男と日本人女が中華人民共和国政府の成立前に中国本土において中華民国の方式により婚姻したとき，その方式により婚姻が有効に成立したか否かは，婚姻証書，中華民国政府の証明書，本人の供述等を資料として認定するが，同証書等が提出できない場合は，本人及び関係者の供述によりその方式により婚姻したことが明らかであるときは，供述及び子の出生証明書等の情況証拠等を総合的に判断して婚姻の成立を認定して差し支えないとされた（昭53．1．21民二第431号回答）。

　日本人男と中国人女が昭和15年当時中華民国において婚姻したが，その届出をしていなかった場合について，両者間の婚姻の成否は，改正前法例第13条第1項により実質的要件は各当事者の本国法，形式的要件は婚姻挙行地法である中華民国法により決せられるべきものであるところ，中華民国法が定める形式的要件は満たされており，また，実質的要件である婚姻意思の存在も認められるとして婚姻の成立を認めた裁判例がある（東京地判昭62．7．29判例タイムズ653・89）。

　なお，中華人民共和国政府から同政府の成立前に婚姻が成立している旨の証明書が発給されている場合は，同証明書によって直ちに中華民国の方式による婚姻が成立したものと認定することなく，中華民国の方式により婚姻を挙行したかどうかを当事者から聴取して確認することが相当である（昭53．9．1民二第4793号回答）。

　ところで，中華民国では，2007年5月23日総統令により民法親族編の改

郵便はがき

料金受取人払郵便
豊島支店承認
937
差出有効期間
平成24年3月
1日まで

171-8790
718

東京都豊島区
南長崎3—16—6

日本加除出版（株）
営業部 行

〔通信欄〕 ※申込書に書き込めなかった事項、小社へのご要望等をお聞かせください。

書籍申込書

記入例

| 商品番号：40383 |
| 略　　号：願遺 |

➡

商品番号	略号	冊数
4	0	3	8	3	願　遺	
①						
②						
③						
④						
⑤						
⑥						
⑦						
⑧						

書籍の商品番号と略号は、弊社ホームページ（書籍紹介ページ）または図書案内（書籍カタログ）にも掲載しております。

◎お届け先　（勤務先・自宅）← ○で囲んでください　　年　月　日

お客様コード　　　　　　　　　　　　　支払は（公費・私費）

〒□□□-□□□□　　☎

e-mail
※メールニュース新規お申込みご希望のお客様のみご記入ください。

フリガナ
お 名 前　　　　　　　　　　　　　　　　　　　　　　　　㊞

280237　※書籍到着後、同封の振込用紙にてお支払いください。

ご記入いただいた個人情報は、ご注文いただいた商品の発送、お支払い確認等の連絡および弊社からの各種ご案内(刊行物のDM、アンケート調査等)以外の目的には利用いたしません。

正（同年5月4日修正）が公布され，結婚は儀式婚から登記婚へ改正された（同国民法982・2008年5月23日施行）。

これまでの儀式婚は，儀式の有無を立証しにくく，また，戸籍上に結婚を登記しなくても結婚は有効であったから，重婚が発生しやすかったが，改正後は結婚は書面をもってこれを行い，2人以上の証人の署名がなければならず，かつ，双方当事者により戸籍機関に結婚の登記が行われなければならないとされた（同国民法982，同国戸籍法9Ⅰ）。

(3) **日本国の方式による婚姻**

① 中華人民共和国民法通則第147条の「中華人民共和国公民と外国人との婚姻には，婚姻締結地の法律を適用し，離婚には事件を受理した裁判所の所在地の法律を適用する。」という規定は，反致の規定と解されている。

婚姻締結地の法律が適用されるのは，婚姻の実質的成立要件のみならず，形式的成立要件も含まれる。したがって，中国人が日本人と日本で婚姻する場合には，日本法で定める方式，すなわち，日本の市町村長に適式な創設的婚姻届をするという方式により婚姻する必要がある。また，中国人当事者が日本法上の実質的成立要件をも充たしている場合は，当該婚姻は日本法上はもちろん，中国法上も有効に成立している（伊東・「日本人と中国人を当事者とする婚姻について」民事月報57・11・193）。

② 中国人を当事者とする創設的婚姻届の審査については，次のとおり取り扱う（平22.3.31民一第833号通知）。

1 中国人と日本人を当事者とする婚姻について
 (1) 中国人当事者の実質的成立要件の準拠法
  通則法第24条第1項，同法第41条及び中華人民共和国民法通則第147条により日本法が適用される。
 (2) 中国人当事者の婚姻要件の審査
  性別及び年齢については，性別及び出生年月日の記載されている公証書，独身であることについては，無婚姻（無再婚）登記記録証明，

未婚姻公証書等婚姻登記記録がない旨の公証書又は未（再）婚声明書に公証員の面前で署名したことが証明されている公証書，再婚禁止期間が経過していることについては，上記公証書で審査できない場合には離婚公証書等により審査する。ただし，婚姻要件具備証明書が添付された場合は，これにより性別，年齢及び独身であることを審査して差し支えない。

2　中国人同士を当事者とする婚姻について

(1)　実質的成立要件の準拠法

通則法第24条第１項により中国法が適用される。ただし，駐日中華人民共和国大使館発行の定住証明書又は日本国が日本法に基づいて婚姻を許す場合，異議を表明しない旨の証明書のいずれかが添付されている場合は，その者については日本法が適用される。

(2)　婚姻要件の審査

2(1)により実質的成立要件の準拠法が中国法である場合は，婚姻要件具備証明書により審査する。ただし，婚姻要件具備証明書が添付できない場合は，婚姻要件具備証明書が得られない旨の申述書の提出を求め，性別，年齢及び独身であることについては，1(2)と同様の方法により審査する。この場合，中国法上の「近親婚でないこと」及び「医学上婚姻すべきでないと認められる疾病を患っていないこと」の要件については，申述書の提出を求め，これによって審査する。

2(1)ただし書きにより実質的成立要件の準拠法が日本法である場合は，1(2)と同様の方法により審査する。

③　中華人民共和国においては，2010年10月28日中華人民共和国渉外民事関係法律適用法が中華人民共和国第11期全国人民代表大会常務委員会第17回会議により可決され，同日中華人民共和国主席令第36号として公布され，2011年４月１日から施行されている。

同法は，婚姻の要件及び婚姻の手続について，次のように規定している。

第21条　婚姻の要件については，当事者の共通常居所地の法律を適用し，

共通常居所地がないときは，共通国籍国の法律を適用し，共通国籍がなく，一方の当事者の常居所地又は国籍国において婚姻を締結するときは，婚姻締結地の法律を適用する。

第22条 婚姻の手続が，婚姻締結地の法律，一方の当事者の常居所地の法律又は国籍国の法律に適合するときは，いずれも有効とする。

第51条 中華人民共和国民法通則第146条及び第147条，中華人民共和国継承法第36条が本法の規定と一致しないときは，本法を適用する。

④　日本人男と中華人民共和国澳門（マカオ）特別行政区の旅券を所持する中国人女の創設的婚姻届については，添付された澳門特別行政区政府民事登記局が発行した聲明書及び婚姻記録は，婚姻要件をすべて具備していることを証する有効な書面であることが認められるので，中国人女が婚姻の実質的要件を具備しているものとして受理して差し支えない（平18.2.9民一第335号回答）。

3　婚姻証明書の証明力

中国人と日本人が中国本土において婚姻したことを証明する書面について，戸籍法第41条の規定に基づく婚姻証明書として取り扱って差し支えないとされたものに，次のようなものがある。

Ⅰ　人民法院発給の結婚証明書（昭52.8.31民二第4313号回答《**資料1**》）

Ⅱ　人民法院公証員発給の結婚証明書（昭37.12.5民事甲第3262号回答，昭49.12.20民二第6569号回答《**資料2**》）

Ⅲ　公証処公証員発給の結婚証明書（昭40.6.29民事甲第1453号回答《**資料3**》）

Ⅳ　人民公社革命委員会発給の婚姻証明書（昭53.12.26民二第6786号回答《**資料4**》）

Ⅴ　人民公社発給の結婚証（昭49.9.7民二第5036号回答《**資料5**》）

Ⅵ　人民委員会発給の結婚証（昭53.12.27民二第6788号回答《**資料6**》）

Ⅶ　人民公社大隊長発給の婚姻証明書（昭和53.9.1民二第4793号回答《**資料7**》）

第6章　中国関係事件の戸籍の処理

Ⅷ　人民法院公証員及び居民委員会発給の親属関係証明書（昭51.11.1民二第5613号回答《**資料8**》）

なお，中華人民共和国の成立前に中華民国民法に定める方式に従って成立した婚姻について，中華人民共和国の官公署が証明したものをもって有効な証明書として取り扱って差し支えないかどうか問題となる。中華人民共和国においては，1950年に婚姻法，1955年に婚姻登記手続法が公布され，1980年には婚姻法が全面改正されているが，婚姻法施行前の婚姻は，中華人民共和国成立前のものを含めて承認されているものと考えられるので，現時点においては，中国に居住している者の身分関係を証明する機関としては，その身分関係の成立が中華人民共和国成立前のものであっても，中華人民共和国の官署で差し支えないものと解される（昭51.11.1民二第5613号回答，昭53.9.1民二第4793号回答）。

【資料1】　人民法院発給の結婚証明書

第2節 各種の届出

【資料2】 人民法院公証員発給の結婚証明書

結 婚 証 明 書

(74) 依法証字第○号

茲証明○烏○彦和○波○于一九五八年十一月二十一日在黒龍江省依蘭県土城子人民公社土城子大隊結婚。

中華人民共和国○○○○○依蘭県人民法院

公証員 趙 徳 玉

一九七四年二月二十日

【資料3】 公証処公証員発給の結婚証明書

結 婚 証 明

(六五)哈公二字第二二号

茲証明石○賢○与石○勝○于一九四八年七月六日在哈爾浜市結婚

中華人民共和国黒竜江省哈爾浜市公証処

公証員 王 林 度

一九六五年三月二日

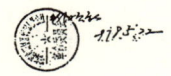

第6章　中国関係事件の戸籍の処理

【資料4】　人民公社革命委員会発給の婚姻証明書

郵便はがき

１７１－８７９０

７１８

料金受取人払郵便

豊島支店承認

937

差出有効期間
平成24年3月
1日まで

東京都豊島区
南長崎3－16－6

日本加除出版（株）
企画部行

ご購入ありがとうございました。愛読者カードのご意見はこれからの良書出版の参考とさせて頂きます。なお、当社ＨＰ（http://www.kajo.co.jp/）からもご返信いただけます。

お名前	フリガナ		性別	年齢
			男 女	歳

ご住所	〒　－　　　電話　（　　）
	eメールアドレス：

ご職業	

通信欄	
	※ 図書案内　要・不要

愛読者カード

ご返信いただきました方の中から、毎年末20名様にご希望の当社図書を進呈させて頂きます。

◇ご購入書籍名:

◇ご購入経路
　□DM　□当社販売員　□斡旋　□書店店頭　□知人の薦め
　□ホームページ　□新聞・雑誌広告（　　　　　　　　　　　　　　　）

◇本書に対するご意見・ご感想

◇今後刊行を望まれる書籍
① どの分野の書籍をお望みですか
　□戸籍・国籍　□家族法関係　□不動産登記　□商業登記　□外国人登録
　□出入国管理　□地方自治　□地名・人名　□介護・福祉　□医療問題
　□人権擁護　□交通事故　□家庭内問題　□少子・高齢化
　□その他（　　　　　　　　　　　　　　　　　　　　　　　　　　　）

② 具体的に希望される書籍があれば、書籍の内容をご記入ください

③ 希望される書籍の用途についてお教えください
　□初任者用　□実務・専門用　□資格取得　□一般・教養
　□その他（　　　　　　　　　　　　　　　　　　　　　　　　　　　）

④ 希望される書籍の編集形態についてお聞かせください
　□実務解説　□逐条解説　□判例・先例解説　□事例解説
　□申請申立手続書　□チャート式　□マンガ・イラスト入り　□Q&A形式
　□CD-ROM　□その他（　　　　　　　　　　　　　　　　　　　　　）

◇実務書として刊行に適するような素材がある、あるいは原稿を書いても良いという方は以下にお書きください。
　<テーマ・タイトル>

御協力ありがとうございました。ご記入いただきました個人情報は、弊社からの各種ご案内（刊行物のDM、アンケート調査等）以外の目的には利用いたしません。

第2節　各種の届出

【資料5】　人民公社発給の結婚証

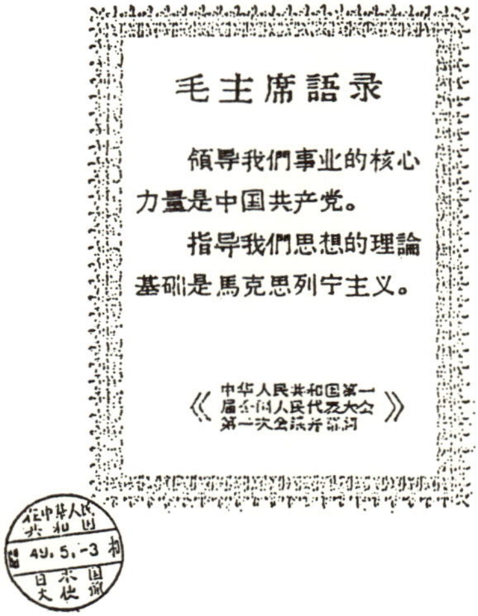

第6章　中国関係事件の戸籍の処理

【資料6】　人民委員会発給の結婚証

【資料7】　人民公社大隊長発給の婚姻証明書

第2節　各種の届出

【資料8】　高級人民法院公証員及び居民委員会発給の親属関係証明書

157

4　婚姻に伴う国籍の変動

①　旧国籍法施行当時（昭和20年）日本人男が中国本土において中国人女と婚姻した旨の中国官憲発給の証明書を添付して婚姻による戸籍の記載の申出があった場合は，当該婚姻により妻は日本国籍を取得し（旧国籍法5①），夫の戸籍に入籍することとなるので，その旨を婚姻記載の申出書中「その他」欄に記載させなければならない（昭51.11. 1民二第5613号回答，昭53. 9. 1民二第4793号回答）。

②　中国人男と日本人女との婚姻が旧国籍法施行当時（昭和23年）中国本土において中華民国の方式により成立したときは，同女は，当該婚姻により中国国籍を取得するとともに（中華民国旧国籍法2①），日本国籍を喪失する（旧国籍法18）ので，同女の戸籍に婚姻による国籍喪失を記載するには，中国の関係機関から婚姻証明書の発給を得た上，もしこれが得られない場合は，その旨の申述書を添付して戸籍法第103条の規定による国籍喪失届をさせなければならない（昭53. 1. 21民二第431号回答）。

③　中華人民共和国においては，外国人女が中国人男と婚姻しても中国国籍は取得せず，外国人女が中国国籍の取得を希望するときは，国籍取得の申請をしなければならないとされている（1951年3月9日付け中央人民政府法制委員会解答，中華人民共和国国籍法7）。したがって，中国人男と日本人女との間に中華人民共和国の方式による婚姻が旧国籍法施行当時（昭和24年10月1日）に成立しても，日本人女は，同婚姻によっては中国国籍を取得しないので，日本国籍を喪失しないとされた例がある（昭53.11. 7民二第6054号回答）。

第5　離　婚　届

1　協議離婚

①　旧婚姻法は，離婚について「男女双方とも離婚を自発的に希望する場合は，離婚が許される。」と規定していた（旧婚姻法17）が，婚姻法にも同様の規定がある（婚姻法31）ところから，中国においては，協議離婚が

認められている。協議離婚については，更に，「婚姻登記機関は，双方が確かに自由意思に基づいていること，かつ，子及び財産問題に対して既に適切な処理を行っていることが調査により明らかなときには，離婚証を発給する。」と規定しているので，我が国と同様の協議離婚であると解するには疑問がないわけではない。しかし，この規定は，協議離婚の手続，すなわち，離婚意思の確認方法等の方式を定めたものと解されるので，方式については，日本で離婚する場合には日本法の定める方式によることができるものであるから，中国人を当事者とする協議離婚届は，これを受理して差し支えない（昭49.12.25民二第6643号回答）。

裁判例においても，中華人民共和国国籍の夫婦の協議離婚について，同国婚姻法に定める「双方は婚姻登記機関に出頭して離婚を申請しなければならない」ことは，法律行為の方式にすぎず，行為地である日本の法律にのっとった方式による離婚届出により協議離婚が有効に成立したものと認められるとしたものがある（高松高判平5.10.18判例タイムズ834・215）。

② 中華人民共和国においては，2010年10月28日中華人民共和国渉外民事関係法律適用法が中華人民共和国第11期全国人民代表大会常務委員会第17回会議により可決され，同日中華人民共和国主席令第36号として公布され，2011年4月1日から施行されている。

同法は，協議離婚について，次のように規定している。

第26条　協議離婚につき，当事者は，協議により一方の当事者の常居所地の法律又は国籍国の法律の適用を選択することができる。当事者が選択しなかったときは，共通常居所地の法律を適用し，共通常居所地がないときは，共通国籍国の法律を適用し，共通国籍がないときは，離婚手続を処理する機関の所在地の法律を適用する。

2　調停離婚

中国においては，夫婦の一方が離婚を要求する場合には，関係部門が調停（調解）を行うか，又は直接人民法院に離婚訴訟を提起することができるとしている。また，人民法院は，離婚事件を審理するに当たって，調停

第6章　中国関係事件の戸籍の処理

を行わなければならないが，もし感情が既に破綻していることが確かであり，調停の効果がない場合には，離婚を認めなければならないとして破綻主義が採用されている（婚姻法32Ⅱ）。

このように中国では調停離婚を認めているから，中華人民共和国中級人民法院発給の民事調解書は，離婚の調停調書と認められるので，その提出があったときは，戸籍法第77条において準用する第63条の規定により処理して差し支えない（昭53.11.7民二第6054号回答《**資料**》）。

【資料】　中級人民法院発給の民事調解書

中华人民共和国辽宁省沈阳市中级人民法院

民 事 调 解 书

〔77〕沈审字第1号

原告太〇義〇，女，一九二一年出生，系日本侨民，住沈阳市大东区工农路一段营口四里一栋十六号

被告林〇文，男，一九一四年出生，系中国公民，住同上。

原、被告于一九四六年结婚，婚后生两名女孩，林明现年二十三岁，林〇现年二十岁。现原告要求与被告离婚，被告表示同意。对共同财产双方已协商解决。经本院审理同意原、被告按下列协议执行。

一、准予原告太〇義〇和被告林景文离婚。

二、原、被告无其他争执。

本调解书与判决具有同等法律效力。

一九七

3　裁判離婚

①　中華人民共和国中級人民法院で中国人夫と日本人妻との離婚判決がされ，原告である日本人妻からの離婚届に確定証明書が添付されていない場合には，中国においても判決の確定証明は行われているので，同証明書の添付されていない当該離婚届は受理しないのが相当である（昭59．8．30民二第4661号回答）。

②　中華人民共和国においては，2010年10月28日中華人民共和国渉外民事関係法律適用法が中華人民共和国第11期全国人民代表大会常務委員会第17回会議により可決され，同日中華人民共和国主席令第36号として公布され，2011年4月1日から施行されている。

同法は，裁判離婚について，次のように規定している。

第27条　裁判離婚については，法院地の法律を適用する。

第51条　中華人民共和国民法通則第146条及び第147条，中華人民共和国継承法第36条が本法の規定と一致しないときは，本法を適用する。

4　離婚の際の未成年の子の親権者の指定

中国においては，父母と子の関係は，父母の離婚によって消滅することはないとされ，離婚後子は父又は母のいずれに直接養育されるかを問わず，依然として父母双方の子であり，離婚後も父母は子に対し依然として扶養及び教育の権利と義務を有するとしている（婚姻法36Ⅰ・Ⅱ）。そして，父母が離婚するときは，子と財産問題を既に適切に処理していることが明確になっていなければならないとされている（婚姻法31）が，離婚の際に父母の協議で未成年の子の親権者を定めることができる旨の規定がないので，子の親権者を母とする中国人夫と日本人妻との協議離婚届があった場合は，これを受理することはできない。もっとも，離婚の際に子を扶養する者を定めるべきものとしていた（婚姻法旧24・29）ので，もし，その記載が子を扶養する者として母を指定した趣旨であるとすれば，その旨を離婚届書の「その他」欄に記載させた上，これを受理して差し支えないとされていた（昭52．10．6民二第5114号回答，同旨，福岡家審昭56．7．28家裁月報34・1・

161

84）が，2001年の改正で離婚後授乳期間中の子は，授乳する母親によって養育されることを原則とし，授乳期後の子について，父母双方の間に養育問題で争いが生じ，協議が成立しないときは，人民法院が子の権益及び父母双方の具体的情況に基づいて判決するとしている（婚姻法36Ⅲ）。

なお，中国法には親権という概念はなく，婚姻中のみならず，離婚後においても父母は共同して子を監護教育する義務があるものと解される（札幌地判昭43．8．20家裁月報21・6・81，東京家審昭49．3．28家裁月報26・8・99）。

第6　国籍喪失届

①　国内に2つの政府が対立し，互いに自らがその国を代表する正統政府であり，その制定した法は，全領土，全住民に及ぶと主張している分裂国家において日本国民が自己の志望によってその外国の国籍を取得したとき，我が国がその外国国籍の取得をもって昭和59年の改正前の国籍法第8条（現第11条第1項）により日本国籍を喪失したと判断するに当たっては，我が国がその国を代表する正統政府として承認した政府の国籍法規を適用すべきものと解される（醍醐・前掲書19頁）。したがって，我が国が中華人民共和国政府を承認する以前において同国で日本国民が自己の志望によって同政府より中国国籍を付与されたとしても，我が国としては，直ちにその者を中国国籍を有する者とは認めず，我が国が中華人民共和国政府を正統政府として承認したことにより同政府の法により国籍を付与されている者，すなわち，同政府より中国国民と把握されている者を我が国としては中国国籍を有する者として取り扱うこととされている。この場合に前記日本国民が我が国の国籍を喪失するか否か，喪失するとすれば，その時期はいつかについては，我が国の国籍法規の解釈の問題であると解されている。

そこで，我が国が中華人民共和国政府を承認する以前に，日本国民が自己の志望によって同政府の法により中国国籍を付与された効果は，我が国が同政府を承認した時に顕在化するものとして，同政府の承認の日に中国

国籍を取得したものと解し，同日本国民は，我が国が中華人民共和国を承認した日，すなわち，昭和47年9月29日をもって日本国籍を喪失したものとして取り扱うこととされている（昭49.10.11民五第5623号回答**《資料》**）。

②　日本人が中国本土に居住していた当時自己の志望によって中華人民共和国の国籍を取得した事実は，事件本人の供述及び中国旅券によって認定して差し支えない（昭51.6.1民五第3254号回答，昭53.12.27民二第6788号回答）。

③　終戦当時中国に在住していた日本人の中には，中国当局の逮捕を恐れて中国人と偽って中国の身分証明書を取得した者も多数あったが，昭和59年の改正前の国籍法第8条（現第11条第1項）に規定する日本国籍喪失の事由としての自己の志望によって外国の国籍を取得したときとは，自己の任意な意思による外国国籍の取得をいうものと解されるので，これらの日本人を自己の志望によって外国国籍を取得し，日本国籍を喪失した者として取り扱うことは，当時の状況から相当でないと解される。したがって，このような事実が認められる限り，その者は自己の志望によって外国国籍を取得したものと解すべきではない（昭31.5.17民事甲第1048号回答）。

④　中国からの一時里帰り等の目的で中国旅券又は渡航証明書を所持して我が国に入国（帰国）した者のうち，自己の志望により中国国籍を取得したと思われるが，日本の戸籍が除籍されていない者については，市町村長から管轄法務局に対して日本国籍の有無について照会して差し支えない（昭50.12.20民五第7154号通知）。

第6章　中国関係事件の戸籍の処理

【資料】　国務院総理発給の中華人民共和国入籍許可証書

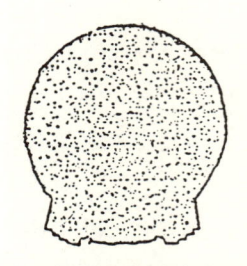

第7　戸籍訂正

①　昭和28年にされた婚姻届により新戸籍が編製された日本人夫婦から，その後昭和23年に中国ハルピン市において婚姻していた旨の中華人民共和国公証処公証員発給の結婚証明書を提出して婚姻年月日の訂正方の申出があった場合は，戸籍法第114条に規定する戸籍訂正手続により昭和28年にされた婚姻に関する記載を消除した後，同結婚証明書に基づき婚姻に関する戸籍の処理をしなければならない。

なお，この戸籍訂正申請がされない場合は，戸籍法第24条第2項に基づく訂正処理をして差し支えない（昭40.6.29民事甲第1453号回答）。

②　中国人男と婚姻した日本人女の戸籍に同男との婚姻の記載がなく，かつ，添付の関係証明資料等によっては，同人らにつき中国の方式による婚姻が成立していたことを確認することが困難な事情にあるときは，その間に出生した子について，日本人女から嫡出でない子とする出生届があれば，これを受理するほかないとする従来の先例に従って日本人母の戸籍に入籍している子について，その後父母の婚姻がその子の出生前に成立していることが明らかになった場合は，その子は日本人母が中国人父との婚姻中に出生した嫡出子であり，昭和59年の改正前の国籍法第2条各号のいずれにも該当しないので，日本国籍を有しないことになる。したがって，その子が母の戸籍に入籍したのは錯誤ということになるので，戸籍法第113条又は同法第24条第2項の規定により同人の戸籍を消除する戸籍訂正をしなければならない（昭53.11.7民二第6054号回答）。

③　日本人を父母として日本内地で出生し，戦時中両親とともに満州に渡った日本人女が，終戦後間もなく父母が死亡したため，中国人に養育され，昭和27年中国人男と婚姻し，昭和51年日本に里帰りのため，中国旅券を所持して帰国したところ，自己の志望により中国国籍を取得したものとして取り扱われ，日本国籍を喪失したとして日本戸籍から除籍された。その後裁判の結果，中国国籍を取得した事実関係が証拠上明らかでなく，結

第6章　中国関係事件の戸籍の処理

局自己の志望により外国の国籍を取得したと認めることはできないとして日本国籍を有することが確認された事例がある（東京地判昭54.1.23判例時報915・47）。

第7章　在外公館における戸籍事務の処理

第1節　在外公館長の権限

第1　受理権限

　外国に駐在する日本の大使等（以下「在外公館長」という。）は，その国に在住する日本人の戸籍に関する事務を処理する権限を有している（戸40）。ただし，在外公館には，戸籍簿の備付けがないので，戸籍事務のうちでも戸籍の記載という事務はなく，届出の受理に関する権限のみを有している。したがって，在外公館長は，在外日本人の出生・死亡等の報告的届出のほか，日本人相互間の婚姻・養子縁組等の創設的届出を受理する権限を有している（民741・801）が，日本人と外国人との間の日本法による方式の創設的届出を受理する権限を有しない。

　これは，在外公館長に戸籍事務に関する権限を付与したのは，主として外国に在住する日本人の便益の保護のために市町村長が戸籍に関する事務を管掌することの例外として認められたものであるから，当事者の一方が外国人である場合は，その便益を考慮する必要がないと考えられるからである。ただし，在外公館長がこれらの届出を誤って受理し，日本人の本籍地市町村長に送付したときは，送付を受けた市町村長が届出を受理したときに届出の効力を生じるものとしている（大15．2．3民事第281号回答，昭11．2．3民事甲第40号回答，昭28．12．25民事甲第2495号回答）。

　また，外国に在住する日本人が戸籍法及び国籍法上の届出をするに当たって居住地から近いという理由等でその居住国以外の国に駐在する在外公館長に届出をしたときは，特別な事情があると認められる場合は便宜受理して差し支えない。その届出の効力は，当該在外公館長の受理によって生じる（昭40．12．14民事甲第3440号回答，昭44．1．8民事甲第4号回答）。

第7章　在外公館における戸籍事務の処理

第2　審査義務

　在外公館長は，戸籍法第41条の規定により提出された婚姻証書等の謄本の受否を決するに当たっては，その身分関係成立の実質的要件について特に審査する必要はないものと解される（昭25.1.23民事甲第145号回答）。
　これは，婚姻証書等の方式の適法性を証明することによって，その実質的要件の適法性も間接的に証明しているものと解されるからである。しかし，婚姻証書等の謄本により実質的要件が明らかに欠けていることが判明し，その欠缺が当然無効を来たす場合には，当該婚姻証書等の謄本を受理することはできない。実質的要件の欠缺が単に婚姻等の取消原因にすぎない場合には，形式的要件についてその婚姻証書が正当な発給権者が発行したものであること，また，婚姻成立の年月日並びに当事者が特定されていること，婚姻等の方式が挙行地の法律により適法になされたかどうかを審査し，これに違反していることを認めたときは受理することはできないが，これに違反していないことを認めたときは受理しなければならない（昭5.9.29民事第890号回答，昭44.5.17民事甲第1091号回答）。

第3　戸籍届書の処理

　在外公館において受理した戸籍の届書は，外務省を経由して本籍地市町村長に送付されるが，在外公館で受理した戸籍の届書に不備があるため，戸籍の記載をすることができない場合の取扱いについては，当該届書の送付を受けた市町村長が当該届書を管轄法務局を経由して法務省に回送し，法務省が外務省を経由してこれを在外公館に返戻することとしていた（昭25.5.23民事甲第1357号通達）が，事務の効率化により戸籍への身分事項の登載をより迅速化するため，外務省との協議の結果，今後は，次のとおり行うこととされた（平22.7.21民一第1770号通達）。
1　届書の不備が軽微であり，外務省及び在外公館を通じて届出人に事実関係を確認することによって戸籍の記載をすることができる場合

市町村長は，外務省を通じて在外公館に対し，届出人への事実関係の確認を依頼し，在外公館において届出人に確認した事項について外務省から連絡を受けたときは，届書の不備の箇所に補正事項を記載した符せんをはる等の方法を執った上で，戸籍の記載をする。
2 届書の追完によって届書の不備を補正することができる場合
　市町村長は，外務省を通じて在外公館に対し，届出人に届書の追完を促すよう依頼し，届出人から在外公館及び外務省を経由して遅滞なく追完がされたときは，これに基づき戸籍の記載をする。
　市町村長は，届出人から遅滞なく追完がされないときは，関係戸籍の謄本若しくは抄本又は戸籍法第120条第1項の書面（以下「謄抄本等」という。）を添付して管轄法務局を経由して当該届書を法務省に回送する。当該届書は，法務省において外務省を経由して在外公館に返戻する。
3 届出人への事実関係の確認又は届書の追完によって届書の不備を補正することができない場合
　市町村長は，直ちに謄抄本等を添付して管轄法務局を経由して当該届書を法務省に回送する。当該届書は，法務省において外務省を経由して在外公館に返戻する。
　なお，不備のある届書等を受理した後の補正方法は，原則として追完の手続（戸45）によるが，その誤記，遺漏等の不備の内容が軽微であり，かつ，関係戸籍の記載と対比して事件本人の同一性が十分に確認できる場合には，迅速な戸籍の記載処理という要請（戸規24）から，市町村長が便宜不備な箇所を補正して処理することが認められている（大3.12.28民第1125号回答等）ので，届書の錯誤又は遺漏が軽微であると判断される事案については，外務省への確認依頼をすることなく処理して差し支えない。外務省への依頼の要否について疑義がある場合には，管轄法務局に照会するのが相当である。
　また，外務省における円滑な事務遂行に配慮する観点から外国人（事件本人，事件本人の父母等）の氏名のカタカナ表記の適否の確認，日本国

第7章　在外公館における戸籍事務の処理

内に住民票が存在することにもかかわらず，外国の住所が記載されていることを指摘するための連絡等については，その多くは外務省を経由して届出人に確認を要するものではなく，届書の処理に支障となるものではないので，逐一外務省に問い合わせをせず，疑義がある場合には，管轄法務局に照会するのが相当である（梶谷・「在外公館で受理した戸籍の届書に不備がある場合の取扱いについて」民事月報65・9・82）。

第2節　各種の届出

第1　出　生　届

　在外公館で使用する出生届書の様式については，在外公館における届出事件の処理の適正化を図るため，平成6年10月21日付け法務省民二第6517号民事局長通達で示された出生届書の様式に父及び母の国籍を記載させる欄を設け，国籍留保に関する届出事項をあらかじめ印刷することとしたほか，同届の「記入の注意」の記載事項を整備改善した次の様式のとおりで差し支えない（平6.11.30民二第8202号通達）。

第2節 各種の届出

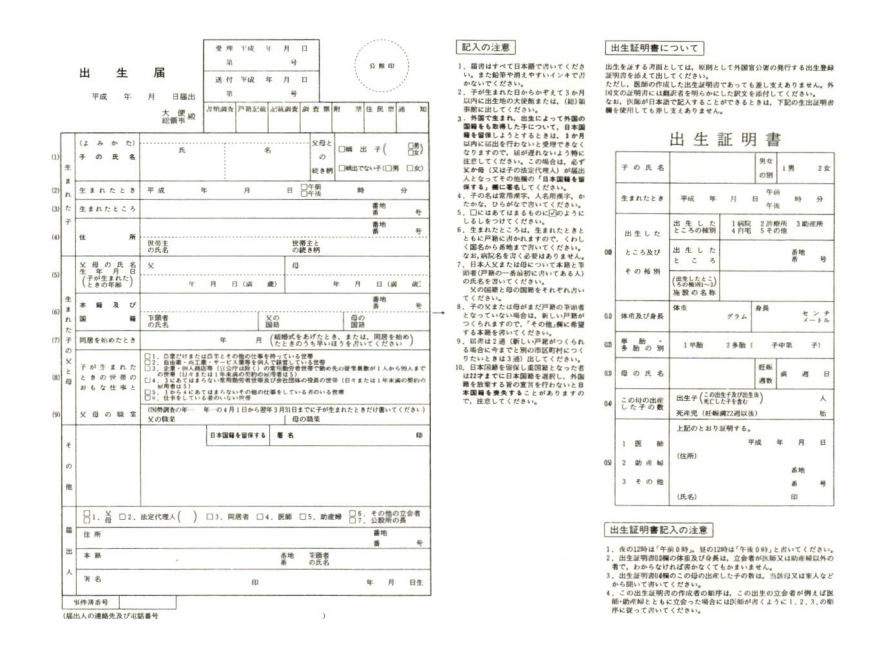

第2 国籍留保の届出

1 国籍留保の意義

　国籍法第2条第1号又は第2号の規定によって日本国民となるべき者が出生地主義国，すなわち，自国内で出生した子に対してその父母が自国民であると外国人であるとを問わず，自国の国籍を付与する法制をとる国で出生した子に限らず，事由のいかんを問わず，出生により外国の国籍をも取得した子で国外で生まれた者は，国外で出生した子の出生届の法定届出期間内である出生の日から3か月以内に出生の届出とともに日本の国籍を留保する意思を表示しないときは（戸104Ⅰ），その出生の時にさかのぼって日本の国籍を喪失することとされている（国12）。

　この国籍留保の規定は，大正13年法律第19号国籍法の一部改正によって初めて制度化され（旧国籍法20ノ2），同年12月1日から施行された。した

171

第7章　在外公館における戸籍事務の処理

がって，それ以前である大正13年11月30日以前に出生地主義をとる外国で生まれて，その国の国籍を取得した日本人父母間に出生した子は，国籍留保の届出をするまでもなく，引き続き日本の国籍を有し二重国籍者である。また，旧国籍法施行当時（昭和25年6月30日以前）は，国籍留保の届出を要する者は，出生地主義国のうち，勅令で指定された国，すなわち，アメリカ合衆国，アルゼンチン，ブラジル，カナダ，チリー，ペルー（以上大正13年12月1日施行），メキシコ（昭和11年7月1日施行）で出生した者と限定されていたので，その他の出生地主義国で出生した者については，国籍留保の届出をしなくても日本の国籍を有している。ところが，昭和25年5月4日法律第147号で現行国籍法が公布され，同年7月1日から施行されたが，同国籍法では，出生地主義国で出生した者は，すべて国籍留保の届出をしなければ，日本の国籍を保有することができないものとされた（改正前国籍法9）。

　その後，昭和59年の国籍法の改正によって，従来，国籍留保の届出を要する者は「外国で生れたことによってその国の国籍を取得した日本国民」と規定していたものを，「出生により外国の国籍を取得した日本国民で国外で生まれたもの」と改めた。

　これは，改正前の国籍法は父系血統主義を採っていたが，改正後の国籍法では，父母両系血統主義を採用したことによって，父母の一方が外国人であるときは，「出生」という事実によって，生来的に「重国籍者」となる場合が多くなった。しかも，日本国外で出生した場合は，地縁的にも日本との結び付きが弱いことから，形骸化した日本国籍者の発生を防止するため，出生子に日本の国籍を留保したいという場合は，日本の国籍を留保することの意思表示が必要であるということにしたものである（細川・「改正国籍法の概要」民事月報39巻号外23頁，法務省民事局第五課職員・新しい国籍法・戸籍法115頁）。

　このような改正の結果，従来は生地主義国で出生した場合にのみ国籍留保の意思表示を要するとされていたのに対して，改正後の国籍法において

は，生地主義国で出生した場合のみならず，父母の一方が外国人であって，出生によって父又は母の外国国籍を取得する者で国外で生まれた者については，日本の国籍を留保するとの意思表示をしない限り，その出生の時にさかのぼって日本国籍を喪失するということとなった。すなわち，改正後の国籍法によって国籍留保の意思表示をしないと日本国籍を失う子とは，

① 出生によって外国の国籍を取得したこと
② 日本国民であること
③ 国外で生まれたこと

の3要件を充足している子ということになる。

なお，昭和59年の改正前の国籍法第9条の規定は，外国で出生した子がその出生の事実のみによって当該国の国籍を取得する場合にのみ適用されるものであり，出生の事実のほか，他の条件を充たすときに当該国の国籍を取得する場合は，改正前国籍法第9条で規定する出生地主義国に当たらないとされていた（昭30.2.22民事甲第331号通達）《注》。

《注》 出生による国籍取得国については，日本加除出版法令編纂室・「出生による国籍取得に関する各国法制一覧」（平成23年戸籍実務六法（日本加除出版）1495頁）を参照されたい。

2 届出の方法

国籍留保の意思表示は，戸籍法第104条の届出によってされるべき要式行為であって，その効力は届出によって生じる創設的届出である。この意思表示は，通常出生届書の「その他」の欄に「日本国籍を留保する。」旨を記載すべきものとされるが，別個の書面で出生届書とともに提出しても差し支えないものとされている（大13.11.14民事第11606号回答）。

国籍留保の届出は，戸籍法第52条第1項又は第2項に規定する出生届の届出義務者及び同条第4項に規定する出生届の届出資格を有する者，すなわち，子が嫡出子であれば父又は母，もし，子の出生前に父母が離婚している場合は母，子が嫡出でない子であれば母，これらの者が届出をすることができない場合には，その者以外の法定代理人が出生の日から3か月以

第7章　在外公館における戸籍事務の処理

内に出生の届出とともに日本の国籍を留保する旨を届け出なければならない（戸104Ⅰ・Ⅱ）。したがって，戸籍法第62条の規定に基づく出生の届出の場合は，国籍留保の届出については，出生届の届出義務者である母からしなければならない（昭39.10.16民事甲第3389号回答）。

　これは，国籍留保の届出のような国籍の得喪にかかわる重要な事項については，出生子と密接な関係を有し，かつ，法定代理人ともなるべき父又は母によって決定されることが適当であるとの趣旨によるものと解される（木村・「戸籍実務の処理」戸籍401・21）。

　なお，日本人である父が商用で外国に出張中のため国籍留保の届出をすることができないときは，外国人である母から有効に国籍留保の届出をすることができるものとされている（昭46.4.23民事甲第1608号回答，昭59.11.1民二第5500号通達第3，4(2)）。

　届出義務者が法定期間内に出生及び国籍留保の届出をしないで死亡した場合は，届出義務者以外の者はもはや国籍留保の届出をすることができない（昭25.8.5民事甲第2128号回答）。また，戸籍法第52条第1項又は第2項に規定する届出義務者以外の者，例えば，事実上の父が「同居者」としてした国籍留保の届出が在外公館において受理され，本籍地市町村長に送付された場合は，国籍留保の意思表示が届出義務者の意思によるものであるか否かをその届出を受理した在外公館に調査を依頼し，その結果，当初から届出義務者が国籍留保の意思を有していたにもかかわらず，届書の届出人の資格・氏名が誤記されたものであることが認められるときは，届出義務者から届出人の資格・氏名を訂正する追完届をさせて処理して差し支えない（昭39.3.6民事甲第554号回答）。

　在外公館が法定届出期間内にされた国籍留保の記載のない出生届を受理し，これが本籍地市町村長に送付されたときは，別に国籍留保の旨の追完届をさせて処理して差し支えない（昭35.6.20民事甲第1495号回答，昭38.2.21民事甲第526号回答，昭40.7.19民事甲第1881号回答）。

　なお，この場合，届出人が所在不明又は死亡等のため，追完届をさせる

ことができないときは，出生の届出自体をもって国籍を留保する意思表示と解し，国籍留保の届出がされたものとして，届出人が所在不明又は死亡等によって届書に国籍留保の意思表示の記載を追完させることができない旨を付せん等，適当な方法によって明らかにして，これを処理して差し支えない（昭32．6．3民事甲第1052号回答）。

3 届出期間経過後の届出

① 国籍留保の届出は，出生の日から3か月以内にしなければならないが，この期間を徒過したときは，これによって国籍を留保する権利は消滅し，日本の国籍をその出生の時にさかのぼって喪失するので，同法定期間経過後の国籍留保の届出はもちろん，出生届自体も受理できない。しかし，天災その他出生届出義務者等の責めに帰することのできない事由によって法定期間内に届出をすることができないときは，届出をすることができるに至った時から14日の期間内に届出をすることができることとされている（戸104Ⅲ）。届出義務者等の責めに帰することのできない事由で法定期間を経過した後に届け出られたものについては，その事由を具体的詳細に記載した「届出遅延理由書」を提出させなければならない。

② 出生届出義務者等の責めに帰することのできない事由については，個々の事案について審査し，慎重に判断して受否を決定しなければならないが，これに関する戸籍先例を整理すると，次のとおりである（神崎・「戸籍法第104条第2項（現第104条第3項）に規定する『届出義務者の責に帰することのできない事由』に関する具体例」戸籍380・20参照）。

なお，昭和59年の戸籍法の改正により国籍留保届の届出期間が郵送その他の諸般の事情を考慮して14日から3か月に伸長されたこと及び不留保者が国籍を再取得することが容易になったこと（国17Ⅰ）等から，戸籍法第104条第3項の「届出義務者等の責めに帰することができない事由」に該当するか否かについては，戸籍法の改正前にその事由に該当するものとされたものであっても，戸籍法が改正された趣旨を踏まえて慎重に判断することを要する。

第7章　在外公館における戸籍事務の処理

A 届出義務者等の責めに帰することのできない事由に該当するとされた事例

(a) 出生証明書が届出期間内に発行されなかった場合

㋐　ニュー・ヨーク市役所記録課で出生証明書が届出期間内に発行されなかったため、出生後22日を経過して届け出たもの（昭35.1.19民事甲第147号回答）。

㋑　出産に立ち会った医師が夏季休暇等のため、出生証明書が得られず、約3か月遅れたもの（昭44.3.5民事甲第390号回答、昭51.8.12民二第4580号回答）。

㋒　現地の公衆衛生局の出生登録の誤りのため、その訂正手続に日時を費やしたので、出生証明書の入手が遅れて届出期間を経過し、領事館においても届出を受理できないとして帰国後手続をするよう指導されたため、約1年6か月遅延したもの（昭37.4.17民事甲第1064号回答）。

㋓　所属地域の総合事務所（日本の地方公共団体に相当する）に届出のための正式の出生証明書の発行方を申請したが、登記事務所の係官の手違いにより正式の出生証明書の発行が1年5か月遅れたもの（昭55.6.23民二第3889号回答）。

(b) 在外公館の所在地から遠隔地に居住していた場合

出生地である移住地が新開拓地のため、極めて交通不便なところであり、また、出生当時在外公館も設置されておらず、届出の方法もないまま出生後約2年1か月を経過して届け出たもの（昭35.9.16民事甲第2309号回答）。

(c) 届書の不備に基因する場合

在外公館において出生届の不備を補正させるため、届出人に届書を返送したところ、約1か月後に再提出されたもの（昭39.2.5民事甲第273号回答）。

(d) 郵便が到達しなかった場合

第 2 節　各種の届出

　　　子の出生後直ちに届書を領事館あて郵送したにもかかわらず、何らかの事情によって届書が領事館へ到達していなかったので、約 5 年 10 か月後に再提出したもの（昭34. 7. 2 民事甲第1368号回答、昭56. 3. 9 民二第1475号回答）。

(e)　届出義務者の不在等の事情がある場合

　㋐　届出義務者である父が子の出生当時に在外公館の所在地外に出張中であり、かつ、母は産後も病臥していたため、届出期間を徒過して届け出たもの（昭31. 5. 18民事甲第1044号回答、昭49. 2. 9 民二第961号回答、昭51. 8. 12民二第4580号回答、昭54. 8. 14民二第4313号回答）。

　㋑　出産の際妻は帝王切開手術を受けたが、手術後の経過が悪く、半月ほどは重態の状態であったため、夫は側を離れることができず、また、居住地は国境地にあり、大使館の所在地とは遠かったため、約 1 か月遅延したもの（昭46. 12. 21民事甲第3592号回答、昭50. 5. 20民二第2602号回答、昭52. 2. 10民二第1132号回答、昭52. 3. 14民二第1604号回答）。

(f)　現地の事情に不案内であった場合

　㋐　渡米後日が浅く土地に不案内であり、また、言語が不自由なため、子の出生後約 2 週間を経過して届け出たもの（昭32. 3. 7 民事甲第463号回答）。

　㋑　海外における事情に不案内の上、居住地が人口希少な遠隔地であり、適当な手続について忠告を受ける人もいなかったので、約 4 か月以上遅延したもの（昭40. 7. 30民事甲第1928号回答）。

(g)　戦争等の特殊事情がある場合

　　　戦争により国交の断絶があり、出生当時ブラジル駐在の在外公館が閉鎖されていたため、父母が日本へ帰国後14日以内に届け出たもの（昭27. 10. 22民事甲第483号通達、昭28. 4. 20民事甲第656号通達）。

(h)　公務員から届出期間に関連して誤った教示を受けた場合

　㋐　届出人が関係役場に対して出生届の期限を問い合わせたところ、

「満了日が休日であるため，満了日の翌日までに届け出ればよい」との回答を得た事実が認められ，その回答に従って届出をしたもの（昭62.1.26民二第287号回答）。

④　当初の出生届は，偶発的な郵送中の事故により紛失したため，再度の届出について大使館に問い合わせたところ，届出期間を経過しているので，再度の届出は不可能との回答で届出用紙を交付してもらえなかった。届出人は，本籍地等に照会した結果，再度の届出は可能との回答を得たので，大使館に届出用紙の交付を求め，大使館から届出用紙の交付を受けることができた6日後に再度届出をしたもの（平9.3.11民二第445号回答）。

(i)　その他

㋐　届出期間内に国籍留保の意思表示とともに出生の届出を第三者に依頼したが，依頼を受けた第三者が在外公館へ届出をしなかったものとみられ，日本へ帰国後再提出したもの（昭37.10.1民事甲第2786号回答）。

㋑　日本人男と離婚した外国人女の胎児を他の日本人男が認知し，その子がアメリカ合衆国で出生し，その出生の日から3か月を経過した後に，外国人女からその子と前夫との親子関係不存在確認審判の審判書の謄本等を添付してされたもの（平12.3.29民二第765号回答）。

B　届出義務者等の責めに帰することのできない事由に該当しないとされた事例

(a)　法令の不知による場合

改正前国籍法第9条の規定を知らなかったため，出生後約5か月を経過して届け出たもの（昭34.11.21民事甲第2568号回答）。

(b)　出生証明書の入手が遅延した場合

国籍留保の届出に先立ちまず外国の方式により既に成立している婚姻の届出をし，その後出生届のため，出生証明書を入手しようとしたところ，出産に立ち会った医師が洋行不在中のため，出生証明書を得

ることができなかったので，約2年遅延したもの（昭39．6．17民事甲第2096号回答）。
(c) 在外公館の所在地から遠隔地に居住していた場合
　㋐　出生届出期間を知らず，また，これを知っていても産後の妻を置き交通通信の不便な開拓地から14日以内に関係機関まで足を運ぶことは到底不可能であったとして6年4か月遅延したもの（昭41．6．8民事甲第1239号回答）。
　㋑　妻は，日本語が不自由で，産後の日だちが悪く家を離れることができず，1年後に領事館に赴いた結果，直接本籍地へ送付するよう指導されたが，添付された出生証明書によれば，出生して7日後に出生の登録をしており，郵便事情の発達した現在においては，直ちに領事館又は本籍地に対して郵送による届出ができると思われるもの（昭58．10．31民二第6212号回答，平9．3．11民二第446号回答）。
　㋒　日本の在外公館はなかったが，日本との通信事情もよく，子供は自動的に日本国籍をもらえるものと思っていて，国籍留保の届出についての法令を知らなかったため，出生後4か月余を経過して届け出たもの（昭62．3．20民二第1357号回答）。
(d) 届出義務者が職務多忙であった場合
　㋐　所在国外への出張が多く，極めて多忙であったことに加えて個人的にも全く孤立しており，適当な相談相手もなかったため，3か月以上遅延したもの（昭47．1．27民事甲第560号回答）。
　㋑　届出義務者が職務多忙のため，出生後6年を経過して養父に日本へ帰国の際に届出を依頼したが，届出がされなかったので，更に5年を経過して届け出たもの（昭34．8．24民事甲第1871号回答，昭33．10．11民事甲第1758号回答）。
(e) 海外の事情に不案内であった場合
　　子の出生当時外地駐在の勤務の日が浅く，事情が不案内であったため，6か月以上遅延したもの（昭34．1．14民事甲第23号回答）。

第7章　在外公館における戸籍事務の処理

　（f）　婚姻手続が遅延した場合

　　　両親から結婚に反対されていたので，婚姻手続が遅延したため，出生届が約4か月遅延したもの（昭53.11.10民二第6153号回答）。

　（g）　その他

　　　日本へ帰国する間近かに出生したが，出生証明書を得るのに1か月以上要すると聞いていたため，帰国後届け出たもの（昭34.11.21民事甲第2568号回答）。

　③　在外公館において届出期間経過後にされた国籍留保の届出を受理するに当たっては，その届出の遅延の事由に疑問があり，受否を決し難い場合には，外務省を経由して法務省の指示を得た上で処理することとされている（昭46.6.24民事二発第158号通知）。

　そこで，在外公館長においてかかる届出を疑義なしとして受理した場合においては，同受理をもって届出は，重大かつ明白な瑕疵がない以上直ちに効力を生じ，在外公館長と同一の職務権限を有する戸籍事務管掌者である市町村長は，既に在外公館長により有効に受理された届出を戸籍に記載しなければならない（昭46.7.23民事甲第2423号回答）。したがって，市町村長は，独自の判断をもって更にその届出の受否を決することはできないが，在外公館長の受理の判断に疑義が生じたときは，管轄法務局の長に指示を求めた上で処理するのが相当である《注》。

　④　アメリカ人男乙と裁判離婚した日本人女甲が昭和43年11月アメリカ合衆国カリフォルニア州で出生した子丙について，乙丙間の嫡出否認の裁判が昭和44年4月確定した場合，丙については，その出生後嫡出否認の裁判が確定するまでの間は，我が国の改正前国籍法の規定を適用する余地がなく，同裁判の確定によって初めてその適用を受けることになるから，当該国籍留保の届出の遅延理由は，いわば法律上の障害に起因するものであるが，これは，改正前戸籍法第104条第2項（現第104条第3項）にいう届出義務者の責めに帰することのできない事由に該当するものと解されるので，同裁判の確定の日から14日以内に甲から丙の出生及び国籍留保の届出

があれば，受理して差し支えない。

　なお，アメリカ合衆国で出生した日本人夫婦丙丁の嫡出子戊を日本人夫婦甲乙の子として虚偽の出生及び国籍留保の届出がなされた後，甲乙と戊との間に親子関係不存在確認の裁判があった場合は，その届出遅延の理由は専ら虚偽の出生届に起因するものであるから，改正前戸籍法第104条第2項（現第104条第3項）にいう届出義務者の責めに帰することのできない事由には該当しないので，改めて丙から戊の出生及び国籍留保の届出は受理すべきでない（昭44.12.6民事甲第2568号回答）。

⑤　国籍留保の届出について法定の届出期間の満了の日が日曜日に当たるため，その翌日に提出された届書を在外公館において受理し，本籍地市町村長に送付された場合は，正当な遅延理由書の添付があれば，法定記載例4の記載をし，遅延理由書の添付がないときは，外務省を経由して返戻しなければならない（昭52.11.10～11愛媛県連合戸籍事務協議会決議第1問）。

⑥　国籍留保の届出の期間経過後に本籍地において受理された出生届に対する国籍留保の追完届は，改正前戸籍法第104条第2項（現第104条第3項）の「出生届出義務者の責に帰することのできない事由」があるときは，これを受理して差し支えない（昭56.2.23民二第1255号回答）。

　《注》　質疑応答〔916〕戸籍267・74

4　国籍留保の届出を要しない者

　国籍の取得について出生地主義をとる国に駐在する日本の大使・公使及びその他の職員（参事官，書記官等）の子が当該駐在国で出生した場合には，当該出生子は，国籍法第12条及び戸籍法第104条に規定する国籍留保の届出をするまでもなく引き続き日本の国籍を保有する。

　これは，出生地主義をとる国でも当該国に駐在する外交官等については，出生による国籍の取得を認めないのが国際礼譲とされているからである。したがって，かかる者の出生届に基づく戸籍の記載は，戸籍法第104条による一般の場合と区別して届出人の資格の下に「（同国駐在大使館職員）」と記載することとされている（昭32.9.21民事甲第1833号通達）。

第7章　在外公館における戸籍事務の処理

　なお，国籍取得について出生地主義をとる国がその国に駐在する外国公館の職員の子に当該国の国籍の取得を認めるかについては，その国の法令その他で定まるから，その子について国籍留保の記載を要するか否かは，本籍地市町村長では必ずしも明らかではないので，在外公館において出生地主義をとる国で出生したが，当該国の国籍を取得しない者の出生届を受理する場合には，出生地国の法令又は当該官憲について十分調査確認して「在外公館の職員の子にして，かつ，出生地国の国籍を取得しない者である。」旨を出生届書の「その他」欄に記載するか，又は付せんをちょう付するなど適宜の方法により明示して送付しなければならない（昭32.12.14民事甲第2372号通達）。

　5　戸籍訂正等

　①　旧国籍法第20条ノ2の勅令指定国，又は，改正前国籍法第9条（現第12条）に規定する出生地主義国で出生した子について，法定届出期間の経過後にされた出生届及び国籍留保の届出を受理し，戸籍の記載がされている場合は，その受理が昭和25年6月30日以前であるか，同年7月1日以後であるかを区別して，次のとおり処理することとされている（昭33.12.23民事甲第2613号通達）。

Ⅰ　昭和25年7月1日以後に受理されている者については，届出義務者の責めに帰することのできない事由のため期間を経過したものである旨がその戸籍に記載されていない場合は，市町村長は戸籍法第24条第1項により当該届出人又は事件本人に対して同法第113条に規定する戸籍訂正申請をすべき旨を通知し，その訂正申請をしないときは，同法第24条第2項の規定により管轄法務局の長の許可を得て職権をもって，その者の戸籍の記載を消除しなければならない。

Ⅱ　昭和25年6月30日以前に受理されたものについては，その受理が出生後2か月を経過した後のものである場合は，前記Ⅰの取扱いにより処理しなければならない。

　なお，市町村長は，戸籍訂正の申請をすべき旨を通知するに当たって

は，あらかじめ届出人又は事件本人から申述書を求めた上（申述書の提出に応じないときは，市町村長がその旨を明らかにする書面を作成し），管轄法務局の長の指示を受けなければならない。管轄法務局においては，その指示を求められたときは，保存しているその者の出生届書について届出期間経過の事由の記載の有無及びその適否等を慎重に調査し，戦時及び終戦後の特殊事情により特別の取扱いが認められたもの（昭23. 6. 24民事甲第1989号通達，昭24. 12. 13民事甲第2866号通達，昭27. 10. 22民事甲第483号通達，昭28. 4. 20民事甲第656号通達）その他，特段の事由がある場合を除き，届出義務者の責めに帰することのできない事由のため期間を経過したものでないことを確認した上，戸籍訂正の申請をさせるように指示する。もし，その申請をしない場合には，市町村長が職権訂正をするにつき前記事項を再確認の上，その許可を与えなければならない。

② 旧国籍法施行当時勅令指定国で出生した者について，国籍留保の届出期間経過後に出生の届出がされ，戸籍に記載されている場合は，その子の父が同国駐在の大使館員であるときは，管轄法務局の長の許可を得て，同出生事項の届出人の資格の下に「（同国駐在大使館職員）」と補記して差し支えない（昭35. 5. 25～26第12回四国地区連合戸籍事務協議会総会決議第3問）。

③ 旧国籍法施行当時国籍留保の届出期間経過後にされた出生届に基づき戸籍に記載されている者について，管轄法務局に保存の出生届書に添付の遅延理由書によって届出義務者の責めに帰することのできない事由のため，届出期間を経過したものであることが判明した場合は，戸籍法第24条第2項の規定により管轄法務局の長の許可を得て，その者の身分事項欄の出生事項中「……届出」の次に「（責に帰することのできない事由のため期間経過）」の旨を挿入付記して差し支えない（昭34. 5. 14民事甲第988号回答，昭34. 7. 2民事甲第1368号回答）。

なお，国籍留保の届出が届出義務者の責めに帰することのできない事由により届出期間を経過したものであるか否かの確認ができないときは，戸

籍はそのままにしておくほかなく,「(責に帰することのできない事由のため期間経過)」の旨を記載することは相当でない（昭48．2．7民二第1217号回答)。

④　出生の年月日を偽って出生及び国籍留保の届出をしたため，二重国籍となっている者の戸籍については，出生年月日を訂正することにより国籍留保の届出期間経過後の届出となる場合は，出生の年月日を偽って届出をしたことから考慮して届出義務者の責めに帰することのできない事由があったものとは解されないので，国籍留保の届出は錯誤であるから，出生の時にさかのぼって日本の国籍を失うので，戸籍法第113条に規定する戸籍訂正の申請により出生の年月日を訂正すると同時に出生の記載を消除しなければならない（昭33．12．11民事甲第2545号回答)。

⑤　日本国籍を留保しなかった者について，就籍許可の審判があっても，これによって日本の国籍は取得しないので，就籍届は受理すべきでない（昭31．3．6民事甲第389号回答)。

第3　認　知　届

外国に在住する外国人男が日本人である妻の婚姻前の子についての認知届をその国に駐在する日本国領事に提出し，同領事から本籍地市町村に同届書が送付された場合は，同領事は外国人を当事者とする同届書を受理する権限を有しないので，届出人が日本法の方式により被認知者の本籍地市町村長に直接認知届をした場合と同様に解して当該認知届は，そのまま受理して差し支えない（昭36．12．5民事甲第2979号回答)。

第4　婚　姻　届

①　外国人を当事者とする婚姻届を受理するに当たっては，当該外国人の国籍を証する書面を添付しなければならないが，外国の方式で婚姻した日本人男と外国人女の婚姻届を在外公館において受理し，夫の本籍地に送付されたところ，婚姻証明書に妻の国籍の表示がなく，かつ，国籍を証す

る書面も添付されていない場合は，婚姻届書に妻が外国国籍を有するもののごとく記載されているときには，在外公館において妻の国籍を確認して受理したものと認めて戸籍の記載をして差し支えない（昭36．7．31民事甲第1869号回答）。

② 外国に在住する日本人夫婦がその国の方式に従って婚姻に関する証書を作らせ，戸籍法第41条の規定によりこれを提出する場合は，在外公館長は，その身分関係成立の実質的要件について特に審査する必要はないが，この書類には夫婦が称する氏又は戸籍法第30条に規定する届書記載事項等が記載されていないことが多いので，これらの書類を受理する場合は，必要に応じてその事項を申し出させ，受理した書類に添えて送付しなければならない（昭25．1．23民事甲第145号回答）。

③ 在外公館において重婚関係を生じる婚姻届を誤って受理した場合でも，同婚姻は，取り消されるまでは有効であるから，本籍地市町村長はそのまま婚姻の記載をしなければならない（昭30．9．27第26回九州各市連合戸籍及住民登録事務協議会決議第17問）。

第5　離　婚　届

外国に在住する日本人夫婦は，居住地の法律が協議離婚を認めていない場合でも日本の法律の規定によってその国に駐在する在外公館長に協議離婚の届出をすることができるが，夫婦が国籍を異にしているときは，在外公館長に協議離婚の届出をすることはできないものと解される。

これは，民法第741条の規定が日本人間の婚姻についてのみ適用があり，このことは離婚についても同様に解されるからである（昭26．9．13民事甲第1793号回答，昭28．6．4～5第5回福岡連合戸籍事務協議会決議第22問《注》）。夫が日本人で妻が外国人の場合において，同夫婦の協議離婚届を在外公館長が誤って受理し，夫の本籍地市町村長に送付されたときは，同市町村長の受理によって離婚の効力を生じるものとされていた（大15．2．3民事第281号回答，昭11．2．3民事甲第40号回答，昭28．12．25民事甲第2495号回答）。

これは，平成元年の法例の改正前においては，この場合における離婚の行為地は，協議離婚届が到着した地である日本と解されていたからである（法例8Ⅱ本文）。

ところが，平成元年の法例の改正によって，離婚の方式について規定が新設された。離婚の方式は，親族関係に関する法律行為の方式の一つとして，法例第22条が適用されることになった。第22条は「第14条乃至前条ニ掲ゲタル親族関係ニ付テノ法律行為ノ方式ハ其行為ノ成立ヲ定ムル法律ニ依ル但行為地法ニ依ルコトヲ妨ゲズ」と規定した。このため，従前は，離婚などの法律行為の方式は，行為の効力を定める法律と行為地法との選択的連結であった（法例8）が，法例の改正後は，離婚などの親族関係についての法律行為の方式は，行為の成立を定める法律と行為地法との選択的連結に変更された（法例22）。したがって，離婚は，夫婦の共通本国法，共通常居所地法，密接関連法が定める方式，あるいは，行為地の方式に従ってされたときに有効に成立することになる（南・「法例改正に関する基本通達の解説」前掲書80頁）。

この法例の改正によって，外国から郵送によりされた協議離婚の届出が法例第22条による適法な方式の離婚の届出となるか否かが問題となる。外国から郵送によりされた協議離婚の届出が有効となるためには，離婚が成立するための準拠法の方式によっているか，行為地法の方式によっていることが必要である（法例22）。

改正前法例によれば，外国に在住する日本人と外国人との間の協議離婚届は，日本人の本籍地に届書が郵送され，本籍地市町村長がこれを受理したときに日本を行為地として協議離婚が成立するものとしていた（昭26．3．6民事甲第412号回答）。ところが，法例では，婚姻の方式について「当事者ノ一方ノ本国法ニ依リタル方式」が新たに認められることとなったため（法例13Ⅲ本文），郵送による婚姻の届出は，行為地法の方式ではなく，当事者の本国法による方式と解されることとなったことから，協議離婚についても婚姻と取扱いを異にする理由がないので，外国から郵送によりされ

た協議離婚の届出についても日本を行為地とする取扱いはできないことになった。したがって，日本人と外国人の夫婦については，当該日本人が日本に常居所を有するか，夫婦の密接関連法が日本の法律の場合は，離婚の成立の準拠法が日本法となるため，外国から郵送により協議離婚届をすることができるが，夫婦が外国に居住し，日本人配偶者が日本に常居所を有せず，外国人配偶者も同様であるとすると，日本を行為地として外国から郵送により協議離婚届をすることはできない（南・「法例改正に関する基本通達の解説」前掲書81頁）。

通則法第24条，第25条，第27条及び第34条は，法例第13条，第14条，第16条及び第22条と同様に規定している。

《注》 質疑応答〔919〕戸籍267・75

第6 国籍喪失届

国籍喪失の届出は，国籍喪失者本人，配偶者又は四親等内の親族が国籍喪失の事実を知った日から1か月以内（届出をすべき者がその事実を知った日に国外に在るときはその日から3か月以内）に，国籍喪失を証すべき書面を添付してこれをしなければならない（戸103）が，外国に在住する日本国籍喪失者が国籍喪失の届出をする場合でも，国籍喪失を証する書面の添付を省略することはできない。また，公証のない本人の宣誓口供書を添付するだけでは，本人の申出以外に日本国籍喪失の確認がされないので，これを受理することは相当でない。

本人から帰化証の提示があった場合は，在外公館において届書の余白に帰化証の番号，日付，許可した裁判所名を記入し，公館印を押なつして国籍喪失を証すべき書面の添付に代えて差し支えない。また，在外公館において当該外国関係機関に照会してその者の帰化の事実を確認した旨の書面（電話聴取書でも差し支えない。）を国籍喪失を証すべき書面に該当するものとして処理して差し支えない（昭46.6.17民事甲第2074号回答）。

第7　氏名の変更届

　戸籍法第107条の規定に基づく氏名の変更の許可は，日本人にのみ適用があるものであり，我が国の家庭裁判所の専属管轄に属するものと解されるから，外国の裁判所のした氏名の変更の裁判は承認できないので，これに基づく氏名の変更の届出は受理すべきではない（昭38.3.14民事甲第751号回答，昭47.11.15民事甲第4679号回答）。

第8章　渉外戸籍事件の戸籍実務の処理

第1節　渉外戸籍事務における届書の機能

第1　戸籍届書類の保存

　日本において外国人に関して婚姻又は養子縁組等の届出があった場合に，その当事者の一方が日本人であるときは，婚姻又は縁組事項等がその者の戸籍に記載されるので，身分関係の公証は，戸籍の記載に基づいてされるが，外国人相互間の場合には戸籍がないので，戸籍に関する届書によって身分関係の公証がされることになる。

　そこで，渉外戸籍事件の届出があった場合における届書の保管は，日本人の戸籍簿の保管と同様に重要な役割を果たしている。

　外国人相互間における戸籍届書類については，戸籍法施行規則第50条に規定するところによって保存しなければならない（昭27. 7. 8民事甲第986号回答）。すなわち，これらの届書は，戸籍の記載を要しない届書類として婚姻・養子縁組・認知等のように届出によって効力を生じる行為に関するいわゆる創設的届出に関するものについては，当該年度の翌年から50年間，出生・死亡等のいわゆる報告的届出に関するものについては，当該年度の翌年から10年間，それぞれ受理市町村において保存することになっている。

　なお，朝鮮及び台湾等の旧日本領土であった外郭地域に本籍を有する者の戸籍に関する届書類については，終戦前においては内地市町村相互間におけると同様にこれらの地域の市町村に送付する取扱いであったが，終戦によりこれらの地域の帰属の未確定及び交通関係並びにその他治安状況等の諸種の事情によって，これらの地域には届書の発送をすることなく法務省から別に指示があるまで受理市町村にとどめ置くこととされた（昭20. 10. 15民事特甲第452号回答，昭23. 11. 2民事甲第3486号通達，昭24. 1. 12民事

第8章　渉外戸籍事件の戸籍実務の処理

甲第4090号回答，昭34.2.6民事甲第199号回答）。そして，その指示は，いまだされていないので，受理市町村は，法務省の指示があるまで朝鮮人又は台湾人に関する届書類（平和条約の発効前に受理したもの）は，朝鮮又は台湾に送付すべき書類として整理して保存しておかなければならない。

　しかし，平和条約の発効後は，朝鮮・台湾は日本の領土ではなく，また，同地に本籍を有していた者（現実に戸籍に記載されていなくても同地の戸籍に記載すべき者を含む。）は，日本人でなくなったので，戸籍の取扱いは，一般の外国人と同様となった。したがって，朝鮮人又は台湾人の出生・死亡及び婚姻・縁組等で同地の戸籍のみに記載される届出事件は，外国人に関する届出として受理し，他の外国人の戸籍届書類の場合と同様に保存されることとなった。

　なお，平和条約の発効後に受理した朝鮮人に関する戸籍届書類については，当該外国人の日本国における協定永住権などの特別の地位に付随して，その資格要件の審査の資料として必要とされる場合もあるので，戸籍法施行規則第50条による保存期間が経過したものについても，当分の間そのまま保管するものとされている（昭41.8.22民事甲第2431号通達）。

　ただし，日本人と朝鮮人又は台湾人との間の婚姻・縁組等の届書類は，日本人に関する届書類として処理し，外国人に関する届書類として保存する必要はない《注》。

　外国人に関する戸籍届書類は，戸籍に代わる機能を果たすものであるから，市町村において保存し，管轄法務局へ送付することは認められない（昭40.5.20民事甲第1046号回答）。

　このように，外国人に関する戸籍届書類は，外国人の身分関係を公証するものとして長期間にわたって保存しなければならないが，戦後に届出された届書類は，その用紙の質が悪いため，長期間の保存に耐えないものがあること，また，長期間の保存が求められていることから，書庫の狭隘化を解消しなければならないこと，外国人の身分を証するための記載事項証明書の発給を求める例が多くなってきたため，その事務の合理化を図る必

第1節　渉外戸籍事務における届書の機能

要があること等から，戸籍届書の保存の合理化策として戸籍法施行規則第50条の規定に基づき保存する戸籍届書類をマイクロフィルム化することが認められた（昭58.2.18民二第820号通達）。

外国人の身分関係を公証するための戸籍届書類をマイクロフィルムに撮影することによって，撮影済みの戸籍届書類の保存期間を短期間としたことは，合理化策として適切な取扱いと考えられる。

これは，除籍・改製原戸籍をマイクロフィルムにより再製することが認められたこと（昭50.2.4民二第664号通達）の延長として，当然に導き出される取扱いであるということができる。このように戸籍届書類をマイクロフィルムに撮影するということを戸籍法上どのように位置付けるかについて，前記通達は明確にしていないが，撮影済みの戸籍届書類の廃棄を認めていることからみると，単に「マイクロフィルム化」ではなく，「マイクロフィルムによる再製」としてとらえるべきであろう。

《注》　質疑応答〔945〕戸籍275・74

第2　渉外身分関係の公証

外国人相互間の身分行為が日本でされた場合に外国人については戸籍がないので，戸籍謄抄本等の交付を受けて身分関係を証明することはできないが，当該外国人が日本で有効な身分行為をしたことの立証は，日本では婚姻・養子縁組等は市町村長に届け出ることによって成立するので，当該届書により届出の受理証明書を発行して行うことになる。この身分関係の成立・消滅等の証明は，受理市町村長が行うが，管轄法務局の長も外国人の身分関係を証明する権限があるとされている。

なお，外国人同士が婚姻挙行地法である日本法による婚姻の届出をした場合において，右届書類は，外国人間の婚姻関係については日本人における戸籍による公証にも比すべき重要な証明書類であるから，その記載に誤りがあり，それが無効である場合には，戸籍法第114条の類推適用により

第8章　渉外戸籍事件の戸籍実務の処理

届書の訂正を申請ができるとして届書の訂正を許可した裁判例がある（岐阜家《多治見》審平元. 1. 10家裁月報41・8・189）。

第２節　渉外戸籍事件の添付書類

第１　要件具備証明書

①　婚姻・養子縁組等の創設的届出においては，当該届出によって身分関係が有効に成立するために要求される法律上の実質的要件を具備していなければならないが，我が国の国際私法は，連結点の決定について属人法については原則として本国法主義を採用し，本国法によることが適当でない場合における第二次的な連結点として常居所地法を採用しているので，通則法の規定により外国法が準拠法となる場合には，当該外国法の規定を解釈適用して実質的要件の存否を確認して当該届出の受否を決定しなければならない。

このように，渉外身分行為に関する創設的届出については，実質的要件の審査が問題となるが，戸籍事務管掌者である市町村長は，身分行為に関する戸籍届出事件を受理するに当たって当該身分行為の成立に必要な要件を具備していることを認めた後でなければ，受理することができないこととされているので（民740・765・800・813等），市町村長は，渉外戸籍事件の処理に当たって実質的要件の存否を審査するため，外国法をも調査しなければならない職責を有するものと解される（大11. 5. 16民事第3471号回答，昭２. 5. 6民事第1145回答）。しかしながら，市町村長は，裁判所と異なり行政機関として戸籍事務を管掌するものであるから，外国法までも調査しなければならないとすることはほとんど不可能を強いる結果となり，円滑な事務の処理を期待することができなくなるので，その届出によって身分関係を形成しようとする外国人である当事者からその本国における権限のある官憲の発給した要件具備に関する証明書を添付させ，市町村長は，こ

第2節　渉外戸籍事件の添付書類

れによって要件を具備しているものと認めた場合は，これを受理する取扱いとしている（大8．6．26民事第841号回答，大8．7．31民事第2601号回答，昭24．5．30民事甲第1264号回答）。この要件具備の証明書を要求しうる根拠は，戸籍法施行規則第63条の規定に基づくものと解されるが，渉外戸籍事件の届出に際して，当事者である外国人に関する要件具備証明書の添付がないときでも，市町村長は届出人に対して証明書を補完するよう催告すべき法律上の義務はないとする裁判例がある（東京高決昭56．5．26判例時報1008・157）。しかし，我が国において，外国人が身分関係を有効に成立させようとするときは，その外国人が国際私法で指定された準拠法で必要とされる諸要件を備えていることを要件具備証明書を提出することによって自ら立証する必要があることは当然であると考える。

　なお，当該外国人の本国における権限のある官憲の発給する証明書とは，官公庁又はこれに準じる者の発行する公文書又は証明書等で信憑性が保証されているものをいう。例えば，裁判官，人口統計登録官，公証人，弁護士，在日大使・公使又は領事等の発給する証明書は，権限ある者の証明書といえるであろう（鈴木ほか・渉外戸籍事務の理論と実例134頁）。

　なお，米軍関係者の要件具備証明書については，アメリカ大使館等の領事の証明書に代えて米軍の法務部長が所定の様式により発行する証明書で差し支えない（平4．9．28民二第5674号通知）。米軍の法務部長は，米軍に勤務する弁護士，米軍と関連した法律上の援助を行うオフィサーとして仕える文官の弁護士の資格を持ち，アメリカ合衆国連邦法の下で米軍の構成員，国防省の文官と彼らの扶養家族によってされるすべての行動に対し，公証人として行使する十分な権限を有しており，また，公証活動の遂行においては，公証人，米国の領事としての一般的な権限を持つとされている。

　この証明書の内容は，当該外国人の本国法によって要件を具備していること等の概括的な内容で差し支えない（昭30．2．24民事甲第394号回答）。しかし，国によっては，当該官憲が婚姻要件等が具備しているかどうかを調査し得るにもかかわらず，要件具備証明書を発給しないこともあり，また，

第8章　渉外戸籍事件の戸籍実務の処理

このような要件具備証明書を発給する法的根拠がないとして発給しないこともあり，このような証明書は必ずしも得られるとは限らないので，もしこれが得られない場合は，次のような書面をもってこれに代えることができるものとされている。

(1) 婚姻等について障害がない旨の領事の面前における宣誓書

宣誓書は，当該外国の領事などその宣誓を受理する権限を有する者の面前でされ，その宣誓書に領事が署名したものでなければならない（昭29.10.25民事甲第2226号回答《**資料１**》）。

(2) 当該外国の法規の抜すいと国籍及び身分に関する証明書

法規の抜すいは，出典を明示したものであるか，又はその法規が現行法であることを当該外国官憲が認証したものであることを要する。

国籍及び身分に関する証明書は，当該外国の官憲の発給した当事者の国籍その他の身分を明らかにするものでなければならないが，その証明書としては，旅券，旅券がない場合は，外国人登録済証明書でも差し支えない（昭27.10.18民事甲第452号回答，昭28.11.19民事甲第2206号回答）。

(3) 在日外国公館が発給した婚姻証明書等

日本に居住している外国人男が日本人女と日本において外国人男の本国の方式により婚姻等の身分行為をした旨の外国人男の在日大使館が証明したものでなければならない（昭28.8.15民事甲第1458号回答，昭31.6.27民事甲第1433号回答，昭40.12.20民事甲第3474号回答《**資料２**》）。

(4) 当該本国の在日領事，弁護士，法律事務に従事している者の意見書等

当事者からの要件を具備する旨の申述書及び上記のような信頼できる第三者の証明書を添付すれば，受理して差し支えない（昭25.9.5民事甲第2434号回答，昭26.11.15民事甲第2188号回答）。

(5) 要件具備証明書が得られない旨及び本国法上の婚姻等の要件を明らかにし，その実質的要件を具備している旨を申述した書面

要件具備証明書を得られない外国人については，それらの証明書が得られない旨及びその本国法による婚姻等の要件を明らかにして，かつ，

その実質的要件を具備している旨を申述した書面に本国官憲の発給した身分関係を証する書面，例えば，戸籍謄本，出生証明書，旅券の写し，外国人登録済証明書（外国人登録原票に記載されている家族関係事項も併記されている発行の日から１か月以内のもの）等を添付して，それらの資料に基づいて当該本国法に照らし，婚姻等の要件を具備しているか否かを審査した上で受否を決定して差し支えない（昭28.10.31民事甲第1988号通達，昭29．9．28民事甲第1969号回答，昭30．2．9民事甲第245号通達，昭31．4．25民事甲第839号通達，昭32．1．22民事甲第100号回答）。

なお，昭和30年２月９日付け法務省民事甲第245号民事局長通達で示した申述書及び外国人登録済証明書を提出させた上で婚姻届等を受理する取扱いは，在日朝鮮人又は台湾系中国人であって，本国官憲発給の要件具備証明書を提出することが困難な事情にある者について認めているのであって，朝鮮人又は台湾系中国人で本国官憲から旅券の発給を受けて我が国に入国した者等の本国官憲により身分関係事実が把握され，婚姻要件具備証明書の発行の可能な中国や韓国からの近時渡来者については，婚姻要件具備証明書が得られない旨の申述書と外国人登録済証明書のみでは，婚姻届は受理できない（平元.12.27民二第5541号通達）。

② これまでの戸籍先例で要件具備証明書として認められなかったものとして，次のようなものがある。
(1) 在日朝鮮人総連合会発給の証明書（昭30.12.15民事二発第603号通知）
(2) 華僑総会発給の証明書（昭26．7．28民事甲第1568号回答）
(3) 米国極東軍所属部隊長の婚姻許可書（昭32．1．22民事甲第100号回答）
(4) 日本在住の中国人同士の中国の方式による結婚証書（昭41．6．8民事甲第1266号回答）
(5) 出生証明書及び父母の婚姻証明書（昭30．2．24民事甲第394号回答）

③ 外国人が婚姻する場合における婚姻要件具備の証明に関する規定は，外国の立法例，例えば，オーストリア婚姻法第14条，西ドイツ戸籍法第５条ａ等には見られるが，我が国の現行法には規定がなく，戸籍実務は，通

第8章　渉外戸籍事件の戸籍実務の処理

達・回答等で賄われている。

　なお，昭和36年4月に公表された法務大臣の諮問機関である法制審議会国際私法部会小委員会の「法例改正要綱試案（婚姻の部）」では，外国人が日本で婚姻する場合における婚姻要件具備の証明に関し，例えば，別に，戸籍法中に規定を設けることが適当であるとしていたが，平成元年の法例の改正の際には，そうした改正はされていない。

　婚姻要件具備証明書は，当事者の本国法上の婚姻要件を一般的に証明するものではなく，当事者が婚姻要件を具体的に具備することを証明するものでなければならない（山田・国際私法の研究207頁）。

　④　日本人が外国の方式によって婚姻する場合において必要とされる要件具備証明書を発給する権限は，市町村長が有するが，婚姻の当事者が自己の戸籍謄本を呈示して要件具備証明書の発給を申し出たときは，法務省の下部機関である法務局若しくは地方法務局の長，又は，大使・公使若しくは領事は，当該戸籍謄本に基づき同証明書を一般行政証明として発給することができるものとされている（昭31．11．20民事甲第2659号回答，昭35．9．26民事二発第392号回答）。

　⑤　従来の婚姻要件具備証明書《**資料3**》では，婚姻の相手方の性別が記載されないことから，同性の相手方との婚姻について日本法上の法律的障害がなく，日本においても有効に成立させ得るように誤解されるおそれがあるので，今後法務局において同証明書を交付する際には，婚姻の相手方である外国人の性別を記載して交付する。

　また，市町村長に対しては，同証明書が戸籍法に規定のない一般行政証明であることから，当該取扱いをすることについて協力を求める。

　なお，婚姻の相手方が日本人当事者と同性であるときは，日本法上婚姻は成立しないことから，同証明書を交付するのは相当でない。

　婚姻を始め各種要件具備証明書を作成する際には，別紙様式《**資料4**》を参考にする（平14．5．24民一第1274号通知）。

　⑥　外国での使用を目的として日本人について戸籍の記載から明らかな

一定の身分事項（年齢，独身であること等）に関する証明書の交付請求があった場合については，当該外国において同身分事項を直接証明する書面の提出が必要とされ，戸籍謄本等の提出では足りない等の特別の事情があると認められるときは，同身分事項に関する証明書を一般行政証明として発行することは差し支えない。

身分事項に関する証明書は，別紙１又は２の参考様式《**資料５**》の例により，請求に係る証明内容に応じて，独身であること（又は未婚であること），日本法上の婚姻適齢に達していること等の身分事項について証明することが相当である（平21．9．1民一第2012号通知）。

⑦　我が国に居住する難民が外国で婚姻するために婚姻要件具備証明書が必要である場合は，昭和57年１月１日から我が国に対して効力を生じた難民の地位に関する条約第25条第１項の規定により我が国が国際機関（例えば，国連難民高等弁務官事務所）により援助が当該難民に与えられるよう取り計らえば，条約上の義務が履行されたというべきであるから，市町村長は婚姻要件具備証明書を交付する義務はないと解される（南・「難民条約と国際私法」民事月報36・11・28）。

身分行為成立の実質的要件の準拠法及び戸籍の届出の取扱いについては，出入国管理及び難民認定法第61条の２に規定する難民認定証明書の写し又はこれに準ずるものを当該届書に添付したときに限り，その者を難民として取り扱い，その属人法が準拠法とされる場合には，難民の地位に関する条約第12条第１項の規定により日本法を適用する（昭57．3．30民二第2495号通達）。

⑧　日本人と外国人間の婚姻届について，外国人である当事者の婚姻要件具備証明書を添付させることなく受理した場合は，それのみをもって婚姻は無効とはならないので，戸籍の記載はそのままにしておくほかないと解される（昭36．1．6民事甲第3336号回答）。

【資料1】 宣　誓　書

```
宣誓書
日　本　横　浜　市　即ちエ○・ダ○・デ○ロ○○の宣誓書
米国領事館
宣　誓
　父　○ヨン・○ン・○ロ○○ズ○イ○ウ
　母　ミ○ー・デ○ロウ（○ン○ン）
　　　二男
法定住所　ヴァーヂニア州ブランド・デュネラル・デリヴアリー
所　　在　日本横浜アメリカ領事館方
生年月日　西暦一九一三年五月二四日（四十一歳）
出生地　　ヴァーヂニヤ州ブランド
職　業　　米国海軍軍人
公民権　　米国市民
並其証拠　出生証明書にて出生地及生年月日提示さる
私右名義宣誓は正規に宣誓されたるもので私の国の法律に依れば私は
法定婚姻可能年齢であり私は以前婚姻して居らざる事又本日蒙古人種の
日本国籍であるところの秋田幸子と婚姻する事に法律上又は他の点に障
害があらぬ事を宣誓する
公務番号
西暦一九五四年九月九日
私の面前にて宣誓して署名した
　　　　　　　日本横浜駐在
　　　　　　　アメリカ合衆国領事
　　　　　　　　　　　　　　　　署　　　　　　署
　　　　　　　　　　　　　　　　名　　　　　　名
```

第2節　渉外戸籍事件の添付書類

【資料2】　結婚証明書

ギリシヤ総領事館
日本、神戸

結婚証明書

関係当事者殿

本官はギリシヤ正教徒である○ョラース・○○ロ○ス（○○ギオ○スと○ブ○ーラの息子・一九三五年六月一六日ギリシヤ国アテネ市生れ）とギリシヤ正教徒である○リ○ティナ西岡（旧姓西○正○、○と○の娘・一九三六年一月二日、日本国、神戸市生れ）とが昭和四〇年一〇月一五日に神戸市生田区山本通三丁目一九番地、イースタン・オーソドックス教会に於いて、○カ○ルY・○ロ牧師に依って法的に結婚したものである事を証明する。

○カ○ルY・○ロ牧師に依って発行された一九六五年一〇月一五日附婚姻証明書は当総領事館に於いて獲保せられあり

日本国　神戸　一九六五年一〇月一八日

ギリシヤ総領事
○バ○tC・○イラ○

【資料3】　婚姻要件具備証明書

交付番号

証　明　書

戸籍の表示
出生地
父　何某
母　何某　続柄　何
事件本人　氏　名
　　　　　出生年月日

当庁備付の戸籍原本によれば、右事件本人は未婚であって、かつ、婚姻能力を有し、国籍何々何某と婚姻するにつき、日本国法上何等の法律的障害のないことを証明する。

年　月　日

県郡村長　何　某㊞

199

【資料４】　婚姻要件具備証明書

（別紙）

交付番号第　　　号

証　明　書

事件本人	戸籍の表示 （本　籍　地） （筆頭者氏名）			
	出　生　地			
	父		続柄	
	母			
	氏　　　名			
	生 年 月 日			
相手方	国　　　籍			
	氏　　　名			
	生 年 月 日		性別	

　何年何月何日付け○○市（区長村）長発行の戸籍謄（抄）本によれば，上記事件本人は独身であって，かつ，婚姻能力を有し，相手方と婚姻するにつき，日本国法上何等の法律的障害のないことを証明する。

　　　　　年　　　　月　　　　日

　　　　　　　○○（地方）法務局長　何　　　某　㊞

【資料５】 身分事項に関する証明書

（別紙１）

```
                                        交付番号第     号

                    証   明   書

  ┌─────────┬──────────────────────────┐
  │ 戸 籍 の 表 示  │                          │
  │（本　籍　地）│                          │
  │（筆頭者氏名）│                          │
  ├─────────┼──────────────────────────┤
  │ 出 　生 　地 │                          │
  ├─────────┼────────────────┬─────────┤
  │     父      │                │ 続柄    │
  ├─────────┤                │         │
  │     母      │                │         │
  ├─────────┼────────────────┴─────────┤
  │ 氏   　　名 │                          │
  ├─────────┼──────────────────────────┤
  │ 生 年 月 日 │                          │
  └─────────┴──────────────────────────┘
```

　何年何月何日付け○○市（区長村）長発行の戸籍謄（抄）本によれば，上記の者は，独身であること（又は未婚であること）を証明する。

　　　　　　　　　年　　　　月　　　　日

　　　　　　　　　　○○（地方）法務局長　何　　某　　㊞

(別紙２)

		交付番号第　　　号
証　明　書		

戸籍の表示 （本　籍　地） （筆頭者氏名）		
出　生　地		
父		続柄
母		
氏　　　　名		
生 年 月 日		

　何年何月何日付け〇〇市（区長村）長発行の戸籍謄（抄）本によれば，上記の者は，独身であり（又は未婚であり），日本法上の婚姻適齢に達していることを証明する。

　　　　　　　年　　　月　　　日

　　　　　　〇〇（地方）法務局長　何　　某　　㊞

※　未成年者の場合は，証明文は，「何年何月何日付け〇〇市（区長村）長発行の戸籍謄（抄）本によれば，上記の者は，独身であり（又は未婚であり），日本法上の婚姻適齢に達している（ただし，日本法上，未成年の子が婚姻するには，別に父母の同意を得なければならない。）ことを証明する。」の例による。

第2　国籍証明書

　外国人である当事者が婚姻・養子縁組等の身分行為をする場合に，当事者がいかなる国の国民であるか明らかでないときは，市町村長はその身分関係を規律する法律である準拠法を決定することができないため，その届出が実質的要件を具備しているかどうか確認することができないので，当該届出を受理すべきか否かを決定することができない。したがって，外国人である当事者は，その届出に当たっていかなる国の国籍を有するかを証明しなければならない。

　戸籍届書に添付する国籍証明書としては，外国人である当事者が所持する本国の権限のある官憲の発給した旅券の写しがある。旅券を所持していない外国人については，所在国の権限のある官憲の発給した外国人のための旅券又は身分証明書の写し，身分関係登録簿の写し，出生証明書，親族関係証明書等の身分関係を明らかにする証明書及び申述書がある。

　戦前から日本に在住している朝鮮又は台湾関係者で，本国の権限のある官憲の発給した旅券を所持していない者は，外国人登録済証明書をもって国籍証明書に代えることができる。

　なお，婚姻・養子縁組等の届出をする際に本国の権限のある官憲の発給した要件具備証明書を添付した場合には，更に国籍証明書を添付させることを要しない（昭41.12.6民事甲第3320号回答）。

　外国人のための旅券又は身分証明書の写しのほか，身分関係を明らかにする証明書及び申述書を添付した戸籍届出については，管轄法務局の指示を得た上で処理するのが相当である。

第3　訳　　文

　戸籍法第41条の規定により届出をする場合において，外国政府機関等の発行した証明書等が添付されている場合に，その証明書等の訳文の添付義務は届出人にあるが，訳文は原文を審査するための手段となる資料である

から，翻訳を個人で行っている場合でも，外国語の翻訳が間違いないものと市町村長が判断でき，かつ，翻訳の責任を明らかにするため，翻訳者が「原文の翻訳に相違ない」旨を訳文に付記し，翻訳者の住所・氏名を記載して翻訳者を明らかにしなければならない（戸規63の2）。

　市町村長が原文を解することができ，その内容を審査することが可能であるときは，届出人に訳文を添付させる必要はないものの，これを解し得ないまま受理することは相当でないとして扱われてきた（昭29. 9. 25民事甲第1935号回答）が，昭和59年の戸籍法施行規則の改正によって第63条の2が新設され，訳文の添付が義務づけられた。

　なお，市町村長においてその内容を理解できる場合は，訳文の添付がないときでも当該届出を受理することができる（細川ほか・「戸籍法及び戸籍法施行規則の一部改正に伴う戸籍実務」民事月報39巻号外128頁）。

第4　戸籍謄本の英訳文

　日本人が外国において外国の方式によって婚姻等の身分行為をするときは，当該外国官憲から要件具備証明書又は身分関係を証明する書面の提出を求められることがあるが，その書面として英訳した戸籍謄本の発行を求められても，市町村長は英文で記載した戸籍謄本を発行することはできない。

　なお，申出人が戸籍謄本を英訳したものを提出したときは，これに「上記は，戸籍謄本の英訳であることを証明する。」との証明文を付して一般行政証明として発行することは差し支えない（昭28. 10. 31民事甲第2026号回答）。

第3節　各種の届出

第1　出　生　届

1　嫡出性の決定

　子の嫡出性の決定については，従来は改正前法例第17条で「子ノ嫡出ナルヤ否ヤハ其出生ノ当時母ノ夫ノ属シタル国ノ法律ニ依リテ之ヲ定ム」ものとされていたが，平成元年に改正された法例第17条では，嫡出親子関係の成立については，「夫婦ノ一方ノ本国法ニシテ子ノ出生ノ当時ニ於ケルモノニ依リ子ガ嫡出ナルトキハ其子ハ嫡出子トス」とされ，父又は母のいずれか一方の本国法により子が嫡出であるときは，その子は嫡出子とすることとされた。

　通則法第28条は，法例第17条と同様に規定している。したがって，父又は母の一方を日本人として出生した子については，まず，日本民法を適用して出生子の嫡出性について判断をすればよく，日本民法によって嫡出子となるときは，外国人配偶者の本国法について調査するまでもないことになる。

　我が国では，父母婚姻後200日以内に生まれた子は嫡出子として扱われるが，嫡出の推定は受けない子（推定を受けない嫡出子）であるとされている。そのため，嫡出でない子としての出生届も可能であるが，この場合は，外国人親の本国法上夫の子と推定されていない場合に限ってその届出を受理することができる（平元.10. 2民二第3900号通達第3，2(1)）。換言すれば，外国人父又は母の本国法によって嫡出子と推定されることが明らかな場合には，嫡出子としての出生届のみが受理される。

　なお，外国人男と日本人女との間に婚姻が成立している場合において，その夫婦の婚姻前に出生した子について戸籍法第62条の規定による出生の届出をすることができるのは，通則法第29条によって定まる準拠法において認知が禁止されず，かつ，認知によって当該出生子が嫡出である身分を

取得する場合に限られる（昭26.11.12民事甲第2162号回答，平元.10.2民二第3900号通達第3，1(2)エ）。したがって，外国人相互間又は父母の一方が外国人である者の出生届を受理するに当たっては，その子の嫡出性の決定のため，父母の婚姻成立の年月日を確認する必要がある。また，届書に記載された父母の国籍又は氏名に誤りがないか十分調査する必要がある。その方法としては，外国人登録証明書の呈示を求め，又は外国人登録済証明書を添付させて確認しなければならない。もし，外国人登録済証明書を届書に添付せず，外国人登録証明書の呈示を求めて確認した場合には届書にその旨を記載するのが相当である。

　なお，届書の「その他」欄に子の国籍を記載しなければならない。

2　子の名

　①　在外公館において日本人である子の名に戸籍法第50条第2項，同法施行規則第60条に規定する以外の文字を用いた出生届を受理し，本籍地市町村に送付してきた場合は，戸籍の記載をすることができないので，届出人に対して子の名の文字を訂正する旨の追完届をさせるため，外務省を通じて在外公館に対し，届出人に届書の追完を促すよう依頼し，届出人から遅滞なく追完がされないときは，外務省を経由して届書を返戻しなければならない（平22.7.21民一第1770号通達）。

　なお，戸籍法第50条の規定は，出生子が外国人であるときは適用されない（昭23.1.29民事甲第136号通達）。

　②　在外公館が受理して送付された出生届書の子の氏名が日本式の名のほか，外国式の名を仮名文字で，例えば，「明仁・オルランド・アレハンドロ」と記載されている場合は，戸籍には届書に記載されたとおり子の名を記載しなければならない（昭37.9.5民事甲第2479号回答，昭和42.8.8民事甲第2165号回答）。

　③　日本において出生した朝鮮人の出生届を受理した後に子の名の記載に過誤があることを発見した場合は，正当な名の追完届をすることができるが，その追完の届出は，出生の届出時において届出人が真に子の名を誤

記したと認められる相当の理由がある場合に限り認められる（昭30．2．16民事甲第311号回答，昭31．12．18民事甲第2854号回答，昭52．2．21民二第1354号回答）。

④　子が外国人である場合には，出生届書に記載する子の氏名は片仮名で表記し，その下に本国法上の文字を付記させなければならない。ただし，届出人が本国法上の文字を付記しないときでも，便宜その届出を受理して差し支えない。

子が中国人，朝鮮人等本国法上氏名を漢字で表記する外国人である場合には，出生届書に記載する子の氏名は，正しい日本文字としての漢字を用いるときに限り，片仮名による表記をさせる必要はない（昭56．9．14民二第5537号通達二）。

⑤　我が国において出生した外国籍の子の命名は，出生子の本国の法令あるいは命名慣習に準拠してされ，同国で用いられる文字によって表記されるべきものである。したがって，漢字使用国の国民である中国人及び朝鮮人を除き，本国法上漢字以外の文字でその氏名が表記される外国籍の出生子については，片仮名あるいは片仮名に当該外国文字を併記する方法によるべきであって，漢字で名を表記した出生届は受理しないのが相当である（昭57．2．16民二第1480号回答）。

3　出生届の受否

①　無国籍者を父母として日本で出生した子及び父又は母が知れない場合で無国籍者を母又は父として日本で出生した子は，出生によって日本の国籍を取得するので（国2③），本人について新戸籍を編製することとなるが，「無国籍者」と称する者の中には，本来ある国の国籍を有しながら，外国人登録上，その国籍を有することを証明できないために「無国籍」として登録されているに過ぎないものがある。このような場合に，父又は母の国籍を外国人登録上の「無国籍」の表示に従って無国籍と認定して子の出生の届出を処理するときには，出生によっては日本の国籍を取得し得ない者について，誤って日本国民として処理することとなるので，事務処理

の正確を期するため，事件本人が無国籍者を父母として日本で出生した子，又は無国籍者を母として日本で出生した非嫡出子であるとして出生の届出がされた場合は，市町村長はその受否につき管轄法務局の長の指示を求めることとし，管轄法務局の長は，関係者（無国籍者である父又は母等）につきその国籍に関する十分な調査を行った上，当該出生届の受否について指示するものとする。この取扱いは，事件本人が本籍不明者を母として出生した非嫡出子であるとして出生の届出がされた場合も同様である（昭57.7.6民二第4265号通達）。

② パレスチナ人については，国籍法上これを「無国籍」として取り扱い，日本で生まれた子に日本国籍を取得させる必要はなく，また取得させないことが国籍法第2条第3号の趣旨からも相当であるので，パレスチナ人を父母として日本で出生した嫡出子及び父が知れない場合でパレスチナ人を母として日本で出生した嫡出でない子は，出生によって日本の国籍を取得しない。この取扱いは，平成19年10月15日以降に出生した子について実施する（平19.10.3民一第2120号通知）。

日本で出生したパレスチナ人父母間の嫡出子出生届については，子は出生によって日本国籍を取得することはないので，子の父母の国籍につき「パレスチナ」と表記した上で，外国人夫婦間の嫡出子出生届として受理して差し支えない（平20.3.27民一第1091号回答）。

③ シンガポール政府から発行される出生証明書の認証謄本という位置付けになる「出生抜粋証明書」を添付して出生届出がされた場合は，受理して差し支えない（平17.11.14民一第2643号回答）。

4 追完届の受否

ブラジル人女の非嫡出子出生届にブラジル人父の氏名を記載する旨の出生届の追完届については，ブラジル国は，父子関係の成立について事実主義ではなく，認知主義を採用しているので，受理できない（平15.8.22民一第2347号回答）。

5　届出義務の懈怠

①　戸籍法が出生等の身分に関して届出を命じている事項については，その事項が日本において発生したものである限り，外国人でも同法の規定に基づいてこれを届出すべき義務を有する。この出生届出の義務は，日本に在住する外国人間における子の出生であるか，外国人と日本人間の子の出生であるかについて差異はない（明32．8．5民刑第1442号回答，明32．10．25民刑第1838号回答，昭24．3．23民事甲第3961号回答）。

②　日本に在住する外国人の出生について，その者の所属する国の在日公館にその国の法律に基づき出生に関する登録をしても，戸籍法による届出義務は消滅しない（昭27．9．18民事甲第274号回答）。

③　外国に居住する日本人から出生等の届出期間の定めのある報告的届出が法定期間経過後に事件本人の本籍地市町村に届出があった場合にも，戸籍法第135条は適用されるので，その届書を受理した市町村長は失期通知をしなければならない《注》。

④　下級審の裁判例には朝鮮人の出生届の懈怠について，外国人登録法の適用は格別，戸籍法は適用されないから，その違反ということは観念する余地がないとして処罰しないとする決定をしたものがある（東京簡決昭31．9．6ジュリスト165・73）が，戸籍法には外国人にも適用があることを前提にした規定があり（戸25Ⅱ・49Ⅱ③，戸規58②），出生の届出義務の懈怠について戸籍法の適用がないと解することは相当でない（吉野・「渉外判例研究」ジュリスト165・73）。したがって，市町村長は，日本に居住する外国人で出生の届出を怠った者があることを知ったときは，戸籍法施行規則第65条の規定に基づき遅滞なく届出事件を具して，過料に処せられるべき者の住所地を管轄する簡易裁判所にその旨を通知しなければならない。

《注》　質疑応答〔955〕戸籍277・74

6　戸籍の記載

①　外国で出生した子の出生場所の記載は，原則として国名のみにとどめることはできないが，当該外国の最小行政区画が不明のときは，国名の

みを記載して差し支えない（昭47.11.15～16香川県戸籍事務協議会総会決議第9問）。

② 在外公館において受理し，送付された在外日本人の出生届により父母につき戸籍法第17条の規定による新戸籍が編製される場合に，当該届書に父母の新本籍の表示がないときは，従前の本籍を新本籍と定めて新戸籍を編製して差し支えない（戸30Ⅲ，昭25.12.22高松法務局管内各市町村連合戸籍寄留事務協議会決議第17問）。

第2　認　知　届

① 婚姻関係にない朝鮮人男と日本人女間に昭和26年及び昭和28年に出生した子について，同男からの庶子出生届によって朝鮮の戸籍に入籍している場合は，その戸籍謄本を認知の証明書として取り扱って差し支えない（昭40.7.30民事甲第1929号回答）。

② 外国人男と婚姻した日本人女が婚姻の成立の日から200日以内に出生した子を嫡出でない子とする出生の届出をしたときは，その子が外国人男の本国法上夫の子と推定されていない場合に限り，届出を受理する（平元.10.2民二第3900号通達第3，2(1)）。しかし，母の夫である外国人男からこの子について，認知届があった場合は，この子は生来の嫡出子であったということが判明したのであるから，これを認知届として受理することなく，嫡出でない子としての出生届を嫡出子出生届に訂正する旨の申出書として取り扱うこととされている。

この場合は，出生子は日本人母の嫡出でない子として日本の戸籍に記載されているが，母の夫の外国人男から認知届がされたことによって，生来の嫡出子であったことが明らかとなったのであるから，戸籍の記載の訂正をしなければならない。この出生子は，国籍法第2条第1号により日本国籍を取得しているが，戸籍訂正の手続としては，戸籍法第113条の規定に基づく戸籍訂正手続を行い，もし，戸籍訂正の手続をする者がないときは，同法第24条第2項の規定に基づき管轄法務局の長の許可を得て職権でその

子の戸籍の記載を訂正しなければならない（昭34．8．28民事甲第1827号通達，昭34．10．19民事甲第2332号回答）。

③　外国人女が出生した子について，日本人男からの出生後の認知による生来的な日本国籍の取得を認めた国籍確認の確定判決の謄本を添付してされた出生届及び認知届の各追完届を受理した場合の戸籍の処理は，次のとおり行う（平10．1．16民二第94号回答）。

1　子の戸籍の処理について

　　子について新戸籍を編製し，その身分事項欄に「平成四年九月拾五日東京都江戸川区で出生平成五年六月拾四日母（国籍韓国西暦千九百六拾年九月○日生）届出平成九年拾壱月弐拾壱日母追完届出（平成五年六月弐日○瀬○夫との親子関係不存在確認の裁判確定及び平成九年拾月拾七日国籍確認の裁判確定）　月　日入籍㊞」の振り合いで出生事項を記載した後，「平成五年六月拾四日東京都江戸川区東葛西○丁目○○○番地○野○昭認知届出平成九年拾壱月弐拾壱日父追完届出　月　日記載㊞」の振り合いで認知事項を記載する。

2　父の戸籍の処理について

　　本件各追完届を資料として父の身分事項欄に記載されている認知事項について，「錯誤につき平成　年　月　日許可　月　日認知事項中被認知者の表示を「東京都江戸川区東小松川○丁目○○番○野○和」と訂正㊞」の振り合いにより職権で訂正する。

④　日本人男と婚姻中のフィリピン人母から出生し，母の夫の嫡出推定を受ける子について，その出生の1か月と22日後に子と母の夫との間の親子関係不存在確認の調停の申立てがされ，さらに，親子関係不存在確認の審判が確定した日から7日以内に夫以外の別の日本人男から認知の届出がされた場合の戸籍の処理は，次のとおり行う（平11．2．9民二第250号回答）。

1　子について新戸籍を編製し，その身分事項欄に「平成　年　月　日○○で出生　年　月　日母（国籍フィリピン西暦　年　月　日生）届出（平成　年　月　日○○との親子関係不存在確認の裁判確定）　月　日入

第8章 渉外戸籍事件の戸籍実務の処理

籍㊞」の振り合いで出生事項を記載した後，「平成　年　月　日○○認知届出（胎児認知に準ずる届出）　月　日記載㊞」の振り合いで認知事項を記載する。

2　父の戸籍につき認知事項を「平成　年　月　日○○○を認知届出㊞」と記載する。

⑤　日本人男が外国人女の胎児を認知するについては，母に届出地である本籍地がないため，母の住所地の市町村長にすることとされている（昭29．3．6民事甲第509号回答）。この胎児認知後に子が出生すれば，その子は国籍法第2条第1号の規定により生来的に日本国籍を取得することになるが，当然には認知者である父の氏を称することにはならないため，子の出生届により子について氏及び本籍を設定した上，新戸籍を編製して父子双方の戸籍に各々胎児認知に関する事項を記載する（昭29．3．18民事甲第611号回答）。

⑥(1)　渉外的胎児認知の届出を適法なものと認めたときは，これを受理し，その旨を受付帳に記載する。また，届書等の不備により即日に届出の受理の決定ができなかった届出について，後日，補正又は補完がされ，これを適法なものと認めたときは，当初の届書等の受付の日をもって当該届出を受理し，その旨を戸籍発収簿の備考欄に記載する（標準準則30Ⅱ）。

胎児認知の届出を受理した後に被認知胎児が出生したことによって，その子が外国人母の前夫の嫡出推定を受けることが明らかになった場合には，当該受理処分を撤回して不受理処分をする。この場合には，受理処分を撤回して不受理処分をした旨を受付帳の備考欄に記載し，届出の受理の年月日及び受付番号を消除した上で，届出人に届書等を返戻する。

届書等を返戻する際には，届出人に対し外国人母の前夫の嫡出推定を排除する裁判等が確定した旨の書面を添付して返戻された届書によって届出をすれば，不受理処分を撤回し，当初の届書等の受付の日に届出の効力が生ずる旨を説明する。

(2)　渉外的胎児認知の届出を不適法なものと認めたときは，これを不受

理とし，その届書類を届出人に返戻し，不受理処分整理簿に処分及び返戻の年月日，事件の内容並びに不受理の理由を記載する（標準準則31）。

被認知胎児が婚姻中の外国人母の夫の嫡出推定を受けることを理由に届出を不受理とした場合には，届書等を返戻する際に，届出人に対し子の出生後に外国人母の夫の嫡出推定を排除する裁判等が確定した旨の書面を添付して返戻された届書によって届出をすれば，不受理処分を撤回し，当初の届書等の受付の日に届出の効力が生ずる旨を説明する（平11.11.11民二・五第2420号通知）。

⑦ 外国人母の離婚後に胎児認知の届出がされた場合には，届出の時期を問わず，これを受理する（大7．3.20民第364号回答，昭57.12.18民二第7608号回答）。

⑧ 日本人男がアメリカ合衆国ヴァージニア州に属する女の子を認知する創設的認知届については，保護要件としての母の承諾があるので，受理して差し支えない（平17．3.28民一第802号回答）。

⑨ アメリカ合衆国フロリダ州に属する男が日本で出生したフィリピン人女の子を認知したとする創設的認知届については，認知者の本国法であるアメリカ合衆国フロリダ州法上，婚姻外で出生した子を認知することができる旨の規定があり，また，被認知者の本国法であるフィリピン法上，被認知者の保護要件に係る規定が存在しないので，受理して差し支えない（平22．9.16民一第2325号回答）。

⑩ アメリカ合衆国ハワイ州衛生局が発行した父の記載のある出生証明書については，同出生証明書に父の氏名が記載されている場合は，認知があったものと認められるので，戸籍法第41条に規定する認知証書として取り扱って差し支えない（平16．3.29民一第887号回答）。

⑪ アメリカ人父からの胎児認知届については，アメリカ合衆国には胎児認知の制度がない州もあるから，その処理については，その都度管轄法務局を経由して法務省に照会しなければならない（昭27.11.7民事甲第563号通達）。法務省においては，事案ごとに該当する州の法律を調査した上，

第8章　渉外戸籍事件の戸籍実務の処理

受否について指示する（昭59.10.29民二第5428号回答）。

　これまでの先例によって，フロリダ，ノースダコタ，カリフォルニア，テキサス，アーカンソー，ミシガン，ニューヨーク及びオレゴンの各州に所属する者からの胎児認知の届出は，受理して差し支えないが，ノースカロライナ及びウエストヴァージニアの各州においては，胎児認知は認められていないので，同州に所属する者からの胎児認知の届出は受理すべきでないとされている（昭60.4.20民二第2071号回答）。

　⑫　日本人男がアメリカ合衆国カリフォルニア州に属する女の胎児を認知する創設的認知届については，保護要件としての母の同意があるので，受理して差し支えない（平16.7.29民一第2139号回答）。

　⑬　フィリピン人母と日本人父との間の未成年の非嫡出子（フィリピン国籍）の認知の申立てについて，フィリピン法上出生登録又は遺言によらない任意認知に要求される裁判所の許可は，我が国の家庭裁判所による審判をもって代えることができるとした裁判例がある（東京家審昭62.5.19家裁月報39・11・147）が，フィリピン国では，1987年に家族法を改正（1988年8月4日施行）し，従前の認知に関する規定を全面的に削除していることから，生理上の父子関係がある場合には，認知を要件とすることなく，法律上の父子関係を認める法制，いわゆる事実主義を採っているので，日本人男がフィリピン人女を同国の方式により認知したとする報告的認知届については，添付されている認知宣誓供述証明書を認知があったことを証明する書面とすることができないので，受理することができない（平16.3.9民一第662号回答）。

　⑭　日本人男がタイ人女の嫡出でない子を認知する創設的認知届については，子の本国法であるタイ法上の保護要件として母及び子の同意（子が幼少である場合には，子が同意できなかった場合に該当するとして裁判所の判決）が必要となるが，子の同意に代わる裁判所の判決書が添付されていないので，受理できない（平20.1.17民一第157号回答）。

　⑮　日本人男がタイ人女の嫡出でない子をタイ国の方式によって認知し

た場合の認知を証する書面については，父の申請により登録した子の出生証明書に父の記載があれば，出生登録された日に認知されたものと解し，出生証明書を認知を証する書面と取り扱って差し支えないとしていた（昭40．8．4民事甲第1922号回答）が，出生証明書の父欄への記載は，事実上の父子関係を登録するに過ぎず，別途タイ国民商法第1547条の要件のいずれかを備えなければ，法律上の父子関係は成立せず，また，タイ国民商法第1547条の要件のうち，「父からの申請に基づく登録」が任意認知に該当するものと考えられ，同登録をしたことを証する書面が発給されるので，今後は父欄に日本人男の記載のある出生証明書を認知を証する書面として取り扱うことはできず，「父からの申請に基づく登録」をしたことの証明書をもって認知を証する書面として取り扱う（平22．3．23民一第719号通知）。

⑯　日本人男がタイ人女の胎児を認知する創設的認知届については，タイ国には胎児認知の制度がないから，保護要件に関する規定も存在しないので，受理して差し支えない（平22．6．15民一第1470号回答）。

⑰　日本人男からされたインドネシア人女の婚姻前の子に対する認知届については，認知には母の同意のあることが条件とされているので，母から認知に関する同意書を提出させた上で創設的認知届として受理する（平8．5．17民二第955号回答）。

⑱　ペルー人女の嫡出でない子について，ペルー共和国官憲が発行した出生登録証明書に日本人男が父として記載されていたとしても，その出生登録が裁判（出生登録命令）によってされたものであるときは，出生登録命令裁判は，いまだ出生登録がされていない子についてこれを登録することを目的としていることから，認知の裁判と同一に取り扱うことはできないので，同証明書を認知証書として取り扱うことはできない（平9．7．10民二第1223号回答）。

⑲　1936年の改正前のペルー民法施行当時に行われた洗礼登録証明書は，父の氏名は表記されているが，その欄外に認知の記載と父親及び証人2名の署名がないので，有効な認知を証する書面とは認められない（平14．1．

第8章　渉外戸籍事件の戸籍実務の処理

30民一第274号回答)。

⑳　エル・サルヴァドル国官憲発行の同国人女の出生証明書に日本人父が申請人として記載され，父親の資格を証する書面等を添付し，父親の資格があることを身分登録機関の担当官が確認した上で，同証明書の一番下に署名しているので，同出生証明書を同国の方式により同女を認知したことを証する戸籍法第41条の証書の謄本として取り扱って差し支えない(平11．3．3民二第419号回答)。

㉑　日本人男とケニア人女との間の婚姻前の出生子について，日本人男がした認知届は，ケニア共和国では，認知に関する法律がなく，非嫡出子の父子関係の成立については，事実主義を採っているが，事実主義を採る法制度は，認知を積極的に否定するものではなく，単に不必要としたのであるから，認知によって親子関係を発生させる必要がある限り，認知主義国で認知をすることによって親子関係を発生させることは，むしろ妥当であるので，子の本国法が事実主義を採っている場合でも認知が認められるから，受理して差し支えない(平11．4．23民二第873号回答)。

㉒　日本人父によるマレーシア人子の創設的認知届については，子の本国法上の保護要件として母の同意が必要となるので，母の同意書を提出させた上で，受理して差し支えない(平18．1．27民一第200号回答)。

㉓　ブラジル国において裁判上の別居を命じた判決が確定した後301日以上を経過しているが，離婚への転換の前に出生した子について，同国で母(ブラジル人)の夫(日本人)からの認知が成立したとする報告的認知届は，父の本国法である日本民法によって子は嫡出子と考えられるので，受理できない(平18．12．4民一第2717号回答)。

㉔　日本人男とベトナム人女の婚姻成立前に出生したベトナム人子を被認知者とする報告的認知届については，ベトナムにおいて認知が成立した際に発行される認知認定決定書ではなく，父母の婚姻前に出生した子について認知手続を行うことなく認知される規定により父母の名が記載されている出生証明書をもってベトナム社会主義共和国の方式により認知が成立

したものと認め，出生証明書を戸籍法第41条に規定する認知証書として受理して差し支えない（平21．7．3民一第1615号回答）。

㉕　日本人男によるカンボジア人女の嫡出でない子の創設的認知届については，カンボジア王国には認知制度があるが，同国法上子の保護要件はないので，受理して差し支えない（平21.10.30民一第2633号回答）。

㉖　日本人男がカナダ人女の子を認知する届出については，認知される子の本国法であるカナダ国ブリティッシュコロンビア州法上保護要件はないと判断して差し支えない（平22．9．9民一第2248号回答）。

第3　養子縁組届

①　我が国において渉外的養子縁組が有効に成立するためには，縁組の当時における養親となるべき者の本国法に定められている要件を具備しなければならない（通則法31Ⅰ前段）が，その本国法において縁組の成立につき裁判所その他の公の機関による決定又は認可を要するとされている場合には，その決定又は認可は養子縁組の単なる方式の問題ではなく，むしろその実質的要件に属するものと解される。

そこで，外国人である養親となるべき者の本国法において要求される右の決定又は認可を日本の家庭裁判所の審判をもってこれに代えることができるかどうかが問題となるが，これについては，養親となるべき者の本国法によって必要とされる決定又は認可が，我が国の家庭裁判所における審判とその性質からみて著しい相違がないとみられるときに限り，我が国の家庭裁判所による審判をもってそれに代えることができるものと解されている（昭42．3．18民事甲第620号回答，昭51．7．13民二第4009号回答，昭55．1．7民二第3号回答，平元.10．2民二第3900号通達第5，2(1)ア，同旨，ドイツ法における裁判所の認許—東京家審昭36．2.10家裁月報13・6・168，アメリカ法における裁判所の養子決定—長崎家《佐世保》審昭41．7．4家裁月報19・2・130，盛岡家審平2．8．6家裁月報43・3・98，カナダ法における裁判所の養子決定—宮崎家審昭42．4．4家裁月報19・11・122，東京家審昭62.12.17家裁月報

40・10・59，オランダ法における裁判所の養子決定―東京家審昭44．9．22家裁月報22・6・100，ヴィエトナム社会主義共和国法における単位行政委員会の承認―盛岡家審昭52．5．4家裁月報29・11・105，マレイシア法における養子縁組許可決定―東京家審昭62．5．15家裁月報40・10・40，中華民国法における法院の養子縁組認可―東京家審昭62．3．12家裁月報40・8・92，フランス法における裁判所の養子決定―東京家審昭62．6．1家裁月報40・10・43，コロンビア法における裁判所の養子決定―横浜家審平元．3．23家裁月報41・10・139，南・「改正法例の解説㈢」法曹時報43・2・59）。

② 外国の裁判所において養子縁組が成立した旨の報告的届出があった場合は，外国裁判所の判決の承認の問題として民事訴訟法第118条の要件を審査するのではなく，その養子縁組の裁判を証する書面を戸籍法第41条の証書として取り扱い，養子縁組の準拠法に基づく要件を具備しているかどうかを審査する。したがって，養親となるべき者が日本人である場合は，通則法第31条第1項により養子縁組の準拠法は日本法であるから，外国裁判所で成立した養子縁組が日本民法の規定する要件を具備しているかどうかを審査するが，養子縁組の準拠法上その養子縁組が無効でない限り，受理する（平元.10．2民二第3900号通達第5，2⑵）。

外国裁判所において養子決定がされた場合に養親が日本人であり，その外国裁判所が日本民法を準拠法として民法第817条の2以下の規定を適用し，特別養子縁組を成立させたことが裁判書から明らかであれば，特別養子縁組として受理する。また，外国の国際私法は，我が国の通則法と同様に渉外的養子縁組の準拠法を養親となるべき者の本国法としているとは限らず，外国裁判所が，養親が日本人であるときも，法廷地であるその国の法律を適用して養子縁組を成立させる場合があるが，その国の法制が養子と実親等との血縁関係を断絶させる養子制度（完全養子）を採っているときは，当該養子縁組が通則法の指定する準拠法である日本民法の特別養子縁組の要件を満たすことが考えられるから，民法第817条の2以下の要件を満たすかどうかを審査し，その要件を備えているときは，外国の方式に

より特別養子縁組が成立したものとして取り扱うことになる（平4.3.26民二第1504号回答）。

③　外国法を準拠法とする養子縁組であって，養子とその実親等との親族関係が終了する断絶型養子縁組を特別養子縁組として取り扱うことができるか否かについては，断絶型養子縁組をすべて特別養子縁組として取り扱うと，日本民法上の特別養子縁組が成立したとの誤解を招くおそれがあるので，日本民法を準拠法とする特別養子縁組のみを特別養子縁組とし，断絶型養子縁組については普通養子縁組として取り扱うこととしていたが，断絶型養子縁組により実親との親族関係が終了しているにもかかわらず，実親をそのまま表示し，しかも実親と同籍したままで存置しておく戸籍の処理は相当ではないので，外国法を準拠法とする養子縁組が断絶型養子縁組であることを明らかにする書面を提出して，養子について新戸籍を編製し，養子とその実親等との親族関係が終了する旨の届出があった場合については，これを戸籍上も当該養子縁組が断絶型であることを明らかにして特別養子縁組に準じた処理をする。

　この取扱いは，外国法を準拠法とする断絶型養子縁組が日本の家庭裁判所の審判により成立した場合だけでなく，外国の裁判所及び裁判所外において成立した場合についても同様とする。また，既に戸籍の記載を終了している養子縁組についても，特別養子縁組制度が創設された昭和63年1月1日以降に成立した断絶型養子縁組であることを明らかにする書面を提出して，実親等との親族関係が終了する旨の追完の届出があるときは，その養子について新戸籍を編製する取扱いとする（平6.4.28民二第2996号通達，西田・「渉外的な断絶型養子の取扱いについて―平成6年4月28日付け民二第2996号法務省民事局長通達の解説―」民事月報49・6・7）。

④　パキスタン人男とその配偶者である日本人女の嫡出子及び嫡出でない子との養子縁組届については，養子縁組の実質的成立要件の準拠法であるパキスタン法には養子縁組の制度はなく，同国法上養子縁組は認められないので，養子縁組が成立する余地はないから，受理すべきでない（平7.

3．30民二第2639号回答)。

⑤　日本人男が配偶者であるフィリピン人女とともに同女の未成年の嫡出でない子を養子とする場合において，養子の本国法であるフィリピン家族法第188条第3号の定める養親の10歳以上の嫡出子の書面による同意を要するとの要件は，通則法第31条第1項後段所定の要件，いわゆる保護要件であるから，養親となる日本人男の10歳以上の嫡出子の同意書の添付がない養子縁組届は，受理することができない（平7．7．7民二第3292号回答)。

⑥　アメリカ人夫（コネチカット州）が日本人妻の子（日本人先夫との間の嫡出子）を養子とする養子縁組届については，通則法第41条（反致）の規定を適用して日本法を準拠法として受理して差し支えない（平8．8．16民二第1450号回答)。

⑦　タイ国の法制度によれば，母が自己の嫡出でない子を養子とすることはできないとされているので，日本人男がタイ人妻の嫡出でない子を単独で養子とするタイ国バーンケーン区役所発行の養子縁組登録証を戸籍法第41条に規定する証書として受理して差し支えない（平10．8．13民二第1516号回答)。

⑧　日本人女とトルコ共和国人男との創設的養子縁組届については，トルコ共和国法では，養子縁組は縁組の相当性を裁判所が判断してその決定によって成立させる法制度を採っていることから，養子の保護要件として日本の家庭裁判所の許可を要するので，当該許可書が添付されていない届出は受理できない（平15．8．21民一第2337号回答)。

⑨　日本人男が成年者であるネパール王国人男を養子とする場合は，ネパール王国人男の本国法上の保護要件としてネパール王国政府の許可が必要であるが，その許可があることを証明する書面等の添付のない養子縁組届は，受理することができない（平16．9．10民一第2503号回答)。

⑩　日本人男がモンゴル人妻の子（モンゴル人女）を養子とした旨の報告的養子縁組届については，モンゴル国において養子縁組の登録に際し発行される養育証明書を戸籍法第41条に規定する証書として取り扱い，受理

して差し支えない（平18．7．5民一第1516号回答）。

⑪　日本人男とインドネシア人（未成年）との養子縁組届については，インドネシア国においては，外国国籍の者がインドネシア国籍の子と養子縁組をするためには，養子縁組を希望されたインドネシア国籍の養子は，社会省から許可書をもらうことが必要であるが，養子となる者がインドネシア人夫婦の嫡出子であり，縁組の届出前に父母が離婚し，母は養親となる者である日本人男と婚姻している場合は，インドネシア法上は実母と婚姻した外国人と子は既に親子とみなされるから，あえて縁組を成立させる必要がないという理由で社会省の許可が得られないので，養子となる者の実母と養親となる者が婚姻している事案においては，社会省の許可は保護要件には当たらないから，社会省の許可書が添付されていなくても，受理して差し支えない（平21．7．2民一第1596号回答）。

⑫　日本人夫婦がインドネシア人（成年）を養子とする創設的養子縁組届については，インドネシア法では5歳未満の者が養子となることができるが，5歳未満の者が養子となるときに必要とされる社会省の許可についての保護要件は，成年養子に適用すべきでないから，社会省の許可は必要でないので，社会省の許可なく受理して差し支えない（平21．7．2民一第1598号回答）。

⑬　日本人男がモロッコ人を養子とする創設的養子縁組届については，モロッコ法上養子の保護要件は存在しないので，受理して差し支えない（平22．3．18民一第677号回答）。

⑭　帰化後日本人養父及び韓国人実母夫婦の養子となる共同縁組の届出により日本人養父の戸籍に入籍した養子が日本人養父とのみ離縁した場合においては，韓国人養母との縁組が継続しているので，民法第816条第1項ただし書の規定が適用され，養子は縁組前の氏に復さないから，養子の戸籍に変動はない（平21．6．24民一第1530号回答）。

⑮　日本人養父とフィリピン人実母夫婦の養子となる共同縁組後，帰化により養父の戸籍に入籍した養子が養父とのみ離縁した場合においては，

民法第816条第1項ただし書の規定により、養子は縁組前の氏に復さないため、養子の戸籍に変動はない（平21．6．24民一第1531号回答）。

⑯　日本人男とペルー人女夫婦を養親、ペルー人女の嫡出でない子（日本国籍）を養子とする養子縁組届については、ペルー人女の本国法における渉外養子縁組に関する規定であるペルー民法第2087条を反致規定と見て、ペルー人女について日本法を適用した上で受否の判断をして差し支えない（平22．12.13民一第3139号回答）。

第4　婚　姻　届

1　領事婚
I　領事婚の成否

民法第741条は、外国に在住する日本人相互間の婚姻についてその国に駐在する日本の大使・公使又は領事に婚姻の届出をすることができると規定している。

これは、絶対に婚姻挙行地の方式によるべきであるとするときは、所在国が宗教的儀式を婚姻の方式としており、その宗教に属さなければ儀式が挙行できないような法制である場合は、当該国に居住するその宗教に属さない日本人は、有効な婚姻をすることができないこととなるので、在外日本人の便益を考慮して婚姻の方式に関する準拠法である挙行地法主義の例外として本国の方式により得る途を認めたものである。

この点について、学説は、外国人間の日本における婚姻についての条約がなければ、領事婚を自国の公益上認めるべきでないとする説（久保・「婚姻の成立」国際私法講座2巻532頁）と、改正前法例第13条第2項及び民法第741条の解釈から少なくとも同一国籍を有する外国人間の日本あるいは第三国における領事婚を国際慣例として当然に認められるべきであり、国内法上も同等の効力をもつものであるとする説（折茂・前掲書247頁、江川・国際私法257頁）（多数説）に分かれていた。

戸籍実務では、これらの規定は、相互主義の原則上日本に駐在する外国

の大使・公使又は領事にも同国の国民相互間の婚姻について同様の権限を認める趣旨であると解し，少なくとも同一国籍を有する外国人間の日本あるいは第三国における領事婚の成立を認めている（昭26．5．10民事甲第891号回答，昭27．9．18民事甲第274号回答，昭39．4．17民事甲第699号回答，昭40．3．1民事甲第479号回答，昭40．3．11民事甲第521号回答，昭40．6．23民事甲第1229号回答）。

なお，昭和36年4月に公表された法制審議会国際私法部会小委員会の「法例改正要綱試案（婚姻の部）」は，領事婚について次のとおりまとめられ，広く両当事者が国籍を異にする場合にも領事婚の成立を認めようとしていた（山田・前掲書203頁）。

　第4　外交婚・領事婚については，次の両案があり，なお検討する。
　　甲案　当事者のいずれか一方の本国法に従い，本国の大使，公使又は領事のもとで挙行された婚姻は，方式上有効とすること。
　　乙案　右の甲案に，「ただし，日本で婚姻する場合において当事者の他の一方が日本人であるときはこの限りでないものとすること。」を加える。

ところで，平成元年に法例が改正された際に，婚姻の形式的要件としての婚姻の方式は，公の秩序に関するものであるとして，絶対的婚姻挙行地法主義をとっていた従来の考え方を改めた。すなわち，法例第13条第3項は「当事者ノ一方ノ本国法ニ依リタル方式ハ前項ノ規定ニ拘ハラズ之ヲ有効トス」として，婚姻の方式は，婚姻挙行地の法律以外に，当事者の一方の本国法によることもできることとされた。ただし，当事者の一方が日本人であって，日本で婚姻するときは，これを認めないとしている（法例13Ⅲただし書）。

法例が改正され，婚姻の方式は，当事者の一方の本国法によることもできることとなったために，改正前法例では無効とされていた，次のような婚姻も，我が国において有効となる。

(1)　イギリス人とドイツ人が駐日ドイツ国大使館でドイツ国の方式によ

り婚姻を挙行した場合のように，我が国に在住する外国の領事が当該外国国籍を有する者と，当該国籍を有しない外国人との婚姻を挙行した領事婚
(2) ギリシャ正教会が外国人であるギリシャ正教徒について行った宗教婚のように，我が国にある外国の教会が外国人について行った宗教婚
なお，通則法第24条第3項は，法例第13条第3項と同様に規定している。

Ⅱ 領事婚の成立が認められなかった事例
(1) 昭和6年に関東洲大連のアメリカ領事館において同国領事の立会の下にアメリカ人男と日本人女が結婚の挙式をした場合（昭30.7.27民事二発第355号回答）。
(2) カンボジア在住のフランス人男と日本人女が駐カンボジアフランス大使館において婚姻した場合（昭35.8.3民事甲第2011号回答）。
(3) ニュー・ジーランド在住のタイ国人男と日本人女が駐ニュー・ジーランドタイ国大使館で婚姻登録をした場合（昭44.12.19民事甲第2733号回答）。
(4) ブルガリア人男と日本人女が駐タンザニアブルガリア大使館において婚姻した場合（昭46.2.23民事甲第631号回答）。
(5) ラオス国に在住当時フランス人男と日本人女が駐ラオスフランス大使館において婚姻登録をした場合（昭51.8.10民二第4562号回答）。
(6) ヴィエトナムにおいてアメリカ人男と日本人女が同国駐在の米国大使館において婚姻登録をした場合（昭52.5.2民二第2595号回答）。
(7) 中国人男と日本人女とが中華民国駐大阪総領事に対して婚姻の届出をした場合（松江家審昭40.3.10家裁月報17・4・80）。

2 跛行婚

平成元年の法例の改正前において，婚姻が日本で行われたが，日本法の方式に従ってされなかったため，当事者の双方又は一方の本国法上は有効に婚姻が成立したものと認められるが，日本法上婚姻の効力を有しないとされたもの，すなわち，跛行婚が生じたものに，次のようなものがある。

第3節　各種の届出

(1)　ポルトガル人男と日本人女とが日本においてポルトガル国のカトリック教会法の方式によって婚姻し，同婚姻に関する同国領事の証明書を添付してある場合（昭28．8．15民事甲第1458号回答）。
(2)　ギリシャ人男と日本人女が日本においてギリシャ正教会の儀式にのっとり法的婚姻をした旨の駐日ギリシャ領事の証明がある場合（昭37．8．22民事甲第2374号回答）。
(3)　ガーナ人同士が日本において日本人司祭によって挙式した場合（昭40．3．11民事甲第521号回答）。
(4)　日本に居住する中国人同士が中国の方式により婚姻をした場合（昭41．6．8民事甲第1266号回答）。
(5)　無国籍者が日本においてユダヤ教の方式により挙式した場合（昭43．12．11民事甲第3570号回答）。
(6)　中国人男と日本人女とが日本において中国の方式により婚姻した場合（東京家審昭41．11．26家裁月報19・6・101）。

　これらの婚姻は，法例の改正前のものであって，これがそのまま法例の改正後も維持されるものではない。すなわち，法例第13条第3項は「当事者ノ一方ノ本国法ニ依リタル方式ハ前項ノ規定ニ拘ハラズ之ヲ有効トス」とし，婚姻の方式は，当事者の一方の本国法によることができることとして，「婚姻ノ方式ハ婚姻挙行地ノ法律ニ依ル」とする原則（法例13Ⅱ）に対する例外を定めている。このため，従来は有効に成立しないとされていた外国人である当事者の一方の本国法による婚姻も，法例の改正後は有効と認められることとなった。
　婚姻の方式が婚姻挙行地の法律によらないものは無効であるとしていた法例を改正したのは，跛行婚が発生することは望ましくないので，この跛行婚の発生を緩和するためである（南・「改正法例の解説㈡」法曹時報42・10・35，澤木・「法例改正の意義と内容」新しい国際私法250頁，南・「法例改正に関する基本通達の解説」前掲書65頁，住田・「法例改正と戸籍の実務」新しい国際私法339頁）。

しかし，当事者の一方が日本人であって日本において婚姻するときは，婚姻挙行地の法律である日本法によることとなるため（法例13Ⅲただし書），民法第739条により婚姻は，戸籍法の定める届出をする必要があるので，相手方である外国人の本国法の方式による婚姻は，我が国に関する限り，依然として有効な婚姻として認めることができず，跛行婚が発生する可能性は残されている。

なお，通則法第24条第3項は，法例第13条第3項と同様に規定している。

3　婚姻の成立

①　ペルー人男と中国人女の創設的婚姻届については，ペルー人男がその本国法であるペルー法上日本に住所を有すると認められる場合は，反致が成立するものとして，その婚姻要件について日本法を適用して差し支えない（平18. 7. 25民一第1690号回答）。

②　ベネズエラ・ボリバル共和国人女（以下「ベネズエラ人女」という。）と日本人男との創設的婚姻届については，ベネズエラ・ボリバル共和国（以下「ベネズエラ」という。）の国際私法第21条は，「婚姻を成立させる権限及び婚姻成立のための必要条件は，各当事者について，それぞれが住居を定める国の法に従う。」と定めており，これは反致の規定と考えられるので，反致が成立するためには，ベネズエラ法上ベネズエラ人女の住所が日本にあると認められなければならないが，本件婚姻届については，反致が成立すると否とにかかわらず，ベネズエラ人女は婚姻の実質的成立要件を満たしていると認められるので，受理して差し支えない（平21. 2. 25民一第446号回答）。

4　婚姻の方式

法例の改正前における婚姻の方式についての取扱いは，次のとおりであった。

(1)　外国に在住する日本人男と外国人女が戸籍法施行規則第59条に定める様式によって婚姻届を作成し，これを夫の本籍地に送付した場合は，改正前法例第13条の適用については婚姻の挙行地を日本と解し有効で

ある（昭26.3.6民事甲第412号回答）。
(2) 外国に在住している日本人男と外国人女との婚姻届を在外公館長が受理して夫の本籍地市町村長に送付した場合，在外公館長は，このような婚姻届を受理する権限を有しないので，夫の本籍地市町村長がこれを受理したときに婚姻の効力を生じるとする（大15.2.3民事第281号回答，昭11.2.3民事甲第40号回答）。

　これらの取扱いは，郵送した婚姻届書が到着した地を婚姻挙行地と擬制することによって，改正前法例第13条の規定に合致する婚姻であると解釈していたものである。

　しかし，法例第9条第1項は，「法律ヲ異ニスル地ニ在ル者ニ対シテ為シタル意思表示ニ付テハ其通知ヲ発シタル地ヲ行為地ト看倣ス」と規定しているため，郵送に付した地が行為地とされることから，郵送による婚姻の届出の行為地は，届書を発送に付した地であるとして，従来の取扱いには問題があった。

　そこで，法例の改正後においては，当事者の双方又は一方が日本人である場合における外国からの郵送による創設的な婚姻の届出は，当事者の一方の本国法による方式であるとして，その届出が有効であることに変わりはない（平元.10.2民二第3900号通達第1，1(2)）が，その届出が有効であるとする根拠が変わったのである（住田・「法例改正と戸籍の実務」前掲書341頁）。

　なお，通則法第10条第3項は，法例第9条第1項と同様に規定している。

5　届出地

　外国人男と外国の方式によって婚姻した日本人女が婚姻証書の謄本をその国に駐在する在外公館長に提出することなく，日本に帰国した後提出する場合は，戸籍法第25条の一般原則により本籍地又は所在地のいずれに提出しても差し支えない（昭49.8.28第15回沖縄県連合戸籍事務協議会決議第4問）。

第8章　渉外戸籍事件の戸籍実務の処理

6　届出人

　外国に在住する日本人がその国の方式に従って婚姻し，戸籍法第41条の規定によって証書の謄本を提出する場合は，必ずしも夫婦の双方の署名を要するものではなく，また，証人の連署も必要でないとされている（昭28. 4. 8民事甲第561号回答）。
　この戸籍先例は，外国の方式で婚姻したのが昭和18年9月であること，妻は届出前に死亡していること，という事情にある場合の届出についてのものであるので，在外日本人が戸籍法第41条の届出をする場合のすべてに妥当するものではない。すなわち，婚姻の当事者の双方が日本人であるときは，婚姻後に称する夫婦の氏（民750），夫婦について新戸籍を編製する場合における新本籍（戸16Ⅰ・30Ⅰ）などを夫婦が協議した上で届出しなければならないので（昭25. 1. 23民事甲第145号回答），夫婦双方が届出人となる必要がある。結局，報告的婚姻届出と創設的婚姻届出との違いは，証人の連署を必要としないという点にある。

7　証　人

　婚姻届には成年の証人が2名以上必要であるが，外国人も婚姻届の証人となり得る。証人の資格である成年者であるかどうかについては，通則法第4条の規定によってその者の本国法が準拠法となる。また，その者が印鑑を常用しない外国人であれば，署名のみで差し支えない（外国人ノ署名捺印及無資力証明ニ関スル法律1Ⅰ）。

8　戸籍の記載

　①　外国人の氏名の記載については，従来は名，氏の順序で記載し，名と氏とは「・」（ナカテン）で区別することとしていたが，昭和59年の国籍法及び戸籍法の一部を改正する法律によって，外国人と婚姻した日本人配偶者がその氏を外国人配偶者の称する氏に変更することが認められた（戸107Ⅱ）ことに伴い，外国人の氏名は，氏，名の順序により記載することに改められた（昭59.11. 1民二第5500号通達第4，3(1)）。したがって，昭和60年1月1日以降は，外国人の氏名の記載は，氏，名の順序により記載

するとともに，片仮名で記載する場合には，氏と名とはその間に読点を付して区別するものとされた（昭59.11.1民二第5500号通達第4,3(1)）。

② 戸籍の身分事項欄及び父母欄に外国人の氏名を記載するには，氏，名の順序により片仮名で記載するものとするが，中国人等その外国人が本国において氏名を漢字で表記するものである場合には，正しい日本文字としての漢字を用いるときに限り，氏，名の順序により漢字で記載して差し支えない（昭59.11.1民二第5500号通達第4,3(1)）。

ここでいう正しい日本文字としての漢字とは，日本で漢字として認められている字体，すなわち，一般的には漢和辞典に登載されている字体を指し，中国簡略字体など日本で通用しない漢字は含まれない。

③ 香港市民である中国系英国人から自己の氏名を英語式及び中国語式（漢字）で記載した出生登録証明書等を添付して漢字で氏名を表記した婚姻届書が提出された場合は，その漢字が正しい日本文字であると認められる限り，受理して差し支えない（昭60.8.1民二第4607号通知）。

この取扱いは，香港市民である中国系英国人についてのみ適用され，英国本国や他の領域の市民である中国系英国人には及ばない。

④ 日本人男と英国市民（海外）（British National（Over Seas））（以下「BNO」という。）旅券を所持する英国人女との婚姻が香港の方式で成立した旨の婚姻証書及び報告的婚姻届書中の妻の氏名が漢字で表記されている場合は，BNO旅券を所持していることは，従来，英国属領市民（British Dependent Territories Citizen）（「BDTC」という。）旅券を所持していた中国系英国人であることにほかならないので，1997年7月1日香港が英国から中華人民共和国へ返還された後においても，香港市民である中国系英国人，すなわち，香港で出生したことなどにより英国籍を取得した中国系の者についてのみ適用を認める昭和60年8月1日付け法務省民二第4607号民事局第二課長通知は，BNO旅券を所持している中国系英国人についても適用があるとみなして届書記載のとおり戸籍へそのまま漢字で記載して差し支えない（平13.4.9民一第938号回答）。

第8章　渉外戸籍事件の戸籍実務の処理

⑤　日本人男の身分事項欄に婚姻事項を記載するに当たって，配偶者であるヴィエトナム人女の氏名中にある「THI」(ティ)の文字については，ヴィエトナム国においては，「THI」を含めた氏名表記が一般的に通用し，公文書において省略することが認められていないので，人の特定という観点からは，その表記に従って記載するのが相当であるから，ヴィエトナム人女の氏名の中の「THI」(ティ)は，省略することなく記載する（平9.10.9民二第1848号回答）。

⑥　パレスチナ人が日本人と婚姻等の身分関係を形成して日本人の戸籍の身分事項欄にその事項が記載される場合，あるいは，パレスチナ人が日本へ帰化する等して新たに戸籍が編製される場合に，戸籍届書や戸籍にパレスチナ人の国籍をいかに表記するかについては，パレスチナ人を無国籍として取り扱わないとされたこと（平19.10.3民一第2120号通知），パレスチナ地域は国家として承認されていないが，外国人登録上の国籍の表記が「無国籍」から「パレスチナ」へ変更されたこと（平19.10.11管登第14245号通知）を考慮して戸籍においても「パレスチナ」と表記することが相当である（大西・「日本で出生したパレスチナ人父母間の嫡出子出生届について，事件本人の父母の国籍につき「パレスチナ」と表記した上で，外国人夫婦間の嫡出子出生届として受理して差し支えないとされた事例」民事月報63・6・121）。

⑦　外国に在住する日本人間の婚姻が在外公館において受理され，夫の本籍地を経由して妻の本籍地に送付された場合は，中間経由した夫の本籍地の表示を省略して戸籍の記載をして差し支えない《注1》。

⑧　外国に在住する日本人夫婦から婚姻証書の謄本を添付した婚姻届の提出があった場合は，婚姻証書の謄本に記載された夫の本籍が転籍しており，また，婚姻後の新本籍の表示も住居表示の実施により変更しているときは，いずれも重要な誤りとは考えられないので，婚姻届書に夫の父母が転籍している旨及び住居表示の実施に伴い町名が変更した旨を記載し，市長の職印を押印した付せんをちょう付した上，戸籍の記載をして差し支

ない《注2》。

⑨　外国に在住する日本人間の婚姻届が外務省を経由して送付されてきた場合に届書によれば，夫は再婚で先妻とは死別したとされているが，戸籍上先妻の死亡の記載がないときであっても婚姻の記載をし，先妻の死亡届については，届出を催告する取扱いで差し支えない（昭49．5．22～23第26回四国地区連合戸籍事務協議会決議第5問）。

⑩　外国に在住する日本人男が外国人女と所在国の方式により婚姻し，戸籍法第41条に基づいて在外公館を通じて婚姻証書の謄本等が送付される場合の「婚姻証書」とは，当該証書を作成することにより婚姻の効力を生じる，すなわち，婚姻の効力の発生を証書の作成にかからしめている方式の婚姻をしたときに作成される証書をいい，「婚姻証明書」とは，婚姻が有効に成立していることを対外的に証明する文書をいうものと解される（昭49．10．17～18第28回高知県連合戸籍事務協議会総会決議第5問）《注3》。

なお，昭和54年の戸籍法施行規則の一部改正（同年12月1日施行）により戸籍の記載は，「婚姻証書謄本」と「婚姻証明書」とを区別することなく，「証書」と記載することとされたので，両者を区別する必要はなくなった。

⑪　日本国籍と外国国籍との二重国籍を有する男が外国人として日本人女と婚姻し，これが誤って受理され，妻の戸籍に外国人男との婚姻として婚姻事項の記載がされている場合は，夫婦の双方から夫の本籍・氏名，婚姻により夫婦の称する氏，新本籍について追完の届出をさせ，これに基づいて戸籍の記載をし，妻の婚姻前の戸籍の婚姻事項は，原則として戸籍法第113条の規定により戸籍訂正をしなければならない。

なお，当事者の一方が追完の届出を拒否しているため，夫婦の双方から追完届ができないときは，便宜当事者の他の一方から夫の本籍・氏名，夫（又は妻）の氏を称する婚姻であることの追完の届出をさせ，これに基づき戸籍の処理をして差し支えない（昭30．6．28民事二発第255号回答，昭30．10．15民事甲第2156号回答，昭30．3．15～16昭和29年度静岡県戸籍事務連合会総

第8章　渉外戸籍事件の戸籍実務の処理

会決議第3問）。

《注1》　質疑応答〔1043〕戸籍304・71
《注2》　質疑応答〔1028〕戸籍298・75
《注3》　都竹・「実務相談」戸籍時報200・75

9　婚姻証明書の取扱い

①　ペルー国ウアチョ司教区発行の婚姻証明書は，宗教上の婚姻をした旨を証する書面であり，宗教上の婚姻は，市区町村役所の戸籍簿に記載されない限り，民事上の効力は発生しない（ペルー民法典（1936年8月30日法律）124，126）ことから，これをもって婚姻が有効に成立したものとは認められないので，戸籍法第41条に規定する有効な婚姻証明書として取り扱うことができない（平6.2.16民二第941号回答）。

②　スウェーデン国税務署発給の身分事項証明書については，婚姻の方式を証する書面（婚姻証書を共に提出させることにより同国の婚姻を証する書面として取り扱って差し支えない（平6.5.9民二第3007号通知）。

③　ヴィエトナム国ホーチミン市人民委員会発行の婚姻証明書については，ヴィエトナム国における婚姻登録機関であるホーチミン市人民委員会が証明し，発行する結婚許可書と同義と考えられるので，ヴィエトナム国の権限ある官憲が作成した証明書として戸籍法第41条第1項に規定する証書と取り扱って差し支えない（平9.10.9民二第1848号回答）。

④　日本人女がアルバニア共和国人男と同国の方式により婚姻した旨の同国官憲発行の婚姻証明書を添付してされた報告的婚姻届については，同証明書を戸籍法第41条に規定する証書として取り扱い，受理して差し支えない（平17.8.2民一第1741号回答）。

⑤　コソボ共和国人男と日本人女との報告的婚姻届については，その届書に添付されたコソボ共和国プリッツレン市発行の婚姻証明書を戸籍法第41条に規定する証書と認めて受理して差し支えない（平22.2.2民一第255号回答）。

⑥　日本人女とニジェール人男との報告的婚姻届については，婚姻届に添付された婚姻証明書は，ニジェール共和国の方式により婚姻が成立していることを証明するニジェール共和国官憲から発行された有効な書面であるから，当該婚姻証明書を戸籍法第41条の証書として取り扱い，受理して差し支えない（平22.4.28民一第1092号回答）。

10　婚姻要件具備証明書の取扱い

①　ミャンマー人男と日本人女との婚姻届については，ミャンマー国の地方裁判所公証弁護士の作成した独身証明書は，婚姻要件を具備していることを証する書面に当たるので，届出を受理して差し支えない（平7.9.14民二第3747号回答）。

②　日本人男とリトアニア人女との婚姻届については，添付されたリトアニア国の法務省が発給した婚姻に関する証明書を権限ある本国官憲発行の婚姻要件具備証明書と認めて受理して差し支えない（平7.10.23民二第4085号回答）。

③　マリ共和国人男と日本人女との創設的婚姻届については，マリ共和国において発給された独身証明書は，マリ共和国の法制上婚姻の成立に必要な要件を備えていることを証明する書面として認められるので，受理して差し支えない（平16.4.13民一第1178号回答）。

④　カンボジア王国人男と日本人女との創設的婚姻届については，添付されたカンボジア王国人男の独身証明書を婚姻要件具備証明書として取り扱って差し支えない（平20.1.17民一第156号回答）。

⑤　ブラジル人を当事者とする創設的婚姻届については，ブラジル人当事者について，同国民法第1521条第6号の規定により禁止されている既婚者間の婚姻に該当しないことの要件を審査するために，ブラジル本国で発行される出生証明書（CERTIDAO DE NASCIMENTO）を添付させ，その記載内容により審査する取扱いとされているが，当該証明書の備考欄に「記載事項無し（Nada Consta）」の記載がある出生証明書又は備考欄が空白である出生証明書の提出があった場合は，ブラジル国の登記所によって

は備考欄に「記載事項無し」と記載するところもあるが，特段記載すべき事項がないときには何も記載することなく空欄のままで出生証明書を発行する登記所もあるので，これを独身証明書として取り扱って差し支えない（平21.3.26民一第762号通知）。

⑥　ニジェール人男と日本人女との創設的婚姻届については，ニジェール共和国においては，公的機関が発行する婚姻要件具備証明書はないが，公的機関である民事・慣習事件担当裁判官が発行する独身証明書が存在し，キリスト教会作成の証明書は無効であるから，ニジェール人男から出身地裁判所の民事・慣行事件担当裁判官が発行する独身証明書の提出を求めた上で，ニジェール人男について独身であることが確認できれば，受理して差し支えない（平21.2.27民一第474号回答）。

11　宣誓書の取扱い

①　セイロン人男と日本人女との婚姻届については，夫の本国政府から婚姻能力を証する書面を得ることが困難であり，長時間を要するとの理由によりセイロン人男からの婚姻能力を有する旨の宣誓書（領事官の立会いのもとに作成されたもの）の添付があれば，受理して差し支えない（昭34.1.30民事甲第168号回答）。

②　イラン人男と日本人女との婚姻届については，婚姻要件具備証明書の交付を在日イラン大使館に申請したが，拒否されたとの理由によりイラン人男から重婚でないこと及び本国法によって婚姻の実質的要件を具備している旨の宣誓書を徴した上で，受理して差し支えない（昭59.2.10民二第720号回答）。

③　モロッコ人男と日本人女との婚姻届については，モロッコ人男から重婚でない旨の宣誓書を徴した上で，受理して差し支えない（昭62.7.2民二第3458号回答）。

④　パキスタン人男と日本人女との婚姻届については，パキスタン人男から要件具備証明書を提出できない旨の申述書及び重婚でない旨の宣誓書を徴した上で，受理して差し支えない（平6.10.5民二第6426号回答）。

⑤　日本人男とラトヴィア人女との創設的婚姻届については，ラトヴィア共和国リガ市役所発行の結婚障害欠如宣誓書は，独身であること及び婚姻障害がないことについての正当な書面であるから，当該宣誓書を婚姻要件具備証明書として取り扱い，受理して差し支えない（平15．3．24民一第837号回答）。

⑥　パラオ共和国人男と日本人女との創設的婚姻届については，届書に添付された「AFFIDAVIT」及び「CERTIFICATE OF LIVE BIRTH」の書面によりパラオ共和国人男につき婚姻要件を具備していると認められるので，受理して差し支えない（平20．5．23民一第1475号回答）。

12　申述書の取扱い

日本人男とウクライナ人女との婚姻届については，添付されたウクライナ人女の出生証明書等とウクライナの婚姻と家族法の法文の写しを前提として要件審査が可能であり，いずれも婚姻の実質的要件を具備しているものと考えられるが，ウクライナ人女から本国法上の婚姻の実質的成立要件を具備している旨の申述書を徴した上で，受理して差し支えない（平7．2．24民二第1973号回答）。

第5　離　婚　届

1　協議離婚

①　平成元年の法例の改正までは，外国人男と日本人女が離婚する場合の準拠法について，改正前法例第16条は，離婚の原因たる事実の発生した時における夫の本国法によるべきであるとしていたため，日本において協議離婚の届出をしようとする場合は，夫である外国人の本国法により協議離婚をすることができる旨の証明書（かかる証明書を発行する権限のある者の署名のあるもの）を提出させた上，これを受理するのが相当であるとされていたことから，市町村長は，「本国法によれば協議離婚を日本の法律によってすることができる。」旨の権限ある本国官憲の証明書が添付された場合は，これを受理して差し支えないという取扱いであった（昭26．6．

14民事甲第1230号通達）。また，夫の本国法が協議離婚制度を設けていないとしても，その本国法が住所地又は行為地である日本の法律を離婚の準拠法として反致を認める場合には，その旨の本国の官憲の発給した証明書を提出させ，これを受理して差し支えないものとしていた（昭41．6．3民事甲第1214号回答）。

平成元年の改正後の法例第16条（通則法第27条）は，離婚の準拠法を第1に夫婦の同一本国法，第2に夫婦の共通常居所地法，第3に夫婦に最も密接な関係がある地の法によるとの3段階連結により指定している。

なお，夫婦の一方が日本に常居所を有する日本人であるときは，日本の法律によることとしている。

そこで，外国人夫婦又は日本人と外国人の夫婦が協議離婚する場合において，第3段階の連結点である「夫婦に最も密接な関係がある地」が日本であると認定する場合には，市町村長は管轄法務局の長の指示を求めることとされている（平元.10.2民二第3900号通達第2，1(1)イ(イ)，エ(イ)）。

そして，指示を求められた管轄法務局の長は，当分の間，(1)日本での夫婦の居住状況，(2)婚姻中の夫婦の常居所地，(3)夫婦間の未成年の子の居住状況，(4)過去の夫婦の国籍国，(5)その他密接関連地を認定する参考事項を調査の上，意見を付して法務省民事局第一課長あて照会することとされている（平元.12.14民二第5476号通知記2，平3.12.5民二第6047号回答，平3.12.5民二第6048号回答，平3.12.5民二第6049号回答，平3.12.13民二第6123号回答，平3.12.13民二第6124号回答，平3.12.13民二第6125号回答，平4.2.28民二第887号回答，平4.7.17民二第4372号回答，新谷・「離婚の際に最も密接な関係がある地が日本であると認定する場合について」戸籍575・37）。

②　韓国においては，協議離婚が認められており，その方法については，協議上の離婚は，戸籍法の定めるところにより届出をすることによって，その効力を生じるとされていたが，1977年法律第3051号により協議離婚は，家庭法院の確認を受け，戸籍法の定めるところにより届出をすることによって，その効力を生じると改正され（韓国民法836Ⅰ），1979年1月1日

から施行された。

なお，2007年法律第8435号（2008年1月1日施行）により「戸籍法」が「家族関係の登録等に関する法律」に改められた。

戸籍実務では，この家庭法院の確認は，離婚の形式的要件，すなわち，方式に属するものとして改正法施行後も日本において夫が韓国人である夫婦につきその確認を得ることなく，協議離婚届出がされた場合は，従来どおりこれを受理して差し支えないとされていた（昭53.12.15民二第6678号通知）。

ところで，韓国においては，在日韓国人夫婦が協議離婚をする場合には，日本の方式により協議離婚の届出を日本の市町村長に提出し，その受理証明書を韓国の戸籍官署に提出することにより離婚を申告することができる取扱いであったが，家庭法院の離婚意思の確認は，離婚の実質的成立要件であって，これを欠いた離婚は無効であるとして，2004年3月17日，日本の方式に従って協議離婚をした在日韓国人夫婦の戸籍上の届出の取扱いを定めた同国の大法院戸籍例規第322号を同例規第668号により廃止し，同例規第668号の施行日である2004年9月20日以降，従来の取扱いは認められないこととなり，今後は当事者双方が在日韓国大使館に協議離婚の申告をし，その後同国の家庭法院による離婚意思存否の確認を受けなければ，韓国当局は離婚の成立を認めないとする取扱いとなった。

そこで，在日韓国人夫婦から日本の方式による適法な協議離婚の届出が日本の市町村に提出された場合には，これを通則法第34条第2項に基づく行為地法によるものとして受理せざる得ないが，当該受理をもっては，韓国法上協議離婚の成立は認められないことから，在日韓国人夫婦の協議離婚につき相談等があった際には，相談者に対し取扱いの変更の概略を説明し，その詳細については，在日韓国大使館等に問い合わせるよう対応することとされている（平16.9.8法務省民事局民事第一課補佐官事務連絡）。

③ アメリカ合衆国においては，協議離婚制度がないと考えられるので，アメリカ人男との協議離婚の届出は受理しないのが相当であるとされた

（昭26.6.14民事甲第1230号通達，昭29.4.12民事甲第738号回答）。また，フランスにおける当事者相互の合意に基づく離婚は，裁判官が当事者の離婚の意思が真実のものであり，かつ，夫婦の自由意思によるものであるとの心証を得た上，離婚の言渡しをすることによって，初めて成立するものとされ，裁判官による離婚の言渡しを要件としており，この点において戸籍事務管掌者への届出のみによって成立する我が国の協議離婚とは要件を異にするので，フランス人男との協議離婚の届出は受理しないのが相当であるとされ（昭54.12.12民二第6121号回答），この場合においては，調停離婚等裁判手続をとるのが相当である（澤木・「渉外離婚調停と23条審判」判例タイムズ454・3）というのが，戸籍実務の取扱いであったが，フランス人夫と日本人妻との協議離婚届は，反致が認められるので受理することができるとされていた（昭59.11.30民二第6159号通達）。また，従来，スペインでは，離婚が禁止されていたが，1981年7月に同国の民法典が改正され，離婚制度が設けられた。スペインにおける離婚は，「離婚による婚姻の解消は，離婚を宣言する旨の裁判所の判決によってのみなしうる」と規定し（スペイン民法89），裁判離婚のみを認め，協議離婚は認めていないが，同国の離婚に関する国際私法の規定によれば，「離婚は夫婦が共通の国籍を有しない場合は，夫婦の共通の常居所地の法令による」こととされているので（同法107），日本に夫婦の共通の常居所がある場合には，日本の法律に準拠して協議離婚をすることができるとしていた（昭60.8.1民二第4609号回答）。しかし，平成元年の法例の改正により離婚については，反致が認められないとされた（法例32ただし書，通則法41ただし書）。

④　ブラジル人夫婦の離婚の実質的成立要件の準拠法は，夫婦の本国法が同一の場合はその共通本国法によることとされているので（通則法27），ブラジル離婚法（1977年12月26日法律第6515号）となる。ブラジルにおいては，従来，離婚そのものが認められなかったが，離婚法の制定によりこれまで民法上認められていた「別居」に代わるものとして，「裁判上の離別」が採用され，裁判上の離別が3年以上継続しているときに限って離婚が可

第3節　各種の届出

能となった。協議離婚の制度は採られていない。また，ブラジル法には，「常居所を有する国の法律により身分行為を行うことができる」という反致に関する規定があるが，日本の国際私法である通則法は，離婚の準拠法の決定について段階的連結制を採用していることから，離婚について反致を認めていない（通則法41ただし書）。したがって，ブラジル人夫婦から行為地法である日本の法律に従って夫婦の所在地の市町村長に協議離婚の届出がされても，ブラジル離婚法は協議離婚を認めていないから，離婚の実質的成立要件を満たさないので，これを受理することができない（平6．2．25民二第1289号回答）。

⑤　パラグアイ人である未成年の子の親権者を妻と記載したパラグアイ人夫と日本人妻との協議離婚届については，親権の準拠法である子の本国法のパラグアイ法では，父母が離婚した場合，未成年の子の親権者は，家庭裁判所（少年監護裁判官）が定めることとされており，父母の協議により親権を定める法制を採っていないから，子の親権者を父母の協議により定めることはできず，家庭裁判所により定められなければならないが，本件協議離婚届は，未成年者の子の親権者が家庭裁判所によって定められたものでないため，その親権者の定めを欠くものとして，受理することはできない（平10．11．25民二第2244号回答）。

⑥　イタリア人夫と日本人妻とのオランダ国法上の登録パートナーシップ制度に基づく同居契約解消登録により離婚が成立した旨の報告的離婚届については，オランダ国の方式による離婚が成立したものと認め，提出された婚姻登録より同居契約登録への移行登録抄本を戸籍法第41条の証書の謄本とみなし，同証書の謄本提出による報告的届出として，処理して差し支えない（平16．4．26民一第1320号回答）。

⑦　未成年の子を有するパキスタン人男とブラジル人女の夫婦の協議離婚に関しては，法の適用に関する通則法上の最も密接な関係がある地又は国の法として，協議離婚の実質的要件については，日本法を適用し，協議離婚の届出を受理して差し支えないが，協議による親権者指定については，

239

第8章　渉外戸籍事件の戸籍実務の処理

パキスタン法を適用し，子の本国法たるパキスタン法（ムスリム法）上離婚の際に父母の協議により親権者を指定することはできないので，親権者の定めを削除させることが相当である（平21．8．17民一第1953号回答）。

⑧　ブラジル人男とウクライナ人女との創設的離婚届については，親権者指定の準拠法であるウクライナ法が要件としている裁判所の決定による同人らの子の親権の定めを欠いているので，受理することができない（平22．8．6民一第1934号回答）。

なお，親権者の指定に関して日本の裁判所が代行して決定した場合は，これをウクライナ法に基づく裁判所の決定と見て差し支えない。

⑨　コロンビア共和国人夫婦の協議離婚については，実質的成立要件として，同国の協議離婚に関する法令の定めに基づき，同国内の公証役場において所要の手続を経ることを要する。

日本の公証役場において上記の手続を代替することはできない（平22．9．13民一第2277号回答）。

⑩　外国人からの不受理の申出及び外国人を届出人とする届出受理後の通知については，次のとおり取り扱う（平20．5．27民一第1503号通達）。

1　外国人からの不受理の申出

外国人が届出によって効力を生ずべき認知，縁組，離縁，婚姻又は離婚であって日本人を相手方とするものの届出（以下「離婚等の届出」という。）について，あらかじめ市町村の窓口に出頭して自己を特定するために必要な事項を明らかにした上で，当該外国人を届出事件の本人とする離婚等の届出がされた場合であっても，当該外国人が自ら窓口に出頭して届け出たことを確認することができない限り，当該離婚等の届出を受理しないよう申出をした場合において，当該申出がされた離婚等の届出があったときは，当該申出人が出頭して届け出たことを確認することができなければ，当該離婚等の届出を受理することができない。この場合において，当該離婚等の届出に係る届書の提出を受けた市町村長は，遅滞なく当該申出をした者に対して，当該離婚等の届出が不受理とされ

240

たことを通知する。
　なお，当該申出については，次に示す取扱い以外は，平成20年４月７日付け法務省民一第1000号民事局長通達（以下「1000号通達」という。）に準じて行う。
(1)　申出書等は，1000号通達の様式（別紙６の１ないし10）に準じた様式によるものとするが，申出書等には，申出人の本籍の表示に代えてその国籍を記載するほか，その他欄に相手方（認知届については，被認知者）の本籍，筆頭者氏名及び氏名を記載する。
(2)　申出のあて先及び申出書の保管先は，当該申出の対象となる離婚等の届出の相手方（認知届については，被認知者）の本籍地の市町村長である。当該申出についての備忘的措置を講じる対象戸籍は，相手方（認知届については，被認知者）の戸籍とする。
(3)　申出がされたことによって離婚等の届出を受理することができなかった場合における通知のあて先は，当該申出書に記載された申出人の住所とする。
２　届出受理後の通知
　市町村長は，離婚等の届出についての届出事件の本人のうちに，本人確認をすることができなかった届出事件の本人があった場合において，当該本人が外国人であるときは，当該離婚等の届出を受理した後，遅滞なくその者に対して，当該離婚等の届出に係る届書上の住所あてに，転送不要の郵便物又は信書便物を送付する方法により，当該離婚等の届出が受理されたことを通知する。
　なお，上記以外の取扱いについては，1000号通達に準じて行う。
３　取扱いの開始日
　この取扱いは，平成20年６月６日以後に市町村長に提出されたものについて適用する。
２　調停離婚
①　日本人と外国人の夫婦について日本の家庭裁判所において調停によ

る離婚が成立した場合は，通則法第27条ただし書により準拠法として日本法が指定されるか，密接関連法が日本法であることを前提に離婚の調停がされたものと解され，この点については，家庭裁判所における調停の過程において判断される事柄であるから，離婚の準拠法が日本法でないことが明らかな場合を除き，調停調書の謄本を添付して離婚の届出があったときは，日本法を適用したものと解して，これを受理して差し支えない（南・「法例改正に関する基本通達の解説」新しい国際私法97頁）。

② 平成元年の法例の改正前は，離婚の準拠法となる夫の本国法に調停離婚制度がない場合は，家庭裁判所において離婚の調停が成立しても，改正前法例第16条の規定に違反するものとして，これを受理できないとする取扱いであった（昭26.8.3民事甲第1596号回答）が，家庭裁判所は，このような場合に離婚の調停を成立させるためには，その夫の属する本国の国際私法で日本法に反致するかどうかを調査する責務があり，反致すると認められる場合にのみ調停をなし得るものであるから，家庭裁判所で離婚の調停が成立した場合には，特に改正前法例第29条に該当しないことが明白である場合を除くほか，離婚の調停が可能な事案であると認め，調停に基づく離婚届は受理して差し支えないとしていた（昭28.4.18民事甲第577号通達）。しかし，平成元年の法例の改正により準拠法に序列を付けて適用する段階的連結の原則を採用する離婚については，反致が認められないこととされた（法例32ただし書，通則法41ただし書）。

3 審判離婚

日本に在住するアメリカ人（ハワイ州出身）夫婦の夫婦関係調整調停申立事件について，離婚の要件及び方式についての準拠法を夫婦の法定住所であるハワイ州法と認定した上，同州法によれば，離婚はすべて裁判所の裁判によるものとされており，我が国で実質的にこの方式に沿うのは，家事審判法第23条による審判であるとして，同条の審判により離婚を認めている（横浜家審平3.5.14家裁月報43・10・48）。

4 裁判離婚

① 離婚事件に関する国際的裁判管轄権は，原則として被告である離婚当事者が住所を有する国の裁判所にあるが，被告が原告を遺棄した場合又は被告が行方不明である場合その他国際私法生活における正義公平上これに準ずると認める場合においては，原告の住所が日本にある以上，被告の住所が日本になくても，日本の裁判所は国際的裁判管轄権を有するものと解するのが相当である（浦和地判昭58.12.21判例時報1112・112）。

② 外国人男と日本人女が外国の裁判所において裁判離婚をした場合に裁判の申立人である外国人男が外国に居住しているため，離婚の届出をしないとの理由で，在日している訴えの相手方である日本人女の代理人である弁護士から日本人女の委任状と離婚裁判の確定証明書を添付して離婚事項の記載の申出があっても，戸籍の届出で任意代理が認められるのは，戸籍法第37条第3項に規定する口頭による届出の場合のみであって，その他の場合には代理が認められないので，当該申出によることなく，裁判離婚の届出期間が経過した後に日本人女から改めて離婚の届出をさせなければならない（戸77Ⅰ・63Ⅱ）。

なお，昭和51年の戸籍法の改正前は，訴えの相手方である日本人女は裁判離婚の届出資格がなかったので，日本人女からされた離婚届は，これを受理することなく，離婚判決謄本等を資料として戸籍法第44条第3項，第24条第2項の規定による管轄法務局の長の許可を得て市町村長の職権で離婚の記載をすることとされていた（昭30.6.28民事二発第255号回答）が，昭和51年の戸籍法の改正により訴えの相手方にも届出資格が認められたので（戸77Ⅰ・63Ⅱ），裁判離婚の届出期間の経過後であれば，日本人女からの離婚の届出として戸籍の記載をする。

③ アメリカ合衆国ミズーリ州クレイ郡巡回裁判所においてされた日本人男と米国人女との離婚判決の判決書謄本を添付した離婚届は，受理して差し支えない（平11.4.23民二第872号回答）。

④ アメリカ合衆国ハワイ州の家庭裁判所の離婚判決中に，父母離婚後

の親権を共同親権としている場合には、日本人子の戸籍に親権事項の記載を要する（昭58．3．7民二第1797号回答，昭58．9．7民二第5328号回答）。

⑤　日本人女とシンガポール人男との離婚がシンガポールで成立したとする報告的離婚届については，その届書に添付された証明書（最終判決）に最終判決日として記載されている日をもって，離婚判決が確定していることが認められるので，受理して差し支えない（平21．8．31民一第2050号回答）。

⑥　パラオ人男と日本人女の夫婦につきパラオ共和国パラオ民事訴訟裁判所による離婚の判決に基づき届出された報告的離婚届については，離婚届に添付された判決書謄本は，パラオ共和国裁判所によって作成されたものであるので，受理して差し支えない（平22．6．9民一第1444号回答）。

第6　死　亡　届

1　在日外国人の死亡届の処理

戦前は，在日外国人が死亡すると，死亡届を受理した市町村から区裁判所に報告し，区裁判所からその死亡者の属する国の駐日領事に通知していたが，戦後は，連合軍総司令部の覚書により市町村から区裁判所に報告し，区裁判所から司法省（法務省）にこれを送付する取扱いであった（昭21．9．10民事甲第583号通達）。しかし，この取扱いは，昭和26年に総司令部の覚書により廃止され（昭26．11．15民事甲第2177号通達），その後，ドイツ，インド，アメリカ，ソヴィエトの4か国の国民が我が国において死亡したときは，我が国は，2国間の個別国際取極に基づき相互に死亡通知をすることとされていた（昭27．9．8民事甲第170号通達，昭35．6．3民事甲第1356号通達，昭39．7．27民事甲第2683号通達，昭42．8．21民事甲第2414号通達）が，昭和58年10月3日に我が国が「領事関係に関するウイーン条約」（以下「領事条約」という。）に加入し，同年11月2日から同条約が我が国についても効力を生じたことに伴い，外国人が我が国において死亡したときの通報についての取扱いが変更され，ドイツ人及びインド人が我が国において死亡

した場合に行っていた個別の死亡通知は，これを行う必要がないこととされた（昭58.10.24民二第6115号通達）。

領事条約に基づく死亡通報は，次のような方法で行うこととされている。
1　外務省領事局外国人課あてにする死亡通知の対象となる外国人（以下「対象外国人」という。）は，領事条約の締約国の国民であるか否かにかかわりなく，アメリカ合衆国及びソヴィエト連邦（ロシア）の国民並びに無国籍者を除くすべての外国人とする。
2　対象外国人の死亡届書の氏名の記載に当たっては，
　①　死亡者の氏名は，片仮名で表記させ，かつ，その横にアルファベット文字による死亡者の氏名をも付記させる。
　②　死亡者が中国人，朝鮮人等本国においてその氏名を漢字で記載する者であるときは，漢字による氏名を記載するのみで足り，片仮名による表記及アルファベット文字による付記をさせる必要はない。
　③　市町村長は，死亡届の届出人が外国人であるときは，届出人に対してその者の本国における氏名の表記方法により届書の署名欄の記載をさせ，かつ，読み方が明らかでない文字によるものについては片仮名を付記させる。
3　市町村長は，対象外国人の死亡届を受理したときは，その届書（死亡診断書部分を含む。）の写し1部を作成し，その表面に「死亡通報用」と朱書し，これを死亡届を受理した翌月に，戸籍法施行規則第48条第2項によって本籍人に関する届書類を管轄法務局に送付する際に，併せて送付し，これによって管轄法務局の長に対し対象外国人の死亡を通知する。
4　管轄法務局の長は，毎月，3により受けた通知を取りまとめ，死亡届書の写しを死亡者の国籍別に整理して，速やかにこれを外務省領事局外国人課あてに送付して管轄区域内における対象外国人の死亡を通知する。

なお，アメリカ合衆国及びソヴィエト連邦（ロシア）の国民については，上記の取扱いから除かれているので，アメリカ人については死亡者の住所地を管轄する駐日アメリカ合衆国領事館に（昭39.7.27民事甲第

第8章　渉外戸籍事件の戸籍実務の処理

2683号通達），ソヴィエト（ロシア）人については外務大臣あてに（昭42．8．21民事甲第2414号通達）それぞれ通知するものとされている。

2　在外日本人の死亡届の処理

①　船籍が外国籍に属する船舶内で死亡した場合において，死亡が日本の領海内であるときは，戸籍法の適用を受けるので，船長は最初に寄港した地の市町村長に死亡にかかる航海日誌の謄本を送付しなければならない。

なお，死亡が公海上で発生したものであれば，外国船籍の船舶の船長には戸籍法の適用はないので，航海日誌の謄本の送付の義務はないが，死亡者を火葬に付すために埋火葬許可証の交付申請の手続上，当該船舶の船長から航海日誌の謄本の提出があった場合には，これを受理して差し支えない。

②　日本船舶が外国の港に停泊中にその乗組員が上陸して死亡し，船長から日本に帰港後，その死亡に関する航海日誌の謄本及び現地の外国人医師作成の死亡証明書を帰港地の市町村長に提出があり，その謄本が死亡者の本籍地市町村長に送付されたときは，本籍地市町村長は，同死亡が航海中の死亡でないので，送付を受けた当該死亡証明書等を資料として管轄法務局の長の許可を得た上，職権による死亡の記載をするのが相当である（昭30．6．3民事甲第1117号回答）。

なお，この場合において，船長が同居者の資格で死亡届をしても差し支えないものと解される《注》。

《注》　質疑応答〔941〕戸籍273・68

3　戸籍の記載

①　日本標準時地外の地域で死亡した者の死亡の日時は，当該死亡地の標準時により戸籍の記載をすべきである（昭30．6．3民事甲第1117号回答）が，死亡届書及び死亡証明書に死亡の日時として死亡地の標準時のほか，日本標準時に換算した日時を併記して届出がされ，かつ，届出人が日本標準時に換算したものを戸籍に記載することを希望するときは，戸籍に双方の日時を併記して差し支えないものとされていた（昭35．4．12民事甲第883

号通達)。

　この取扱いは，平成6年12月1日から死亡地の標準時によってのみ記載するものとされた（平6.11.16民二第7005号通達）。

　②　夫婦の一方が外国人である場合に外国人である夫又は妻が日本で死亡したときは，その死亡届書の「その他」欄に日本人である夫又は妻の婚姻解消事由を記載するに必要な事項を記載させ，その届書により婚姻解消事由の記載をする。日本人である夫又は妻の本籍地が死亡届の届出地と異なるときは，死亡届を2通提出させ，その1通を日本人である夫又は妻の本籍地に送付して婚姻解消事由の記載をさせる（昭29.3.11民事甲第541号回答，昭35.9.14～15大分県戸籍住民登録事務協議会決議第18問）。

　なお，外国人である夫又は妻の死亡届書に死亡による婚姻解消事由を記載しなかったため，日本人である夫又は妻の戸籍に外国人である夫又は妻の死亡事項が記載されていないときは，先にされている外国人である夫又は妻の死亡届書に日本人である夫又は妻の戸籍に婚姻解消事由を記載する旨の追完届をさせ，死亡届と追完届の謄本を届出市町村長から送付を受けてそれに基づいて戸籍に婚姻解消事由の記載をして差し支えない《注》。

　また，外国人である夫又は妻が外国で死亡した場合は，日本人である夫又は妻から死亡を証する書面を添付して婚姻解消事由の記載のために必要な事項の申出をさせ，これに基づき市町村長限りの職権で日本人である夫又は妻の戸籍の身分事項欄に婚姻解消事由を記載して差し支えない（昭29.3.11民事甲第541号回答，昭38.11.8三重県戸籍住民登録協議会決議第5問）。

　《注》　質疑応答〔1010〕戸籍293・71

第7　国籍取得届

　①　外国人である母の嫡出でない子が日本人である父により胎児認知されていなくても，その嫡出でない子が戸籍の記載上母の夫の嫡出子と推定されるため，日本人である父による胎児認知の届出が受理されない場合で

第8章　渉外戸籍事件の戸籍実務の処理

あって，その推定がされなければ，父により胎児認知がされたであろうと認めるべき特段の事情があるときは，胎児認知がされた場合に準じて国籍法第2条第1号の適用を認め，子は生来的に日本国籍を取得する。その特段の事情があるというためには，母の夫と子との間の親子関係の不存在を確定するための法的手続が子の出生後遅滞なく執られた上，その不存在が確定されて認知の届出を適法にすることができるようになった後速やかに認知の届出がされることを要する。したがって，韓国人である母Ａの子甲が出生した当時，ＡがＢ日本人であるＢと婚姻関係にあったため，日本人であるＣが適法に甲を胎児認知することができなかったが，甲の出生の約3か月後にＢと甲との親子関係不存在確認の調停が申し立てられ，親子関係不存在確認の審判が確定した12日後にＣが甲を認知したなどの事実関係の下においては，甲は国籍法第2条第1号により日本国籍を取得する（最判平9.10.17民集51・9・3925，最判平15.6.12判例時報1833・37）。

②　外国人母の夫（外国人男の場合を含む。）の嫡出推定を受ける子について，その出生後遅滞なくその推定を排除する裁判（母の夫と子との間の親子関係不存在確認又は嫡出否認の裁判をいう。以下「嫡出推定を排除する裁判」という。）が提起され，その裁判確定後速やかに母の夫以外の日本人男から認知の届出（既に外国人の子としての認知の届出がされている事案においては，子が日本国籍を有する旨の追完の届出。以下両者を併せて「認知の届出等」という。）があった場合には，嫡出推定がされなければ，胎児認知がされたであろうと認めるべき特段の事情があるものと認定し，その認定の妨げとなる事情がうかがわれない限り，子は出生により日本国籍を取得したものとして処理するので，その対象となりうる認知の届出等を受けた市町村長は，その処理につき管轄法務局の長の指示を求める。

管轄法務局の長は，子が出生してから嫡出推定を排除する裁判が提起されるまでに要した期間及びその裁判が確定してから認知の届出がされるまでに要した期間を確認した上，次のとおり取り扱う（平10.1.30民五第180号通達，平15.7.18民一第2030号通達）。

(1) 子の出生後3か月以内に嫡出推定を排除する裁判が提起され，その裁判確定後14日以内に認知の届出等がされている場合には，嫡出推定がされなければ，胎児認知がされたであろうと認めるべき特段の事情があるものと認定し，この認定の妨げとなる事情がうかがわれない限り，子は出生により日本国籍を取得したものとして処理するよう指示する。
(2) (1)における認定の妨げとなる事情がうかがわれる場合には，その認定の妨げとなる事情についての関係資料を添付して，その処理につき法務省民事局長の指示を求める。

　また，嫡出推定を排除する裁判が子の出生後3か月を経過して提起されている場合，又は認知の届出等がその裁判確定後14日を経過して行われている場合には，その裁判の提起又は届出に至るまでの経緯等についての関係資料を添付して，その処理につき法務省民事局長の指示を求める。
(3) 母の離婚後に子が出生し，胎児認知の届出が受理され得るにもかかわらず，同届出がされなかった場合には，同届出がされなかった事情についての関係資料を添付して，その処理につき法務省民事局長の指示を求める。

③　平成20年法律第88号による改正前の国籍法第3条第1項が日本国民である父と日本国民でない母との間に出生し，父から出生後に認知された子について，父母の婚姻により嫡出子たる身分を取得した場合に限り，届出による日本国籍の取得を認め，認知されたにとどまる子との間に日本国籍の取得に関する区別を生じさせていることは，遅くとも平成15年当時においては，憲法第14条第1項に違反するものであったので，日本国民である父と日本国民でない母との間に出生し，父から出生後に認知された子は，改正前の国籍法第3条第1項所定の要件のうち，父母の婚姻により嫡出子たる身分を取得したという部分を除いた要件が満たされるときは，同項に基づいて日本国籍を取得する（最大判平20．6．4民集62・6・1367）。

　なお，国籍法の一部を改正する法律（平成20年法律第88号）が平成21年

第8章　渉外戸籍事件の戸籍実務の処理

1月1日から施行されたことに伴い，出生後に日本国民から認知された子は，父母の婚姻の有無を問わず，改正後の国籍法第3条第1項所定の条件を備えるときは，法務大臣に届け出ることによって，その届出の時に日本の国籍を取得することができるものとされた（平20.12.18民一第3300号通達）。

④　戸籍法第102条による国籍取得の届出については，次のとおり取り扱う（平21.2.5民一第290号通知）。

1　出生届を父が同居者の資格でした嫡出でない子が認知され，その子が国籍法の規定に基づき日本国籍を取得した場合であって，「出生届に関する事項」中，届出人の資格を「同居者」と記載された国籍取得証明書を添付して戸籍法第102条による国籍取得の届出がなされ，その国籍取得届に出生事項中届出人の資格を「父」と記載されたい旨の申出がなされた場合には，戸籍に記載する出生事項の届出人の資格を最初から「父」と記載して差し支えない。

2　国籍法の規定に基づき日本国籍を取得した者につき父から届出人の資格を「同居者」として出生届がされている場合であっても，国籍法に基づく国籍取得の届出の際に戸籍に記載する出生事項の届出人の資格を「父」と記載されたい旨の申出がなされた場合には，「出生届に関する事項」中，届出人の資格を「父」と記載された国籍取得証明書が交付される取扱いがされるので，戸籍法第102条による国籍の届出に当たっては，改めて1の申出をすることは要しない。

第8　帰　化　届

①　帰化者の氏名に用いる文字についても，戸籍法施行規則第60条に規定する範囲の文字によるのが原則である。しかし，法務局長又は地方法務局長が交付した「帰化者の身分証明書」を添付して帰化届があったとき，帰化者の身分証明書に戸籍法施行規則第60条に規定する以外の文字によって帰化者の氏名が記載されていても，帰化後の氏名については，帰化事件の処理の過程で指導されているという事情があるので，「帰化者の身分証

明書」に記載されたものと同一の氏名による帰化の届出は，これを受理して戸籍の記載を行うものとされている（昭56．9．14民二第5542号通知）。

②　中国関係者の帰化者の身分証明書に記載する従前の氏名，父母の氏名及び出生地の表示については，原則として本国官憲発給の証明書の記載に従って表示し，その文字が簡略体文字の場合には，日本の漢字に引き直せる文字については，これを引き直し，それが困難な文字については，そのまま表示する取扱いとされている（昭56．1．26民五第595号通知）。

第9　国籍喪失届

①　外国に帰化した元日本人から日本国籍喪失の届出があった場合は，国籍喪失者本人は，戸籍法第103条に規定する届出義務者ではないので，これを国籍喪失届として受理することはできないが，市町村長は，その届書を資料として管轄法務局の長の許可を得て国籍喪失事項を職権で記載して差し支えないものとされていた（昭22．6．11民事甲第335号回答）。しかし，昭和59年の戸籍法の改正により国籍喪失者本人にも届出義務が課せられた（戸103Ⅰ）。これは，昭和59年の国籍法の改正により新たに国籍喪失事由が増加したが，これらの新たな国籍喪失の場合には，国籍喪失者が日本在住者であることもあり得るので，日本国籍を喪失した事件本人にも届出義務を課すのが相当であると考えられたものである（田中・「改正戸籍法の概要」民事月報39巻号外51頁）。

なお，配偶者のある者の一方だけが日本の国籍を喪失した場合には，他の一方の身分事項欄に「夫（妻）国籍イ国」の振合いによって戸籍の記載をしなければならない（戸規36Ⅱ，昭26．3．27民事甲第613号回答）。

②　国籍法第11条に規定する自己の志望による外国の国籍の取得とは，主に外国に帰化する場合を指すが，国籍回復，国籍の選択又は登録による国籍の取得等の場合も含まれる。国籍法第11条の適用については，本来，当事者が日本の国籍を喪失させる意思があったことを必要としない。例えば，出入国に便利であるという理由で外国の国籍を取得した場合は，日本

の国籍を喪失させたくない意思があったとしても，改正前国籍法第8条（現第11条）の適用を妨げるものとはならない（昭50．8．23民五第4745号回答）。また，当事者が改正前国籍法第8条（現第11条）の規定を知らず，もし日本の国籍を喪失することを知っていれば，外国の国籍を取得する意思表示をしなかった場合でも，改正前国籍法第8条（現第11条）の適用を妨げない（昭44．4．22民事甲第877号回答）。

③　樺太からの引揚者で，終戦後の当該地域の特殊な事情の下に，ソ連国籍の取得の真意はなかったにもかかわらず，生活の手段としてやむなくソ連に帰化したと認められる場合は，その帰化は改正前国籍法第8条（現第11条）の自己の志望による外国国籍の取得には該当しない（昭40．12.16民事五発第376号通知）。

④　国籍法第11条にいう自己の志望には，外国の国籍の取得について積極的な意思表示が必要であると解されるが，15歳未満の者については，日本法上適法な法定代理人の行為によって外国の国籍を取得した場合には，自己の志望に当たると解される。日本人父と英国人母との婚姻中に出生した未成年の子の英国籍への登録申請において，父母が婚姻中であれば，母からの登録申請書に父の同意が記入されているとき，又は父母の離婚に際し母が親権者と定められているか，父が死亡している場合には，母からの申請により子が英国人として登録されたときは，子は日本国籍を喪失するとした例がある（昭55.12．8民五第7013号回答）。

⑤　父のフィンランド市民権取得に伴い，同国市民権を取得した未成年の子については，右市民権の取得は自己の志望による市民権の取得とは認められないので，日本国籍を喪失しない（昭55．7．15民五第4087号回答）。

第10　氏名の変更届

戸籍法第107条第1項の規定による氏名の変更は，日本人についてのみに適用されるものであるから，外国人については，同条による氏名の変更は認められない（昭30．2．16民事甲第311号回答）。

なお，外国では養子縁組により養子の氏を養親の氏に変更するには，養子縁組の裁判の申立てと同時に氏名の変更の申立てをして判決を得る必要のある国があるが，在日アメリカ人（オハイオ州）が未成年のアメリカ人（オハイオ州）を養子とするについて，日本の家庭裁判所で縁組の許可の裁判とともに養子の氏名変更の許可の審判を受け，日本の市町村長に氏名の変更の届出がされたときは，これを受理して差し支えないとしたものがある（昭38．9．9民事甲第2486号回答）。

また，在外日本人に対してされた外国の裁判所の氏の変更に関する裁判については，日本法上氏名の変更の許可は，我が国の家庭裁判所に専属管轄があると解されるから，外国の裁判所のした氏名の変更の裁判は承認できないので，我が国の家庭裁判所の許可がない限り，これに基づく戸籍の届出は受理できない（昭38．3．14民事甲第751号回答）。

外国人と婚姻した日本人については，従前は「氏」の変更ということはなかったが，昭和59年の戸籍法の改正によって，外国人と婚姻した日本人配偶者は，その「氏」を外国人配偶者の称している氏に変更することができることとなった。

改正後の戸籍法によると，外国人と婚姻した日本人配偶者は，婚姻成立後6箇月以内に限り，家庭裁判所の許可を得ないで，その氏を外国人配偶者が称している氏に変更することを届け出ることができることとなった（戸107Ⅱ）。

この届出による氏の変更は，いわゆる民法上の氏の変更ではなく，戸籍上の氏の変更であるといわれている。そのため，氏変更の効果は，届出人の戸籍に同籍する者には及ばない。届出人の戸籍に同籍者があるときは，届出人について新戸籍を編製する（戸20の2Ⅰ，昭59.11.1民二第5500号通達第2，4(1)）。

第11 就 籍 届

就籍届のあった市町村において戸籍の届書又はその記載により現に就籍

しようとする者が日本の国籍を有しないことが明白である場合，例えば，平和条約の発効前に朝鮮人男（又は台湾人男）と婚姻したため，除籍された元日本人女について裁判所で就籍許可の審判がされても，就籍の許可によっては日本の国籍を取得せず，また，日本国籍を有しない者は戸籍に記載すべきではないから，就籍許可の審判にかかわらず，同審判に基づく就籍の届出は受理すべきでない（昭30．2．15民事甲第289号通達，昭30．8．1民事二発第371号回答）。

なお，就籍届をしようとする者が戸籍関係書類によって日本の国籍を有しないことを疑うに足りる十分な理由がある場合には，市町村長はその受否につき管轄法務局の長の指示を受けて処理しなければならない。

第12　戸籍訂正

①　日本人男女が昭和17年に外国の方式で婚姻し，昭和50年にその婚姻証明書を添えて夫の氏を称して夫の従前の本籍に新戸籍を編製する旨の婚姻届がされた場合に，夫が昭和24年に死亡し，改製原戸籍で除籍されているときは，同婚姻証明書の提出により夫婦について新戸籍を編製し，改製原戸籍の夫の身分事項欄に婚姻による除籍の記載をした後，新戸籍の夫の身分事項欄に死亡事項を移記のうえ消除する。新戸籍の妻の身分事項欄には，夫死亡による婚姻解消事由を記載し，配偶欄を消除する（昭50．6．5～6第27回佐賀県戸籍事務協議会総会決議第1問）。

②　日本において婚姻の届出をした夫婦が既に外国において同地の方式による婚姻をしたことを証する婚姻証書を提出した場合は，戸籍法第114条又は第24条第2項の許可の訂正手続により先の婚姻事項を消除し，更に新本籍及び夫婦の称する氏の申出をさせ，婚姻証明書に基づき新戸籍を編製し，夫婦の従前の戸籍の表示中婚姻による除籍事項を訂正しなければならない（昭45．5．24～25第31回熊本県連合戸籍事務協議会決議第8問）。

③　昭和59年の改正前の国籍法の下で認知等により外国国籍を取得しているものとして日本国籍を離脱した者がその後の認知無効の裁判の確定等

により離脱の時に外国国籍を有していなかったことが判明し，その離脱が無効とされた場合には，改正前国籍法の下における国籍離脱については，少なくとも受理という行政処分が介在していたことにかんがみ，戸籍法第113条の規定に基づく戸籍訂正の手続によりその者を戸籍に回得する（平6.12.20民五第8658号通知）。

④　妻の氏を称する婚姻をした男が離婚届出及び戸籍法第77条の2の届出の後外国籍の他女と婚姻したが，前婚の離婚無効の裁判が確定したことにより重婚の状態を生じ，後婚を取り消した結果，前婚夫婦が別戸籍に在籍することになったときは，戸籍法第24条第1項に基づき同法第113条により戸籍訂正申請を促す通知をし，通知をしても戸籍訂正の申請をする者がないとき，又は通知をすることができないときは，同法第24条第2項に基づき管轄法務局の長の許可を得て，戸籍訂正により同籍させる取扱いをすることができる（平18.3.29民一第753号回答）。

第13　失期通知

　戸籍法第41条に規定する証書の謄本の提出又は発送が法定の期間内にされなかった場合において，戸籍法第135条の行政罰を科すことができるか否かについても，罪刑法定主義の原則が妥当するが，戸籍法第15条は，「戸籍の記載は，届出，報告，申請，請求若しくは嘱託，証書若しくは航海日誌の謄本又は裁判によってこれをする。」と規定し，「届出」又は「申請」による場合と「証書の謄本の提出」による場合とを別個の戸籍記載事由として明確に区別していることから，同法第135条の「届出」又は「申請」に「証書の謄本の提出」が含まれると解することは，文理解釈上困難であるので，戸籍法施行規則第65条の失期通知を要しない（平10.7.24民二第1374号通知）。

第9章　最近の身分法関係の国際私法条約の動向

第1節　概　説

　国際私法に関する規則の漸進的統一をもたらすことも目的とし，これに関する研究・審議・調査，情報の交換，条約案の作成を行う国際機関としてハーグ国際私法会議がある。ハーグ国際私法会議における国際私法の統一の方法は，特に必要な事項，重要な事項を選んで，各事項ごとに条約を作成するものであって，いわゆる法典を作成するものではない。ハーグ条約は，条約であっても個々の規定は，国内法の規定と本質的に異なるところはないとされる。同会議が第二次大戦後採択した条約の数は，2008年5月7日現在で38にのぼっている。

　我が国は，1904年の第4会期以来毎回代表を派遣し，1957年6月27日には国際私法会議規程を受諾し，公式加盟国となった。そして，同会議の常設事務局との間の連絡を容易にするための国内機関として法務省が指定されている。

　我が国は，現在6つの条約を批准しており，その他の条約についても加入の可否について検討中であるが，ここでは渉外戸籍事務を処理するに当たって直接影響するところがあると思われる主要な身分法関係のハーグ条約を概観しよう。

第2節　婚姻の挙行及び婚姻の効力の承認に関する条約

　婚姻の成立に関するハーグ国際私法条約としては，第3回の会議で採択された「婚姻に関する法律の抵触を規定するための条約」（1902年）があるが，この条約は，成立後既に70年余を経過し，その間の国際交通の発展

は著しく，国際結婚に関する国際私法の国際的な統一に当たって考慮すべき事情にも大きな変化が見られたことから，ハーグ国際私法会議としても，同条約の改正とともに，婚姻の存否，有効性についての外国判決の承認に関する問題等をも併せて検討することとされた。

そこで，1976年10月23日に「婚姻の挙行及び婚姻の効力の承認に関する条約」が採択され，1991年5月1日に発効した。

本条約の実質的部分は，婚姻の挙行と題して婚姻の実質的成立要件及び方式の準拠法について定める第1章と婚姻の効力の承認と題して外国で成立した婚姻の効力の承認について規定する第2章から成り立っているが，条約の中核をなすのは，第2章であり，第1章については，締約国は，批准・加入に際してその適用を排除する旨の留保ができることになっている（同条約16・28）。

本条約の基本理念は，国際的な関係において婚姻になるべく有利な取扱いをしようとする思想にある。例えば，婚姻の挙行・成立の準拠法を定めるに当たっては，その方式・実質的成立要件のいずれについても，必ずしも常に特定の国の法律に準拠することを要求しないで，婚姻が法律的に有効に挙行される可能性を多くするように配慮している。また，外国で挙行された婚姻が法律的に有効に成立していることを承認するに当たっては，改めて承認国の国際私法に照らして準拠法にかなっているか否かを審査することなく，単に挙行国において法律的に有効であることの証明があれば，足りることとされている。そして，このような資格を備えた婚姻の有効性を否認できるのは，文明国で婚姻として認められるための最低限の要件をも充していないような極端な場合に限られている（同条約11）。その上，この条約の定めよりも更に有利な扱いを締約国ですることも妨げないものとされている（同条約13）。

このような本条約の理念に基づく配慮は，本国若しくは本来の生活の本拠のある国を離れて外国で法律的に有効な婚姻をすることを容易にするとともに，それに伴う跛行婚の発生を防止するものであって，今日の国際社

会における身分生活の安全と円滑という要請に応じるものであるとされている（池原・「ハーグ国際私法会議・第13会期の成果」ジュリスト635・106参照）。

本条約は，2008年5月7日現在，ルクセンブルグ，オーストラリア，オランダが批准し，エジプト，フィンランド，ポルトガルが署名している。

第3節　離婚及び別居の承認に関する条約

婚姻の存否及びその有効性については，婚姻や離婚に関する実体的規定が国際的に統一されておらず，また，裁判の管轄権，承認の手続的規定なども各国で区々に分かれているため，渉外的な場面で身分関係は，不安定な状態にさらされている。

そこで，1968年10月26日に採択された「離婚及び別居の承認に関する条約」は，これらのうち外国でされた離婚及び別居の承認について統一しようとしたものであり，外国における司法上又は公に認められた手続による離婚及び別居の承認の要件を定めて，いわゆる跛行婚の状態の発生を防止しようとするものである。すなわち，手続開始の時に離婚・別居の決定をした国に，(1)相手方が常居所を有する場合，(2)申立人が常居所を有する場合（一定の要件を加重する），(3)夫及び妻がその国の国籍を有する場合，(4)申立人がその国の国籍を有し，かつ，常居所を有し，あるいは，一定期間居住している場合，(5)申立人がその国籍を有し，かつ，手続開始の日にその国にいるか，あるいは夫婦ともに離婚を認めない国に常居所を有する場合のいずれかの場合には，その国でされた離婚及び別居は，すべての締約国において承認されるとするものである（高桑・「国際私法に関する条約の概要(3)」民事月報31・10・19）。

本条約は，2008年5月7日現在，イギリス，デンマーク，スイス，スウェーデン，チェコ共和国，フィンランド，ノールウェー，エジプト，オランダ，イタリア，ルクセンブルグ，ポルトガル，スロヴァキア共和国が批准し，キプロスが加入しており，1975年8月24日に発効している。

第4節　養子縁組に関する裁判の管轄権，準拠法及び裁判の承認に関する条約

　養子縁組を成立させるためには，一定の公的機関の関与を必要とする制度をとる国が多く，いずれの国でそれを行うべきかが問題となるが，1964年10月28日に採択された「養子縁組に関する裁判の管轄権，準拠法及び裁判の承認に関する条約」は，これらの問題の解決を図ろうとしたものである（高桑・前掲書20頁）。

　本条約は，1978年10月23日に発効した。本条約は，イギリス，オーストリア，スイスが批准したが，2008年5月7日現在，いずれも廃棄している。

　その他，ハーグ条約で我が国が批准しているものには，①民事訴訟手続に関する条約，②子に対する扶養義務の準拠法に関する条約，③遺言の方式に関する法律の抵触に関する条約，④外国公文書の認証を不要とする条約，⑤民事又は商事に関する裁判上及び裁判外の文書の外国における送達及び告知に関する条約，⑥扶養義務の準拠法に関する条約がある。

　《注》　本章中の年月日，条約数，条約名，国名は，ハーグ国際私法会議常設事務局において作成した資料に基づいたものである。

附録(1) 用語解説

異法地域 …………… 261	準拠法 …………… 268
外国国籍の取得 …… 261	渉外戸籍 …………… 269
挙行地法 …………… 261	常居所地法 ………… 269
居所地法 …………… 262	所在地法 …………… 270
血統主義 …………… 262	属人的効力 ………… 270
行為地法 …………… 262	属地的効力 ………… 270
国際私法 …………… 263	転　致 …………… 271
国籍の回復 ………… 263	跛行婚 …………… 272
国籍の選択 ………… 264	反　致 …………… 272
国籍の喪失 ………… 264	平和条約 …………… 273
国籍の抵触 ………… 265	法　例 …………… 273
国籍の離脱 ………… 266	本 国 法 …………… 274
国籍の留保 ………… 266	無国籍者 …………… 274
重国籍者 …………… 267	領 事 婚 （外交婚） …………… 275
住所地法 …………… 267	
出生地主義 ………… 268	連 結 素 （連結点） …………… 275

異法地域　複数法国におけるその各地域を異法地域という。国の法律上の制度として(1)単一の法律が全国内に施行される場合と，(2)国内がいくつかの法域に分かれ，それらの地域によってそれぞれ異なる法律が施行される場合とがあり，前者の国を単一法国といい，後者の国を複数法国（不統一法国）という。例えば，日本は前者に属するが，アメリカ合衆国は州ごとに法律が異なるから，後者に属する。

なお，日本も朝鮮・台湾が日本領土であった平和条約発効前においては，内地・朝鮮・台湾がそれぞれ異法地域であった。

外国国籍の取得　日本人が外国の国籍を取得する場合としては，本人の意思による場合と，そうでない場合とがある。前者は，外国に帰化した場合などがその例である。日本人が自己の志望によって外国の国籍を取得したときは，当然に日本国籍を失うものとされている（国11）。

なお，この場合には，国籍喪失届（戸103）又は国籍喪失報告（戸105）を要する（国籍の喪失）。本人の意思によらない場合としては，主として婚姻，認知，養子縁組などの身分行為によるものがある。我が国では，旧国籍法はこのような身分行為による国籍の得喪を定めていたが，現行国籍法にはこのような規定はない。ただ，このような制度をとる外国があるので，例えば，日本人女がこれらの国の人と婚姻すると，夫の国の国籍をも取得し，重国籍者となることがある。

なお，外国の国籍を有する日本国民は，日本の国籍を離脱（国籍の離脱）することができる（国13）。

挙行地法　挙行地法とは，婚姻挙行地の法律のことである。我が国の国際私法は，婚姻の方式についての準拠法として婚姻挙行地の法律によると規定している（通則法24Ⅱ）。一方，当事者の一方の本国法の方式による婚姻は，挙行地法によらなくても有効な婚姻となるが，当事者の一方が日本人で，日本で婚姻するときは，必ず，挙行地の日本法の定める方式によら

なければならない（通則法24Ⅲ）。例えば，アメリカ人男と日本人女が日本で婚姻する場合には，日本の法律に定める方式（我が国の民法・戸籍法の定める市区町村長に対する届出）によらなくてはならない。もし，これに反する婚姻をした場合は，日本法上その婚姻は有効に成立しないことになる（跛行婚）。

居所地法 当事者の居所の存在する場所の法律をいう。国際私法上，1つの準拠法として認められている。我が国の国際私法においては，常居所地法によらなければならないとされるときに，常居所が知れないときは居所地法によるとしている（通則法39）。

血統主義 出生した子の国籍の取得について，その父母との血縁関係に重点をおき，父母の国籍によって，その子の国籍を決める主義をいう。出生した場所に重点をおいて国籍を決める出生地主義に対する語である。

我が国の国籍法は，原則として父母両系血統主義をとっている。すなわち，出生子の生来の国籍は，第一次的には父母の国籍によることとされている（国2①②）。中国，韓国等も血統主義をとっている。

なお，特殊の場合として，我が国は，血統主義の補充として出生地主義を採用している（国2③）。

行為地法 行為地法とは，法律行為の行われる場所に施行されている法律のことである。国際的な取引行為や身分上の行為について，いかなる要件を満たせば有効に成立するか，また，いかなる法律上の効果が与えられるかという問題についての準拠法は，一様には定められない。これらはそれぞれの行為の性質・内容のいかんによって定められるべきものである。我が国の国際私法（通則法）では，例えば，取引契約などの債権行為の成立及び効力については，当事者が当該法律行為の当時に選択した地の法による（通則法7）が，当事者の選択がないときは，当該法律行為の当時に

おいて当該法律行為に最も密接な関係がある地の法によるとされている（通則法8Ⅰ）。また，婚姻の成立要件については，当事者の本国法によることとしている（通則法24Ⅰ）が，婚姻の方式（外面的形式）については，婚姻挙行地の法律（行為地法）によることとされている（通則法24Ⅱ）。

　国際私法　国際社会においては，各国がそれぞれの法秩序を形成している結果，諸国の私法の内容が異なるため，国際的取引とか婚姻とかの場合に，どこの国の法律によるべきかという問題を生じる。例えば，A国人とB国人とが婚姻する場合に，A国とB国の婚姻法の内容が相違するとすれば，そのいずれの国の法律によるべきであるかを定める必要が生じる。すなわち，ある事柄について，どこの国の法律をよりどころとするかということを定めている法律，つまり準拠法を指定する法が国際私法である。いわば，国際私法は，各国の準拠法が衝突しないように交通整理の役目を果たすものである。現在のところ，一定の限られた事項につき，また，限られた国家間において条約によって国際私法の原則が定められているほか，各国の国内法として国際私法の原則が定められている。我が国においては，通則法第4条から第43条までに国際私法のことを規定している。

　国籍の回復　旧国籍法においては，日本国籍の取得原因として出生及び帰化のほかに，国籍の回復というものがあった（旧国籍法25・26）。国籍の回復とは，日本の国籍を有していた者が何らかの原因（外国への帰化，外国人男との婚姻）により日本国籍を喪失し（旧国籍法18・20・21），再び日本国籍を取得するには帰化によるのではなく，国籍回復の手続によって日本国籍を取得するものとされていた（旧国籍法25・26）。

　現国籍法では，国籍の不留保者，国籍の選択の催告を受けたが，日本の国籍の選択をしなかった者については，一定の要件を充足するときは法務大臣に届け出ることによって日本の国籍を取得することができることとなった（国17）。

附録(1) 用語解説

国籍の選択 昭和59年に国籍法が改正され，出生による国籍の取得が従来の父系血統主義から父母両系血統主義に変更されたことに伴い，重国籍者の発生する機会が増加したので，国籍法は，重国籍の解消を図るため，国籍の選択制度を導入した。

国籍選択制度の概要は，次のとおりである。

(1) 重国籍者は，所定の期限までにいずれかの国籍を選択しなければならない（国14Ⅰ）。

(2) 日本国籍の選択は，外国国籍の離脱か日本国籍の選択の宣言によって行う（国14Ⅱ）。

(3) 日本国籍の選択の宣言をした者は，外国国籍の離脱に努めなければならない（国16Ⅰ）。

(4) 所定の期間内に国籍の選択をしない重国籍者は，法務大臣から国籍選択の催告を受け，それにもかかわらず選択をしないときは，日本国籍を喪失する（国15Ⅲ）。

(5) 日本国籍の選択の宣言をした重国籍の者が自己の志望によりその国籍を有する外国の公務員の職に就任した場合は，日本国籍の喪失の宣告を受けることがある（国16Ⅱ）。

国籍の選択は，重国籍となった時が20歳に達する以前であるときは22歳に達するまでに，重国籍となった時が20歳に達した後であるときはその時から2年以内に，日本の国籍か外国の国籍かのいずれかを選択しなければならない（国14Ⅰ）。

重国籍者が日本国籍の選択の宣言をした場合に，必ず自動的に外国の国籍を喪失するとは限らない。日本国籍の選択の宣言によって自動的に外国の国籍を喪失する国は，フィリピン，マレーシア，パキスタンである。その他の国は，重国籍者が日本国籍の選択の宣言をしても，依然として重国籍の状態が解消されない。

国籍の喪失 国籍の喪失とは国民たる資格を失うことをいう。国籍法は，

国籍喪失の原因として次の5種を認めている。
(1) 外国への帰化など自己の志望によって外国の国籍を取得したときは，日本の国籍を失う（国11）。この場合は，国籍喪失届（報告的届出）を要する（戸103）。
(2) 出生により外国の国籍を取得した日本国民で国外で生まれた者は，日本の国籍の留保（戸104）をしなかった場合は，出生の時にさかのぼって日本の国籍を失う（国12）。
(3) 外国の国籍を有する日本国民（重国籍者）は，日本の国籍の離脱をすることができ，この日本の国籍を離脱した者は，日本の国籍を失う（国13）。国籍を離脱するには，法務大臣に国籍離脱届をしなければならない（国13Ⅰ，国規3）。
(4) 外国の国籍を有する日本国民は，重国籍となった時が20歳に達する以前のときは22歳に達するまでに，重国籍となった時が20歳に達した後であるときはその時から2年以内に，いずれかの国籍を選択しなければならない。その所定の期限内に日本の国籍の選択をしない者は，法務大臣から国籍の選択の催告を受け，それにもかかわらず所定の期間内に日本の国籍を選択しない時は日本国籍を喪失する（国15）。
(5) 日本の国籍の選択の宣言をした重国籍者が自己の志望によりその国籍を有する外国の公務員の職に就任した場合において，その就任が日本の国籍を選択した趣旨に著しく反すると認めるときは，法務大臣は日本の国籍の喪失の宣告をすることができ，その宣告を受けた者は日本の国籍を喪失する（国16）。

国籍の抵触　ある人が同時に複数の国籍を持つか，あるいは，いずれの国籍も持たないことをいう。前者を国籍の積極的抵触又は重国籍という。例えば，日本人夫婦が出生地主義国のアメリカにおいて子を出産すると，その子は出生地国のアメリカの国籍を取得するとともに日本の国籍をも取得する（この場合は日本の国籍の留保が必要である。）ので，二重国籍者とな

附録(1)　用語解説

り，国籍の積極的抵触が生じる。また，後者を国籍の消極的抵触又は無国籍という。例えば，出生地主義国のアメリカ人の子が血統主義国の日本において出生すると，アメリカ，日本のいずれの国籍をも取得しない場合があるので，そのときは無国籍者となり，国籍の消極的抵触が生じる。

なお，これらの重国籍者又は無国籍者について，国際私法上，その本国法が準拠法として指定された場合の措置については，特別の規定が設けられている（通則法38）。

国籍の離脱　国籍の離脱とは，本人の意思に基づいて，その有する国籍を喪失することをいう。国籍法は，日本国籍の喪失原因として，(1)外国への帰化など自己の志望によって外国国籍を取得したことによる日本国籍の喪失（国11），(2)出生により外国の国籍を取得した日本国民で国外で生まれた者の日本国籍の不留保による日本国籍の喪失（国12），(3)外国国籍を併有する者の日本の国籍の離脱による日本国籍の喪失（国13），(4)法務大臣から国籍選択の催告を受けたにもかかわらず，日本国籍の選択をしなかった者の日本国籍の喪失（国15），(5)日本国籍の選択の宣言をした重国籍者がその国籍を有する外国の公務員の職に就任したことにより法務大臣から日本国籍の喪失の宣告を受けた者の日本国籍の喪失（国16）の5種を認めている。

前記(3)の国籍の離脱については，日本と外国の国籍を有する重国籍者に限って認められるものであるから，日本国籍のみを有する者は国籍の離脱をすることはできない。日本国籍を離脱するには，法務局若しくは地方法務局又は在外公館を経由して法務大臣に届出をしなければならない（国13Ⅰ，国規3）。離脱の効力は，法務大臣に届け出た日から生ずる（国13Ⅱ）。日本国籍の離脱による国籍喪失については，法務省民事局長から本籍地の市区町村長あてに報告がされ（戸105），これに基づきその者は戸籍から除籍される（戸23）。

国籍の留保　出生により外国の国籍を取得した日本国民で国外で生まれた者は，戸籍法の定めるところにより日本の国籍を留保する意思表示をしなければ，その出生の時にさかのぼって日本の国籍を失うこととされている（国12）。そして，その国籍留保の意思表示をしようとするときは，出生の届出とともにその旨を届出しなければならないとされている。これを国籍留保届という（戸104）。

　出生時の国籍取得については，日本のように血統主義の国とアメリカのように出生地主義の国とがある。そこで，例えば，日本人を父としてアメリカで生まれたような場合は，その子は二重国籍者となる。この場合，その子の出生届出義務者である父又は母若しくは法定代理人が出生の日から原則として3か月以内に出生届出とともに国籍留保の旨（出生により取得した日本国籍を引き続き保有する旨）を届出すれば，その子は日本の国籍を引き続き有することとなり，戸籍に記載される。しかし，その届出をしないときは，その子は出生の時にさかのぼって日本の国籍を失うので，戸籍には記載されない（戸104）。

　重国籍者　重国籍者とは，同時に2つ以上の国の国籍を有する者（国籍の積極的抵触）をいう。無国籍者（国籍の消極的抵触）に対する用語である。国籍立法の理想としては，個人が1個の国籍を有し，かつ，2個以上の国籍を有しないようにすべきであるが，各国の国籍立法が自主的に制定され，国籍の取得原因が各国によって異なっているために重国籍の生ずる場合がある。例えば，血統主義国である日本人の子が出生地主義国であるアメリカで生まれた場合において，その子は，血統により親の国籍（日本）を取得する（国2）とともに，出生地により出生国の国籍（アメリカ）も取得するので，この子は二重国籍となる。もっとも，この場合，日本の国籍の留保の意思を表示しなければ，出生の時にさかのぼって日本の国籍を失うことになる（国12，戸104）。

　日本の国籍とともに外国の国籍を有する重国籍者は，戸籍法の適用関係

においては，日本国民として取り扱われる。

住所地法 当事者の住所の存在する場所の法律をいう。国際私法上，一つの準拠法として認められている。国際的な身分行為については，いずれの国の法律を準拠法とすべきかの問題が生ずるが，この場合，当事者にとって最も密接なつながりのある法律をもって，準拠法とするのが国際私法上の原則である。イギリス，アメリカ等の国際私法においては，生活の中心ないし本拠である住所地の法律が属人法として最も適しているとして，これを認めている。我が国の国際私法においては，原則として身分行為について属人法として国民の感情・風俗等を参酌して国籍を基準とする本国法主義を採っているが，当事者が無国籍者である場合には，常居所地法によるものとしている（通則法38Ⅱ）。

出生地主義 国籍立法の建前として，大別すれば，出生地主義と血統主義の二つの立場がある。出生地主義とは，出生子の生来の国籍取得について，地縁的及び人口政策的な関係に重点を置き，自国で生まれた者はすべて自国民とする主義である。いいかえれば，親（父・母）の国籍とは関係なく子の出生地を基準として，その出生地国の国籍が与えられるものである。これに対し，親（父・母）の国籍を基準として，子の国籍を決定するのが血統主義であり，これは親（父・母）の血統に重点を置くものである。
　出生地主義を採用している国としては，アメリカ，カナダ，イギリスなどがある。日本の国籍法は，原則として血統主義を採っている（国2①②）が，補充的に出生地主義も採用している（国2③）。

準拠法 内国人と外国人とが婚姻とか取引とかをするような場合に，これをどこの国の法律によって処理すべきであるか，つまり，国際的な身分上の行為や取引行為のよりどころとなる法律を準拠法という。
　例えば，A・B両国人の婚姻において，婚姻の成立要件の点についても，

その効果の点についても，どこの国の法律によってそれを規律するかが問題となる。このような場合にどこの国の法律を適用するかは，それぞれの国の国内法で定められる。我が国の国内法である通則法によれば，婚姻の実質的要件は各当事者の本国法により（通則法24Ⅰ），形式的要件は婚姻挙行地法によるとし（通則法24Ⅱ），また，婚姻の効力は夫婦の本国法が同一のときはその法律により，それがないときは夫婦の常居所地法が同一であればその法律により，それもないときは夫婦に最も密接な関係のある地の法律によるとしている（通則法25）。このようにして指定される法律を準拠法という。

渉外戸籍 渉外戸籍とは，渉外事件に関する戸籍事務の総称である。つまり，渉外的要素をもった戸籍に関する届出・審査・受理・公証という一連の事務手続の全体を指称する。ここに渉外事件というのは，日本国外で生じた日本国民の身分に関する事件，日本国内又は日本国外で生じた日本国民と外国人相互の身分に関する事件，日本国内で生じた外国人の身分に関する事件，その他外国，外国人又は外国法と何らかの関係を有する人の身分に関する事件をいう。

渉外事件の処理に当たっては，通則法はもとより，民法中の国際私法に関する規定（民741・801等）が指針となるわけであるが，戸籍事務の関係では，これらのほかに戸籍法中の渉外事件に関する規定（戸40～42・102～106等）及び戸籍法自体の性質に由来する諸原則も考慮に入れる必要がある。

常居所地法 常居所という連結点は，ハーグ国際私法会議において創設された概念であって，我が国においては，既に実定法の中の遺言の方式の準拠法に関する法律（昭和39年法律第100号）第2条，扶養義務の準拠法に関する法律（昭和61年法律第84号）第2条において用いられているが，平成元年の法例の改正の際に，連結点の1つとして取り入れられた。

常居所地法を連結点としているのは，通則法第25条（婚姻の効力），第26

附録(1) 用語解説

条（夫婦財産制），第27条（離婚），第32条（親子間の法律関係），第38条（本国法の決定）等であり，その概念については，平成元年10月2日付け法務省民二第3900号民事局長通達第8において，住民票の登録事項や在留資格に基づく認定基準を詳しく定めている。なお，我が国の国際私法は，無国籍者については，常居所地法をもって本国法に代用させている（通則法38Ⅱ本文）。

所在地法　所在地法とは，物の存在する場所の法律をいう。国際私法上，物権関係の準拠法として認められている。例えば，我が国の国際私法（通則法）によれば，「動産又は不動産に関する物権及びその他の登記をすべき権利は，その目的物の所在地法による」（通則法13Ⅰ）と規定している。物権関係の準拠法の決定について，所在地法によることとされている理由については，物権の問題が所在地の経済法律制度と最も密接な関係に立ち，かつ，物の利用や取引秩序の保護に最もよく適しているからであるとされている。

属人的効力　国の法律の適用について，自国民に対しては，その所在が国内であると国外であるとを問わず，自国法を適用することを当該法律の属人的効力という。属地的効力に対する用語である。

　戸籍事務について，戸籍法は，日本国の法律として本来的にすべての日本国民を拘束する効力を有している。したがって，戸籍法の対象である身分関係の変動（創設的届出事件・報告的届出事件）が日本国民について生じた場合には，当然その事件について戸籍法の関係規定の適用がある。その事件本人である日本国民が事件発生当時，日本国内に所在すると外国に所在するとを問わず，また，その事件の発生地が日本国内であると外国であるとを問わない。

　また，日本国民は，外国にある場合であっても戸籍法の適用を受けるのであるから，戸籍法による届出をすることによって身分上の行為をするこ

ともできる（民741・801，戸40）。

属地的効力　国の法律の適用について，自国内に所在する者に対しては，その者が自国民であると外国人であるとを問わず，すべての者に自国法を適用することを当該法律の属地的効力という。属人的効力に対する用語である。

戸籍事務について，戸籍法は，日本国の法律として日本国の領域内に施行されている。したがって，戸籍法の対象である身分関係の変動（創設的届出事件・報告的届出事件）が日本国内で発生した場合には，その事件本人が日本国民であると外国人であるとを問わず，当然その事件について戸籍法の関係規定の適用がある。例えば，外国人が日本国内で出生し，又は死亡した場合は，戸籍法の定めるところによって出生届又は死亡届を要する（戸25Ⅱ・49Ⅱ③・86Ⅱ②，戸規58②）。また，戸籍法は，日本国内に在る外国人が行為地法である日本民法の定める方式によって婚姻，養子縁組，認知などの身分行為をする場合にも適用がある（通則法10Ⅱ・24Ⅱ・34Ⅱ，戸規56①・57Ⅰ②）。

転　致　渉外的法律関係の問題を解決するについては，一般にいずれの国の法律に準拠するかが問題となる。その準拠法を定めるに当たって，A国の国際私法によれば，B国法が準拠法となるが，他方，B国の国際私法によれば，C国法が準拠法になるといったようなことの生ずる場合がある。例えば，ドイツに住所を有するイギリス人が日本に動産を残して死亡した場合，その相続は，日本の国際私法によれば，被相続人の本国法たるイギリス法によることとされている（通則法36）が，イギリスの国際私法によれば，被相続人の住所地法であるドイツ法によるとされる。このような場合に，C国法（この例では，ドイツ法―国際私法ではなく実質法）を準拠法として認めることを転致という。しかしながら，我が国の国際私法においては，狭義の反致のみを認め（通則法41），転致については認めていない

附録(1) 用語解説

(ただし，手形法，小切手法では，転致も認める)。したがって，前記の例では，被相続人の本国法たるイギリス法（国際私法ではなく実質法）が準拠法とされることになる。

跛行婚 跛行婚とは，いわゆる渉外婚姻において，一方の国ではこの婚姻を有効と認めるが，他方の国では無効とされるような婚姻をいう。

例えば，平成元年の法例の改正までは，ニュージーランド国在住のタイ人男と日本人女が同国駐在タイ国大使館で婚姻の登録をした場合，タイ国法上は有効と認められる（タイ国民商法典1450）が，日本の国際私法では，婚姻の方式は挙行地の法律によることとされていたので（改正前法例13Ⅰただし書)，ニュージーランド国の法律の定める婚姻の方式によらなければ，有効な婚姻とは認められなかった。

これが平成元年の法例の改正によって，婚姻は，当事者の一方の本国法の方式によることもできることとなったので（法例13Ⅲ本文，通則法24Ⅲ本文)，改正前の法例では無効とされていた婚姻も我が国において有効と認められることとなった。例えば，英国人とドイツ人が駐日ドイツ国大使館で婚姻を挙行した場合とか，我が国にある外国の教会が外国人同士について行う宗教婚の場合である。

もっとも，当事者の一方が日本人であって日本で婚姻を挙行するときは，日本民法の定める方式によるべきであって，相手方の本国法の方式によった婚姻は，我が国としては，これを有効な婚姻と認めることはできない（法例13Ⅲただし書，通則法24Ⅲただし書)。

反 致 渉外的法律関係の問題を解決するについては，一般にいずれの国の法律に準拠するかが問題となる。その準拠法を定めるに当たって，A国の国際私法によれば，B国法が準拠法となるが，B国の国際私法によれば，A国法が準拠法となるといったようなことの生ずる場合がある。例えば，日本に不動産を有するアメリカ人が死亡した場合，その相続は，日本

の国際私法によれば，被相続人の本国法たるアメリカ法によるとされる（通則法36）が，アメリカの国際私法によれば，不動産所在地法たる日本法によるとされる。このような場合に，A国法（この例では，日本法―実質法たる民法）を準拠法とすることを反致（狭義）という。

我が国の国際私法においては，上記の例のような場合など一定の場合に限ってこの反致を認めている（通則法41）。

平和条約 第二次世界大戦を終了させるために日本国と連合国との間に締結された条約で，これを「日本国との平和条約」という。この条約は，昭和26年9月8日サンフランシスコにおいて調印され，昭和27年4月28日午後10時30分に発効した。

この条約の発効に伴い，朝鮮人（朝鮮籍にある者）及び台湾人（台湾籍にある者）は，日本の国籍を喪失した。

なお，元朝鮮人・台湾人であった者でも，条約の発効前に内地人となった者は，引き続き日本の国籍を保有し，また，元内地人であった者でも，条約の発効前に外地人（朝鮮籍又は台湾籍）となった者は，条約の発効とともに日本の国籍を喪失した（昭27．4．19民事甲第438号通達，最大判昭36．4．5民集15・4・657，最判昭40．6．4民集19・4・924）。

法　例 法例は，明治31年法律第10号として公布され，同年7月16日から施行された法律である（昭和17年，同22年，同39年，同61年，平成元年，同11年に改正され，法の適用に関する通則法（平成18年法律第78号（平成19年1月1日施行））により全部改正された。）。平成元年の改正は，制定以来90年振りの大幅な改正であり，平成2年1月1日から施行された。法例は，全文34か条から成り，第1条（法律の施行時期）及び第2条（慣習法）の規定を除き他はすべて国際私法規定である。

国際私法の法源としては，国際法と国内法に分けられる。国際法としては，条約及び慣習国際法が考えられるが，我が国が締結した条約は，遺言

附録(1) 用語解説

の方式に関する法律の抵触に関する条約（昭和39年），扶養義務の準拠法に関する条約（昭和61年），子に対する扶養義務の準拠法に関する条約（昭和52年），民事訴訟手続に関する条約（昭和45年）など，若干存するのみであり，後者の慣習国際法については，いまだ存在しない。国内法としては，前述の法の適用に関する通則法が最も重要である。これ以外にも，遺言の方式の準拠法に関する法律，扶養義務の準拠法に関する法律，手形法第88条から第94条まで，小切手法第76条から第81条までは，いずれも国際私法規定である。

なお，実際問題の解決に当たっては，判例，戸籍先例が重要な役割を果たしている。

本国法 国際私法上の問題を解決するための準拠法として本国法が指定されることがあるが，本国法とは，当事者の国籍所属国の法律のことである。我が国の国際私法（通則法）は，能力，親族，相続について，本国法を準拠法としている。例えば，婚姻の実質的成立要件については，各当事者についてそれぞれの本国法によるとしている（通則法24Ⅰ）。国籍を2つ以上有する者の本国法については，その国籍を有する国のうち当事者が常居所を有する国の法律を本国法とする。もし，その常居所を有する国がないときは，当事者に最も密接な関係のある国の法律を当事者の本国法と定めるが，その国籍の一つが日本の国籍のときは，日本法による（通則法38Ⅰ）。また，無国籍の場合は，常居所地法によるが（通則法38Ⅱ），常居所が知れないときは，居所地法によるものとされている（通則法39）。

なお，国内の地域によって法律を異にする国（例えば，アメリカの各州）の者については，その国の規則に従って指定された法律を当事者の本国法とする。もし，その規則がないときは，当事者に最も密接な関係のある地域の法律を当事者の本国法とすることとされている（通則法38Ⅲ）。

無国籍者 無国籍者とは，どこの国の国籍法に照らしても，国籍を持た

ない者をいう。国籍の取得は，出生のように生来的に取得するものと，帰化のように後天的に取得するものとがある。生来的に取得する場合は，父母の国籍によるとする血統主義の国（日本など）と，生まれた土地の国籍によるとする出生地主義の国（アメリカなど）とに分かれる。

　国籍は，このようにして取得するのであるが，何らかの事情で無国籍者となったり，二重国籍者になることがある。例えば，出生地主義国であるアメリカ人が血統主義国である日本で出産した場合，その子は，アメリカの国籍法によれば，出生地が同国外であるからアメリカの国籍を取得することができない場合があり，一方，日本の国籍法では両親が外国人である場合は，日本の国籍を取得することができないので，結局，その子は，無国籍者となる。

　領事婚（外交婚）　外国にある者がその国に駐在する自国の外交官又は領事の下で，自国の定める方式に従って挙行する婚姻をいう。

　婚姻の方式（例えば，公開の儀式，宗教上の儀式，国家機関への届出等）の準拠法については，婚姻挙行地法主義が広く認められており，我が国の国際私法もこの主義を採用している（通則法24Ⅱ）。したがって，日本人が外国で婚姻する場合は，原則としてその国の方式に従うべきであり，それにより婚姻は成立する（戸41・42）が，当事者の一方の本国法の方式によった婚姻であれば，それが婚姻挙行地の方式によらなくても有効であるとされている（通則法24Ⅲ本文）。

　婚姻の方式について絶対的挙行地法主義を貫くと，特定の宗教的儀式を要求する国で異なる信仰をもつ外国人が婚姻するような場合は，不都合な結果を生じる。

　そこで，例外的に領事婚を認める国が少なくなく，我が国も外国における日本人間の婚姻についてこれを認めている（民741）。

　連結素（連結点）　国際私法は，渉外的法律問題の解決について，最も密

附録(1)　用語解説

接な関係に立つ特定の国の法を選択し，適用すること（すなわち，準拠法を定めること）を目的とするものであるが，この特定の国の法を準拠法として定めることをその法律問題をその国の法に「連結」するという。そして，この「連結」（準拠法の決定）は，当事者の行為がされた場所とか，当事者の国籍といったものを手掛かりとしてされる。例えば，我が国の国際私法（通則法）では，婚姻の方式についての準拠法は婚姻挙行地の法律（挙行地法）であり（通則法24Ⅱ），離婚の準拠法は第一次的には夫婦の共通本国法（本国法）であるとしている（通則法27）。また，養子縁組の準拠法は縁組の当時における養親となるべき者の本国法であり（通則法31Ⅰ），相続の準拠法は被相続人の本国法によるものとしている（通則法36）。このように，準拠法の決定の手掛かりとなる人の行為地やその国籍などを連結素ないし連結点と呼ぶ。連結素としては，このほかに常居所（常居所地法），密接関連地（密接関連法），住所（住所地法），居所（居所地法），物の所在地（所在地法）などがある。

　※　この「用語解説」は，「戸籍用語ハンドブック（日本加除出版刊）」より，執筆者の了解を得て抄録いたしましたが，国籍法及び法例の改正に伴うものについては，「民事月報・国籍法・戸籍法改正特集（39巻号外）」，「民事月報・法例改正特集（44巻号外）」「新しい国際私法（日本加除出版刊）」，「全訂Q&A渉外戸籍と国際私法（日本加除出版刊）」を参考として訂正いたしました。

　　より詳細な「用語解説」を希望されるときは，「新版体系・戸籍用語事典（日本加除出版刊）」の利用をおすすめいたします。

附録(2)　関係法令・通達

1　法の適用に関する通則法　新旧対照条文………277
2　法例の一部を改正する法律の施行に伴う戸籍事務の取扱いについて（平成元年10月2日民二第3900号民事局長通達）……………………286
3　戸籍法及び戸籍法施行規則の一部改正に伴う戸籍事務の取扱いについて（昭和59年11月1日民二第5500号民事局長通達）……………………300
4　国籍法及び国籍法施行規則の一部改正に伴う戸籍事務の取扱いについて（平成20年12月18日民一第3302号民事局長通達）……………………313
5　国籍法及び国籍法施行規則の一部改正に伴う戸籍事務の取扱いについて（平成20年12月18日民一第3303号民事第一課長依命通知）……………325
6　虚偽の認知に基づく不法な国籍取得届に対処するための関係機関との連携について（平成20年12月19日民一第3307号民事第一課長通知）………328

1　法の適用に関する通則法　新旧対照条文

法の適用に関する通則法（平成18年6月21日法律第78号）

〔新〕	〔旧〕
法の適用に関する通則法 目次 　第1章　総則（第1条） 　第2章　法律に関する通則（第2条・ 　　　　第3条） 　第3章　準拠法に関する通則 　　第1節　人（第4条—第6条） 　　第2節　法律行為（第7条—第12 　　　　条） 　　第3節　物権等（第13条） 　　第4節　債権（第14条—第23条） 　　第5節　親族（第24条—第35条） 　　第6節　相続（第36条・第37条） 　　第7節　補則（第38条—第43条） 附則	法例 （新設）
第1章　総　則 （趣旨） 第1条　この法律は，法の適用に関する通則について定めるものとする。	（新設）
第2章　法律に関する通則 （法律の施行期日） 第2条　法律は，公布の日から起算して20日を経過した日から施行する。ただし，法律でこれと異なる施行期日を定めたときは，その定めによる。 （法律と同一の効力を有する慣習） 第3条　公の秩序又は善良の風俗に反しない慣習は，法令の規定により認められたもの又は法令に規定されていない事項に関するものに限り，法律と同一	〔法律の施行時期〕 第1条　法律ハ公布ノ日ヨリ起算シ満20日ヲ経テ之ヲ施行ス但法律ヲ以テ之ニ異ナリタル施行時期ヲ定メタルトキハ此限ニ在ラス 〔慣習法〕 第2条　公ノ秩序又ハ善良ノ風俗ニ反セサル慣習ハ法令ノ規定ニ依リテ認メタルモノ及ヒ法令ニ規定ナキ事項ニ関スルモノニ限リ法律ト同一ノ効力ヲ有ス

第3章 準拠法に関する通則
第1節 人

（人の行為能力）
第4条 人の行為能力は，その本国法によって定める。
2　法律行為をした者がその本国法によれば行為能力の制限を受けた者となるときであっても行為地法によれば行為能力者となるべきときは，当該法律行為の当時そのすべての当事者が法を同じくする地に在った場合に限り，当該法律行為をした者は，前項の規定にかかわらず，行為能力者とみなす。
3　前項の規定は，親族法又は相続法の規定によるべき法律行為及び行為地と法を異にする地に在る不動産に関する法律行為については，適用しない。

（後見開始の審判等）
第5条 裁判所は，成年被後見人，被保佐人又は被補助人となるべき者が日本に住所若しくは居所を有するとき又は日本の国籍を有するときは，日本法により，後見開始，保佐開始又は補助開始の審判（以下「後見開始の審判等」と総称する。）をすることができる。

（失踪の宣告）
第6条 裁判所は，不在者が生存してい

〔行為能力〕
第3条 人ノ能力ハ其本国法ニ依リテ之ヲ定ム
②　外国人カ日本ニ於テ法律行為ヲ為シタル場合ニ於テ其外国人カ本国法ニ依レハ能力ノ制限ヲ受ケタル者タルヘキトキト雖モ日本ノ法律ニ依レハ能力者タルヘキトキハ前項ノ規定ニ拘ハラス之ヲ能力者ト看做ス

③　前項ノ規定ハ親族法又ハ相続法ノ規定ニ依ルヘキ法律行為及ヒ外国ニ在ル不動産ニ関スル法律行為ニ付テハ之ヲ適用セス

〔後見開始の準拠法〕
第4条 後見開始ノ審判ノ原因ハ成年被後見人ノ本国法ニ依リ其審判ノ効力ハ審判ヲ為シタル国ノ法律ニ依ル

②　日本ニ住所又ハ居所ヲ有スル外国人ニ付キ其本国法ニ依リ後見開始ノ審判ノ原因アルトキハ裁判所ハ其者ニ対シテ後見開始ノ審判ヲ為スコトヲ得但日本ノ法律カ其原因ヲ認メサルトキハ此限ニ在ラス

〔保佐・補助開始の準拠法〕
第5条 前条ノ規定ハ保佐開始ノ審判及ビ補助開始ノ審判ニ之ヲ準用ス

〔失踪宣告〕
第6条 外国人ノ生死カ分明ナラサル場

たと認められる最後の時点において、不在者が日本に住所を有していたとき又は日本の国籍を有していたときは、日本法により、失踪（そう）の宣告をすることができる。
2　前項に規定する場合に該当しないときであっても、裁判所は、不在者の財産が日本に在るときはその財産についてのみ、不在者に関する法律関係が日本法によるべきときその他法律関係の性質、当事者の住所又は国籍その他の事情に照らして日本に関係があるときはその法律関係についてのみ、日本法により、失踪の宣告をすることができる。

第7条～第23条（省略）

第5節　親　族
(婚姻の成立及び方式)
第24条　婚姻の成立は、各当事者につき、その本国法による。
2　婚姻の方式は、婚姻挙行地の法による。
3　前項の規定にかかわらず、当事者の一方の本国法に適合する方式は、有効とする。ただし、日本において婚姻が挙行された場合において、当事者の一方が日本人であるときは、この限りでない。

(婚姻の効力)
第25条　婚姻の効力は、夫婦の本国法が同一であるときはその法により、その法がない場合において夫婦の常居所地法が同一であるときはその法により、そのいずれの法もないときは夫婦に最も密接な関係がある地の法による。

(夫婦財産制)
第26条　前条の規定は、夫婦財産制につ

合ニ於テハ裁判所ハ日本ニ在ル財産及ヒ日本ノ法律ニ依ルヘキ法律関係ニ付テノミ日本ノ法律ニ依リテ失踪ノ宣告ヲ為スコトヲ得

第7条～第12条（省略）

〔婚姻の成立要件及び方式〕
第13条　婚姻成立ノ要件ハ各当事者ニ付キ其本国法ニ依リテ之ヲ定ム
②　婚姻ノ方式ハ婚姻挙行地ノ法律ニ依ル
③　当事者ノ一方ノ本国法ニ依リタル方式ハ前項ノ規定ニ拘ハラズ之ヲ有効トス但日本ニ於テ婚姻ヲ挙行シタル場合ニ於テ当事者ノ一方ガ日本人ナルトキハ此限ニ在ラズ

〔婚姻の効力〕
第14条　婚姻ノ効力ハ夫婦ノ本国法ガ同一ナルトキハ其法律ニ依リ其法律ナキ場合ニ於テ夫婦ノ常居所地法ガ同一ナルトキハ其法律ニ依ル其何レノ法律モナキトキハ夫婦ニ最モ密接ナル関係アル地ノ法律ニ依ル

〔夫婦財産制〕
第15条　前条ノ規定ハ夫婦財産制ニ之ヲ

いて準用する。

2　前項の規定にかかわらず，夫婦が，その署名した書面で日付を記載したものにより，次に掲げる法のうちいずれの法によるべきかを定めたときは，夫婦財産制は，その法による。この場合において，その定めは，将来に向かってのみその効力を生ずる。
　一　夫婦の一方が国籍を有する国の法
　二　夫婦の一方の常居所地法
　三　不動産に関する夫婦財産制については，その不動産の所在地法

3　前二項の規定により外国法を適用すべき夫婦財産制は，日本においてされた法律行為及び日本に在る財産については，善意の第三者に対抗することができない。この場合において，その第三者との間の関係については，夫婦財産制は，日本法による。

4　前項の規定にかかわらず，第1項又は第2項の規定により適用すべき外国法に基づいてされた夫婦財産契約は，日本においてこれを登記したときは，第三者に対抗することができる。

（離婚）
第27条　第25条の規定は，離婚について準用する。ただし，夫婦の一方が日本に常居所を有する日本人であるときは，離婚は，日本法による。

（嫡出である子の親子関係の成立）
第28条　夫婦の一方の本国法で子の出生の当時におけるものにより子が嫡出となるべきときは，その子は，嫡出であ

準用ス但夫婦ガ其署名シタル書面ニシテ日附アルモノニ依リ左ニ掲ゲタル法律中其何レニ依ルベキカヲ定メタルトキハ夫婦財産制ハ其定メタル法律ニ依ル

　一　夫婦ノ一方ガ国籍ヲ有スル国ノ法律
　二　夫婦ノ一方ノ常居所地法
　三　不動産ニ関スル夫婦財産制ニ付テハ其不動産ノ所在地法

② 外国法ニ依ル夫婦財産制ハ日本ニ於テ為シタル法律行為及ビ日本ニ在ル財産ニ付テハ之ヲ善意ノ第三者ニ対抗スルコトヲ得ズ此場合ニ於テ其夫婦財産制ニ依ルコトヲ得ザルトキハ其第三者トノ間ノ関係ニ付テハ夫婦財産制ハ日本ノ法律ニ依ル

③ 外国法ニ依リテ為シタル夫婦財産契約ハ日本ニ於テ之ヲ登記シタルトキハ前項ノ規定ニ拘ハラズ之ヲ第三者ニ対抗スルコトヲ得

〔離婚〕
第16条　第14条ノ規定ハ離婚ニ之ヲ準用ス但夫婦ノ一方ガ日本ニ常居所ヲ有スル日本人ナルトキハ離婚ハ日本ノ法律ニ依ル

〔嫡出親子関係の成立〕
第17条　夫婦ノ一方ノ本国法ニシテ子ノ出生ノ当時ニ於ケルモノニ依リ子ガ嫡出ナルトキハ其子ハ嫡出子トス

る子とする。 2　夫が子の出生前に死亡したときは，その死亡の当時における夫の本国法を前項の夫の本国法とみなす。 （嫡出でない子の親子関係の成立） **第29条**　嫡出でない子の親子関係の成立は，父との間の親子関係については子の出生の当時における父の本国法により，母との間の親子関係についてはその当時における母の本国法による。この場合において，子の認知による親子関係の成立については，認知の当時における子の本国法によればその子又は第三者の承諾又は同意があることが認知の要件であるときは，その要件をも備えなければならない。 2　子の認知は，前項前段の規定により適用すべき法によるほか，認知の当時における認知する者又は子の本国法による。この場合において，認知する者の本国法によるときは，同項後段の規定を準用する。 3　父が子の出生前に死亡したときは，その死亡の当時における父の本国法を第1項の父の本国法とみなす。前項に規定する者が認知前に死亡したときは，その死亡の当時におけるその者の本国法を同項のその者の本国法とみなす。 （準正） **第30条**　子は，準正の要件である事実が完成した当時における父若しくは母又は子の本国法により準正が成立するときは，嫡出子の身分を取得する。 2　前項に規定する者が準正の要件である事実の完成前に死亡したときは，その死亡の当時におけるその者の本国法を同項のその者の本国法とみなす。	②　夫ガ子ノ出生前ニ死亡シタルトキハ其死亡ノ当時ニ於ケル夫ノ本国法ヲ前項ノ夫ノ本国法ト看做ス 〔非嫡出親子関係ノ成立〕 **第18条**　嫡出ニ非ザル子ノ親子関係ノ成立ハ父トノ間ノ親子関係ニ付テハ子ノ出生ノ当時ノ父ノ本国法ニ依リ母トノ間ノ親子関係ニ付テハ其当時ノ母ノ本国法ニ依ル子ノ認知ニ因ル親子関係ノ成立ニ付テハ認知ノ当時ノ子ノ本国法ガ其子又ハ第三者ノ承諾又ハ同意アルコトヲ認知ノ要件トスルトキハ其要件ヲモ備フルコトヲ要ス ②　子ノ認知ハ前項前段ニ定ムル法律ノ外認知ノ当時ノ認知スル者又ハ子ノ本国法ニ依ル此場合ニ於テ認知スル者ノ本国法ニ依ルトキハ同項後段ノ規定ヲ準用ス ③　父ガ子ノ出生前ニ死亡シタルトキハ其死亡ノ当時ノ父ノ本国法ヲ第1項ノ父ノ本国法ト看做シ前項ニ掲ゲタル者ガ認知前ニ死亡シタルトキハ其死亡ノ当時ノ其者ノ本国法ヲ同項ノ其者ノ本国法ト看做ス 〔準正〕 **第19条**　子ハ準正ノ要件タル事実ノ完成ノ当時ニ父若クハ母又ハ子ノ本国法ニ依リ準正ガ成立スルトキハ嫡出子タル身分ヲ取得ス ②　前項ニ掲ゲタル者ガ準正ノ要件タル事実ノ完成前ニ死亡シタルトキハ其死亡ノ当時ノ其者ノ本国法ヲ同項ノ其者ノ本国法ト看做ス

(養子縁組)
第31条　養子縁組は，縁組の当時における養親となるべき者の本国法による。この場合において，養子となるべき者の本国法によればその者若しくは第三者の承諾若しくは同意又は公的機関の許可その他の処分があることが養子縁組の成立の要件であるときは，その要件をも備えなければならない。
2　養子とその実方の血族との親族関係の終了及び離縁は，前項前段の規定により適用すべき法による。
(親子間の法律関係)
第32条　親子間の法律関係は，子の本国法が父又は母の本国法（父母の一方が死亡し，又は知れない場合にあっては，他の一方の本国法）と同一である場合には子の本国法により，その他の場合には子の常居所地法による。

(削る)

(その他の親族関係等)
第33条　第24条から前条までに規定するもののほか，親族関係及びこれによって生ずる権利義務は，当事者の本国法によって定める。
(親族関係についての法律行為の方式)
第34条　第25条から前条までに規定する親族関係についての法律行為の方式は，当該法律行為の成立について適用すべき法による。
2　前項の規定にかかわらず，行為地法に適合する方式は，有効とする。
(後見等)
第35条　後見，保佐又は補助（以下「後

〔養子縁組及び離縁〕
第20条　養子縁組ハ縁組ノ当時ノ養親ノ本国法ニ依ル若シ養子ノ本国法ガ養子縁組ノ成立ニ付キ養子若クハ第三者ノ承諾若クハ同意又ハ公ノ機関ノ許可其他ノ処分アルコトヲ要件トスルトキハ其要件ヲモ備フルコトヲ要ス

② 養子ト其実方ノ血族トノ親族関係ノ終了及ビ離縁ハ前項前段ニ定ムル法律ニ依ル
〔親子間ノ法律関係〕
第21条　親子間ノ法律関係ハ子ノ本国法ガ父又ハ母ノ本国法若シ父母ノ一方アラザルトキハ他ノ一方ノ本国法ト同一ナル場合ニ於テハ子ノ本国法ニ依リ其他ノ場合ニ於テハ子ノ常居所地法ニ依ル
〔親族関係ニ関スル法律行為ノ方式〕
第22条　第14条乃至前条ニ掲ゲタル親族関係ニ付テノ法律行為ノ方式ハ其行為ノ成立ヲ定ムル法律ニ依ル但行為地法ニ依ルコトヲ妨ゲズ
〔親族関係〕
第23条　第13条乃至第21条ニ掲ケタルモノノ外親族関係及ヒ之ニ因リテ生スル権利義務ハ当事者ノ本国法ニ依リテ之ヲ定ム

(新設)

〔後見〕
第24条　後見ハ被後見人ノ本国法ニ依ル

見等」と総称する。）は，被後見人，被保佐人又は被補助人（次項において「被後見人等」と総称する。）の本国法による。
2　前項の規定にかかわらず，外国人が被後見人等である場合であって，次に掲げるときは，後見人，保佐人又は補助人の選任の審判その他の後見等に関する審判については，日本法による。
　一　当該外国人の本国法によればその者について後見等が開始する原因がある場合であって，日本における後見等の事務を行う者がないとき。
　二　日本において当該外国人について後見開始の審判等があったとき。

（削る）

第6節　相　続
（相続）
第36条　相続は，被相続人の本国法による。
（遺言）
第37条　遺言の成立及び効力は，その成立の当時における遺言者の本国法による。
2　遺言の取消しは，その当時における遺言者の本国法による。

第7節　補　則
（本国法）
第38条　当事者が2以上の国籍を有する場合には，その国籍を有する国のうちに当事者が常居所を有する国があるときはその国の法を，その国籍を有する国のうちに当事者が常居所を有する国がないときは当事者に最も密接な関係

②　日本ニ住所又ハ居所ヲ有スル外国人ノ後見ハ其本国法ニ依レハ後見開始ノ原因アルモ後見ノ事務ヲ行フ者ナキトキ及ヒ日本ニ於テ後見開始ノ審判アリタルトキニ限リ日本ノ法律ニ依ル

〔保佐・補助〕
第25条　前条ノ規定ハ保佐及ビ補助ニ之ヲ準用ス

〔相続〕
第26条　相続ハ被相続人ノ本国法ニ依ル

〔遺言の成立及び効力〕
第27条　遺言ノ成立及ヒ効力ハ其成立ノ当時ニ於ケル遺言者ノ本国法ニ依ル

②　遺言ノ取消ハ其当時ニ於ケル遺言者ノ本国法ニ依ル

〔本国法の決定〕
第28条　当事者ガ2箇以上ノ国籍ヲ有スル場合ニ於テハ其国籍ヲ有スル国中当事者ガ常居所ヲ有スル国若シ其国ナキトキハ当事者ニ最モ密接ナル関係アル国ノ法律ヲ当事者ノ本国法トス但其一ガ日本ノ国籍ナルトキハ日本ノ法律ヲ

附録(2) 関係法令・通達

がある国の法を当事者の本国法とする。ただし，その国籍のうちのいずれかが日本の国籍であるときは，日本法を当事者の本国法とする。 2　当事者の本国法によるべき場合において，当事者が国籍を有しないときは，その常居所地法による。ただし，第25条（第26条第1項及び第27条において準用する場合を含む。）及び第32条の規定の適用については，この限りでない。 3　当事者が地域により法を異にする国の国籍を有する場合には，その国の規則に従い指定される法（そのような規則がない場合にあっては，当事者に最も密接な関係がある地域の法）を当事者の本国法とする。 （削る） **（常居所地法）** **第39条**　当事者の常居所地法によるべき場合において，その常居所が知れないときは，その居所地法による。ただし，第25条（第26条第1項及び第27条において準用する場合を含む。）の規定の適用については，この限りでない。 **（人的に法を異にする国又は地の法）** **第40条**　当事者が人的に法を異にする国の国籍を有する場合には，その国の規則に従い指定される法（そのような規則がない場合にあっては，当事者に最	其本国法トス ② 当事者ノ本国法ニ依ルベキ場合ニ於テ当事者ガ国籍ヲ有セザルトキハ其常居所地法ニ依ル但第14条（第15条第1項及ビ第16条ニ於テ準用スル場合ヲ含ム）又ハ第21条ノ規定ヲ適用スル場合ハ此限ニ在ラズ ③ 当事者ガ地方ニ依リ法律ヲ異ニスル国ノ国籍ヲ有スルトキハ其国ノ規則ニ従ヒ指定セラルル法律若シ其規則ナキトキハ当事者ニ最モ密接ナル関係アル地方ノ法律ヲ当事者ノ本国法トス 〔住所地法の決定〕 **第29条**　当事者ノ住所地法ニ依ルベキ場合ニ於テ其住所カ知レサルトキハ其居所地法ニ依ル ② 当事者ガ2箇以上ノ住所ヲ有スルトキハ其住所地中当事者ニ最モ密接ナル関係アル地ノ法律ヲ其住所地法トス 〔常居所地法の決定〕 **第30条**　当事者ノ常居所地法ニ依ルベキ場合ニ於テ其常居所ガ知レザルトキハ其居所地法ニ依ル但第14条（第15条第1項及ビ第16条ニ於テ準用スル場合ヲ含ム）ノ規定ヲ適用スル場合ハ此限ニ在ラズ 〔人的法律を異にする国又は地の法律の決定〕 **第31条**　当事者ガ人的ニ法律ヲ異ニスル国ノ国籍ヲ有スル場合ニ於テハ其国ノ規則ニ従ヒ指定セラルル法律若シ其規則ナキトキハ当事者ニ最モ密接ナル関

も密接な関係がある法）を当事者の本国法とする。
2　前項の規定は，当事者の常居所地が人的に法を異にする場合における当事者の常居所地法で第25条（第26条第1項及び第27条において準用する場合を含む。），第26条第2項第2号，第32条又は第38条第2項の規定により適用されるもの及び夫婦に最も密接な関係がある地が人的に法を異にする場合における夫婦に最も密接な関係がある地の法について準用する。

（反致）
第41条　当事者の本国法によるべき場合において，その国の法に従えば日本法によるべきときは，日本法による。ただし，第25条（第26条第1項及び第27条において準用する場合を含む。）又は第32条の規定により当事者の本国法によるべき場合は，この限りでない。

（公序）
第42条　外国法によるべき場合において，その規定の適用が公の秩序又は善良の風俗に反するときは，これを適用しない。

（適用除外）
第43条　この章の規定は，夫婦，親子その他の親族関係から生ずる扶養の義務については，適用しない。ただし，第39条本文の規定の適用については，この限りでない。
2　この章の規定は，遺言の方式については，適用しない。ただし，第38条第2項本文，第39条本文及び第40条の規定の適用については，この限りでない。

係アル法律ヲ当事者ノ国法トス
②　前項ノ規定ハ当事者ガ常居所ヲ有スル地ガ人的ニ法律ヲ異ニスル場合ニ於ケル当事者ノ常居所地法及ビ夫婦ニ最モ密接ナル関係アル地ガ人的ニ法律ヲ異ニスル場合ニ於ケル夫婦ニ最モ密接ナル関係アル地ノ法律ニ之ヲ準用ス

〔反致〕
第32条　当事者ノ本国法ニ依ルヘキ場合ニ於テ其国ノ法律ニ従ヒ日本ノ法律ニ依ルヘキトキハ日本ノ法律ニ依ル但第14条（第15条第1項及ビ第16条ニ於テ準用スル場合ヲ含ム）又ハ第21条ノ規定ニ依リ当事者ノ本国法ニ依ルベキ場合ハ此限ニ在ラズ

〔公序〕
第33条　外国法ニ依ルヘキ場合ニ於テ其規定ノ適用カ公ノ秩序又ハ善良ノ風俗ニ反スルトキハ之ヲ適用セス

〔扶養の義務及び遺言の方式〕
第34条　本法ハ夫婦，親子其他ノ親族関係ニ因リテ生ズル扶養ノ義務ニ付テハ之ヲ適用セズ但第30条本文ノ規定ハ此限ニ在ラズ

②　本法ハ遺言ノ方式ニ付テハ之ヲ適用セズ但第28条第2項本文，第29条第1項，第30条本文及ビ第31条ノ規定ハ此限ニ在ラズ

附録(2) 関係法令・通達

2 法例の一部を改正する法律の施行に伴う戸籍事務の取扱いについて（平成元年10月2日民二第3900号民事局長通達）

改正　平成2年5月1日民二第1835号通達
　　　平成4年1月6日民二第155号通達
　　　平成13年6月15日民一第1544号通達

　このたび法例の一部を改正する法律（平成元年法律第27号）が公布された。同法は，本日公布された法例の一部を改正する法律の施行期日を定める政令（平成元年政令第292号）に基づき平成2年1月1日から施行されるが，この改正に伴う戸籍事務については，次のとおり取り扱うこととするから，これを了知の上，貴管下支局長及び管内市区町村長に周知方取り計らわれたい。本文中「改正法例」とは，上記改正法による改正後の法例をいうものとする。

　なお，これに反する当職通達又は回答は，本通達によって変更し，又は廃止するので，念のため申し添える。

第1　婚姻
　1　創設的届出
　　(1)　実質的成立要件
　　　ア　婚姻の実質的成立要件は，従前のとおりであり，各当事者の本国法による。
　　　イ　当事者の本国法の決定は，次のとおり行うものとする。
　　　　(ア)　日本人の場合
　　　　　　重国籍である日本人の本国法が日本の法律であることは，従前のとおりである（改正法例第28条第1項ただし書）。
　　　　(イ)　外国人の場合
　　　　　　①　外国人である婚姻当事者が届書の本籍欄に一箇国の国籍のみを記載した場合は，当該記載された国の官憲が発行した国

籍を証する書面（旅券等を含む。以下「国籍証明書」という。）等の添付書類から単一国籍であることについて疑義が生じない限り，その国の法律を当該外国人の本国法として取り扱う。

② 重国籍である外国人については，その国籍を有する国のうち当事者が常居所を有する国の法律を，その国がないときは当事者に最も密接な関係がある国の法律を当事者の本国法とすることとされた（改正法例第28条第1項本文）。

この改正に伴い，二以上の異なる国の国籍証明書が提出された場合又は届書その他の書類等から重国籍であることが明らかな場合は，次のとおり取り扱う。

ⅰ 国籍国のうち居住している国の居住証明書の提出を求めた上で，当該証明書を発行した国に常居所があるものと認定し（後記第8の2(2)参照），当該外国人の本国法を決定する。

ⅱ いずれの国籍国からも居住証明書の発行が得られない場合は，その旨の申述書の提出を求めた上で，婚姻要件具備証明書を発行した国を当該外国人に最も密接な関係がある国と認定し，その本国法を決定する。

ⅲ ⅰ及びⅱにより当該外国人の本国法を決定することができない場合は，婚姻届の処理につき管轄法務局若しくは地方法務局又はその支局（以下「管轄局」という。）の長の指示を求めるものとする。

(2) 形式的成立要件（方式）

婚姻の方式は，これまでの婚姻挙行地法によるほか，当事者の一方の本国法によることができることとされた（改正法例第13条第3項本文）。したがって，外国に在る日本人が民法第741条の規定に基づき日本の大使等にする婚姻の届出及び当事者の双方又は一方が日

附録(2) 関係法令・通達

　　　　本人である場合における外国から郵送によりする創設的な婚姻の届
　　　　出は，当事者の一方の本国法による方式によるものとして受理する
　　　　ことができる。
　2　報告的届出
　　(1)　日本人同士が外国においてした婚姻の報告的届出については，従
　　　　前のとおりである。
　　(2)　日本人と外国人が外国においてする婚姻は，婚姻挙行地法による
　　　　方式によるほか，当該外国人の本国法による方式によることができ
　　　　ることとされたことに伴い，外国に在る日本人は，外国人配偶者の
　　　　本国法による方式により婚姻し，婚姻に関する証書を作らせたとき
　　　　は，その本国が婚姻挙行地国以外の国であっても，3箇月以内にそ
　　　　の所在する国に駐在する日本の大使等にその証書の謄本を提出しな
　　　　ければならないこととなる（戸籍法第41条の類推適用）。
　　(3)　日本において婚姻を挙行した場合において，当事者の一方が日本
　　　　人であるときは，他の一方の当事者の本国法による方式によること
　　　　はできないこととされた（改正法例第13条第3項ただし書）ので，
　　　　日本人と外国人が日本において婚姻をした（日本人と外国人が当該
　　　　外国人の本国の大使館等において婚姻をした場合を含む。）旨の報
　　　　告的届出は，受理することができない。
第2　離婚
　1　創設的届出
　　(1)　離婚については，第1に，夫婦の本国法が同一であるときはその
　　　　法律により，第2に，その法律がない場合において夫婦の常居所地
　　　　法が同一であるときはその法律により，第3に，そのいずれの法律
　　　　もないときは夫婦に最も密接な関係がある地の法律によることとさ
　　　　れた（改正法例第16条本文）が，夫婦の一方が日本に常居所を有す
　　　　る日本人であるときは，日本の法律によることとされた（同条ただ
　　　　し書）。

この改正に伴い，協議離婚の届出については，次の取扱いとする。なお，当事者の本国法の決定は，第1の1(1)イの例による。
ア　夫婦の双方が日本人である場合
　　従前のとおり，協議離婚の届出を受理することができる。
イ　夫婦の一方が日本人である場合
　(ｱ)　日本人配偶者が日本に常居所を有するものと認められる場合（後記第8の1(1)参照）又はこれには該当しないが外国人配偶者が日本に常居所を有するものと認められる場合（後記第8の1(2)参照）は，協議離婚の届出を受理することができる。
　(ｲ)　(ｱ)のいずれの場合にも該当しないが，当事者の提出した資料等から夫婦が外国に共通常居所を有しておらず，かつ，その夫婦に最も密接な関係がある地が日本であることが認められる場合は，管轄局の長の指示を求めた上で，協議離婚の届出を受理することができる。
ウ　夫婦の双方が外国人でその本国法が同一である場合
　　夫婦の本国法により協議離婚を日本の方式に従ってすることができる旨の証明書の提出がある場合（昭和26年6月14日付け民甲第1230号当職通達参照）は，協議離婚の届出を受理することができる。
エ　夫婦の双方が外国人でその本国法が同一でない場合
　(ｱ)　夫婦の双方が日本に常居所を有するものと認められる場合（後記第8の1(2)参照）は，協議離婚の届出を受理することができる。
　(ｲ)　夫婦の一方が日本に常居所を有し，かつ，他方が日本との往来があるものと認められる場合その他当事者の提出した資料等から夫婦が外国に共通常居所を有しておらず，かつ，その夫婦に最も密接な関係がある地が日本であることが認められる場合は，イ(ｲ)の例による。

(2) 離婚の際の子の親権者の指定については，改正法例第21条による（後記第7参照）。
2 報告的届出
離婚の裁判（外国における裁判を含む。）が確定した場合における報告的届出の取扱いは，従前のとおりであり，外国において協議離婚をした旨の証書の提出があった場合の取扱いは，離婚の準拠法が改正された点を除き，従前のとおりである。

第3 出生等
夫婦の一方の本国法であって子の出生の当時におけるものにより子が嫡出であるときは，その子は嫡出子とすることとされた（改正法例第17条）。また，嫡出でない子の父子関係の成立につき認知主義及び事実主義（生理上の父子関係がある場合には，認知を要件とすることなく，法律上の父子関係を認める法制のことをいう。以下同じ。）の双方に適用する規定が設けられ，その結果，父との間の親子関係については，子の出生の当時の父の本国法によることとされた（改正法例第18条第1項）。

この改正に伴い，出生等の届出については，次の取扱いとする。なお，関係者の本国法の決定は，第1の1(1)イの例による。
1 嫡出子
(1) 父母の双方が日本人である場合
従前のとおりである。
(2) 父母の一方が日本人である場合
ア 日本民法により事件本人が嫡出であるときは，事件本人を嫡出子とする。
イ 日本民法によれば事件本人が嫡出でない場合において事件本人を嫡出子とする出生の届出があったときは，子の出生の当時における外国人親の国籍証明書及び外国人親の本国法上の嫡出子の要件に関する証明書の提出を求め，その結果，外国人親の本国法によって事件本人が嫡出子となるときは，届出を受理する。

ウ　添付書類等から事件本人が母の再婚後に出生した子であることが判明したときは，次のとおりとする。
　　(ア)　母又は前夫のいずれかの本国法により前夫の子と推定され，かつ，母又は後夫のいずれかの本国法により後夫の子と推定されるときは，父未定の子として取り扱う。
　　(イ)　(ア)の法律による前夫又は後夫のいずれか一方のみの子としての推定があるときは，推定される方の夫の子として取り扱う。
　エ　戸籍法第62条による嫡出子の出生の届出の取扱いは，従前のとおりである。
　　なお，外国人母から生まれた子について，日本人父から戸籍法第62条による嫡出子出生の届出があった場合の戸籍の記載は，参考記載例19の例による。
(3)　父母の双方が外国人である場合
　　子の出生の当時における父又は母の本国法のいずれかにより事件本人が嫡出であるときは，事件本人を嫡出子とする。
2　嫡出でない子
(1)　父母の一方が日本人である場合において，母の婚姻成立の日から200日以内に出生した子を嫡出でない子とする出生の届出があったときは，外国人親の本国法上夫の子と推定されていない場合に限り，届出を受理する。婚姻の解消又は取消しの日から301日以後に出生した子を嫡出でない子とする出生の届出があったときは，特段の疑義が生じない限り，届出を受理して差し支えない。
(2)　外国人父の本国法が事実主義を採用している場合における日本人母からの嫡出でない子の出生の届出については，次のとおり取り扱う。
　ア　届書の父欄に氏名の記載があり，「その他」欄に父の本国法が事実主義を採用している旨の記載があり，かつ，父の国籍証明書，父の本国法上事実主義が採用されている旨の証明書及びその者が事件

附録(2)　関係法令・通達

　　　本人の父であることを認めていることの証明書（父の申述書，父の
　　署名ある出生証明書等）の提出があるときは，事件本人の戸籍に父
　　の氏名を記載する。
　　　この場合の戸籍の記載は，参考記載例13の例による。
　イ　母からの出生の届出に基づき子が入籍している場合において，母
　　からアに掲げる証明書を添付して父の氏名を記載する旨の出生届の
　　追完の届出があるときは，これを受理し，事件本人の戸籍に父の氏
　　名を記載する。
　　　この場合の戸籍の記載は，参考記載例14の例による。
3　嫡出となる子
　　子は，準正の要件たる事実の完成の当時の父若しくは母又は子の本
　国法により準正が成立するときは，嫡出子たる身分を取得することと
　された（改正法例第19条第1項）が，婚姻準正又は認知準正があった
　場合における続柄欄の訂正手続等は，従前のとおりである。なお，外
　国人父の本国法が事実主義を採用している場合において，子が父母の
　婚姻により嫡出子たる身分を取得するときは，次のとおり取り扱う。
　(1)　婚姻前に出生の届出がされ，それに基づき父の氏名が記載されて
　　いる場合は，婚姻の届書の「その他」欄の記載により続柄欄を訂正
　　する。
　(2)　婚姻の届出後，2(2)アに掲げる証明書を添付して父の氏名を記載
　　する旨の出生届の追完の届出及び嫡出子たる身分を取得する旨の婚
　　姻届の追完の届出があった場合は，父の氏名を記載し，続柄欄を訂
　　正する。
　(3)　婚姻の届出後，婚姻前に出生した子について，母から，届書の
　　「その他」欄に父母が婚姻した旨が記載され，かつ，2(2)アに掲げ
　　る証明書の添付された嫡出子出生の届出があった場合は，嫡出子と
　　して戸籍に記載する。なお，父も，これらの証明書及びその者が父
　　である旨の母の申述書を添付して，当該出生の届出をすることがで

きる。
第4　認知

　認知は，子の出生の当時若しくは認知の当時の認知する者の本国法又は認知の当時の子の本国法のいずれの法律によってもすることができ，認知する者の本国法による場合において，認知の当時の子の本国法がその子又は第三者の承諾又は同意のあることを認知の要件とするときは，その要件をも備えなければならないこととされた（改正法例第18条第1項，第2項）。

　この改正に伴い，認知の届出については，次の取扱いとする。なお，関係者の本国法の決定は，第1の1(1)イの例による。

1　創設的届出
　(1)　子が日本人である場合

　　　日本民法上の認知の要件が当事者双方に備わっている場合は，認知の届出を受理する。認知する者の本国法が事実主義を採用している場合であっても，認知の届出を受理する。第3の2(2)により父の氏名が戸籍に記載されている場合も，同様とする。ただし，後記2(2)により戸籍法第63条の類推適用による届出があり，かつ，父の氏名が戸籍に記載されている場合は，認知の届出を受理することができない。

　　　日本民法上の認知の要件が当事者双方に備わっていない場合において，認知する者の本国法により認知することができる旨の証明書を添付した認知の届出があったときは，改正法例第33条（公序）の規定の適用が問題となるので，管轄局の長の指示を求めるものとする。

　(2)　子が外国人である場合

　　　子の本国法により認知することができる旨の証明書の提出があった場合は，認知の届出を受理することができる。認知する者の本国法により認知することができる旨の証明書及び子の本国法上の保護

要件を満たしている旨の証明書の提出があった場合も，同様とする。
　(3)　胎児認知の場合
　　　胎児認知の届出があったときは，改正法例第18条第1項後段及び第2項の適用上，「子の本国法」を「母の本国法」と読み替えて受否を決するものとする。
　2　報告的届出
　(1)　認知の裁判（外国における裁判を含む。）が確定した場合における報告的届出の取扱いは，従前のとおりであり，外国において任意認知をした旨の証書の提出があった場合の取扱いは，認知の準拠法が改正された点を除き，従前のとおりである。
　(2)　子の出生の当時における父の本国法が事実主義を採用している場合において，父子関係存在確認の裁判が確定したときの報告的届出は，子又は父からの戸籍法第63条の類推適用による届出として受理する。

第5　養子縁組
　1　創設的届出
　　　養子縁組については，縁組の当時の養親の本国法によることとされ，養子の本国法が養子縁組の成立につき養子若しくは第三者の承諾若しくは同意又は公の機関の許可その他の処分のあることを要件とするときは，その要件をも備えなければならないこととされた（改正法例第20条）。
　　　この改正に伴い，養子縁組の届出については，次の取扱いとする。なお，当事者の本国法の決定は，第1の1(1)イの例による。
　(1)　養親が日本人である場合
　　　日本民法上の養子縁組の要件が当事者双方に備わっているかどうかを審査し，これが備わっている場合は，養子の本国法上の保護要件を審査する。この場合において，養子の本国の官憲の発行した要件具備証明書の提出があるときは，養子の本国法上の保護要件が備

わっているものとして取り扱って差し支えない。
(2) 養親が外国人である場合
養親の本国法上の養子縁組の要件が当事者双方に備わっているかどうかを審査し，これが備わっている場合は，養子の本国法上の保護要件を審査する。この場合において，養子の本国の官憲の発行した要件具備証明書の提出があるときは，(1)後段と同様である。
(3) 養親に配偶者がある場合
夫婦共同縁組をする場合における養親の本国法は，それぞれの養親についてそれぞれの本国法であり，一方の本国法を適用するに当たり，他方の本国法を考慮する必要はない。
配偶者のある者が単独縁組をすることができるかどうかは，当該者の本国法による。配偶者又は養子の本国法が夫婦共同縁組を強制していても，これを考慮する必要はない。
2 報告的届出
(1) 我が国における養子縁組の成立
ア 養親の本国法が普通養子縁組について裁判所の決定等により縁組を成立させる法制を採用している場合において，家庭裁判所の養子縁組を成立させる旨の審判書謄本を添付して養子縁組の届出があったときは，その届出は，戸籍法第68条の2により受理する。ただし，この場合においては，同法第20条の3の規定を適用しない。
この場合の戸籍の記載は，参考記載例61の例による。
イ 家庭裁判所が渉外的な特別養子縁組を成立させる審判を行った場合において，戸籍法第68条の2による届出があったときは，同法第20条の3の規定を適用する。
(2) 外国における養子縁組の成立
外国において養子縁組をした旨の報告的届出があった場合は，養子縁組の準拠法上その養子縁組が無効でない限り，これを受理する。

外国において日本人を特別養子とする縁組が成立した旨の報告的届出があったときは，その養子について新戸籍を編製する。

第6　離縁

1　創設的届出

離縁については，養子縁組の当時の養親の本国法によることとされた（改正法例第20条第2項）ので，渉外的な協議離縁の届出についての取扱いは，養親の本国法が縁組時と離縁時とで異なる場合を除き，従前のとおりである。

なお，縁組事項を記載した戸籍に養親の国籍として単一の国が記載されているときは，その国の法律を養親の縁組当時の本国法として取り扱って差し支えない。

2　報告的届出

離縁の裁判（外国における裁判を含む。）が確定した場合における報告的届出の取扱いは，従前のとおりであり，外国において協議離縁をした旨の証書の提出があった場合の取扱いは，離縁の準拠法が改正された点を除き，従前のとおりである。

第7　親権

親権については，原則として，子の本国法によることとされ，例外として，子の本国法が父の本国法及び母の本国法のいずれとも異なる場合又は父母の一方が死亡し，若しくは知れない場合において他方の親の本国法と子の本国法とが異なるときは，子の常居所地法によることとされた（改正法例第21条）。したがって，日本人である子の親権については，上記例外の場合を除き，子の本国法としての日本の法律を適用することとなる。上記例外の場合については，後記第8の1(1)により，子の常居所が日本にあるものと認定することができるときは，子の常居所地法としての日本の法律を適用することとなる。

なお，関係者の本国法の決定については，第1の1(1)イの例による。

第8　常居所の認定

事件本人の常居所の認定については，次のとおり取り扱って差し支えない。次の基準によっていずれの国にも常居所があるものと認定することができない場合は，原則として居所地法による（改正法例第30条）が，疑義がある場合は，管轄局の指示を求めるものとする。
1　我が国における常居所の認定
　(1)　事件本人が日本人である場合
　　　事件本人の住民票の写し（発行後１年内のものに限る。）の提出があれば，我が国に常居所があるものとして取り扱う。ただし，後記２(1)の事情が判明した場合を除く。
　　　事件本人が国外に転出し，住民票が消除された場合でも，出国後１年内であれば，我が国に常居所があるものとして取り扱う。出国後１年以上５年内であれば，事件本人が後記２(1)ただし書に記載した国に滞在する場合を除き，同様とする。
　(2)　事件本人が外国人である場合
　　　出入国管理及び難民認定法による在留資格（同法第２条の２並びに別表第一及び別表第二）等及び在留期間により，次のとおり取り扱う。在留資格及び在留期間の認定は，これらを記載した外国人登録証明書及び旅券（日本で出生した者等で本国から旅券の発行を受けていないものについては，その旨の申述書）による。
　　ア　引き続き５年以上在留している場合に，我が国に常居所があるものとして取り扱う者
　　　　別表第一の各表の在留資格をもって在留する者（別表第一の一の表中の「外交」及び「公用」の在留資格をもって在留する者並びに別表第一の三の表中の「短期滞在」の在留資格をもって在留する者を除く。）
　　イ　引き続き１年以上在留している場合に，我が国に常居所があるものとして取り扱う者
　　　　別表第二の「永住者」，「日本人の配偶者等」（日本人の配偶者

に限る。），「永住者の配偶者等」（永住者等の子として本邦で出生しその後引き続き本邦に在留している者を除く。）又は「定住者」の在留資格をもって在留する者
　ウ　我が国に常居所があるものとして取り扱う者
　　(ｱ)　我が国で出生した外国人で出国していないもの（ア又はイに該当する者を含む。）
　　(ｲ)　別表第二の「日本人の配偶者等」（日本人の配偶者を除く。）又は「永住者の配偶者等」（永住者等の子として本邦で出生しその後引き続き本邦で在留している者に限る。）の在留資格をもって在留する者
　　(ｳ)　日本国との平和条約に基づき日本の国籍を離脱した者等の出入国管理に関する特例法（平成3年法律第71号）に定める「特別永住者」の在留資格をもって在留する者
　エ　我が国に常居所がないものとして取り扱う者
　　(ｱ)　別表第一の一の表中の「外交」若しくは「公用」の在留資格をもって在留する者又は別表第一の三の表中の「短期滞在」の在留資格をもって在留する者
　　(ｲ)　日本国とアメリカ合衆国との間の相互協力及び安全保障条約第6条に基づく施設及び区域並びに日本国における合衆国軍隊の地位に関する協定第9条第1項に該当する者
　　(ｳ)　不法入国者及び不法残留者
2　外国における常居所の認定
(1)　事件本人が日本人である場合
　　旅券その他の資料で当該国に引き続き5年以上滞在していることが判明した場合は，当該国に常居所があるものとして取り扱う。ただし，重国籍の場合の日本以外の国籍国，永住資格を有する国又は配偶者若しくは未成年養子としての資格で滞在する場合における外国人配偶者若しくは養親の国籍国においては，1年以上の滞在で足

りる。
　(2) 事件本人が外国人である場合
　　　外国人の国籍国における常居所の認定については，1(1)に準じて取り扱い，国籍国以外の国における常居所の認定については，1(2)に準じて取り扱う。
第9　経過規定
　改正法の施行前に生じた事項については，なお従前の例によるが，改正法の施行の際現に継続する法律関係については，改正法の施行後の法律関係に限り，改正法例の規定を適用することとされた（改正法附則第2項）。したがって，婚姻，離婚，嫡出親子関係，非嫡出親子関係，養子縁組又は離縁の成立については，それぞれの成立の時における法例の規定による準拠法を適用するが，親権については，継続的関係であるので，改正法の施行とともに準拠法が変更することとなる。
　その結果，創設的届出の場合は，届出の時における法例の規定により，報告的届出の場合は，成立の時における法例の規定によることとなる。

附録(2)　関係法令・通達

3　戸籍法及び戸籍法施行規則の一部改正に伴う戸籍事務の取扱いについて（昭和59年11月1日民二第5500号民事局長通達）

改正　平成13年6月15日民一第1544号通達

　このたび国籍法及び戸籍法の一部を改正する法律（昭和59年法律第45号）（以下「改正法」という。）が公布され，また，戸籍法施行規則の一部を改正する省令が本日公布された。

　改正後の戸籍法（以下「法」という。）及び戸籍法施行規則（以下「規則」という。）は，昭和60年1月1日から施行されるが，この改正に伴う戸籍事務については，次のとおり取り扱うこととするから，これを了知の上，貴管下支局長及び管内市区町村長に周知方取り計らわれたい。

　なお，これに反する当職通達又は回答は，本通達によつて変更又は廃止するので，念のため申し添える。

第1　出生届に関する取扱い

1　昭和60年1月1日以降に出生した外国人父と日本人母との間の嫡出子は，改正後の国籍法（以下「新国籍法」という。）第2条第1号により日本の国籍を取得するので，その出生の届出を受理したときは，その子を戸籍に記載する。この場合において，その子は，母の氏を称して母の戸籍に入る。

2　嫡出子出生の届出について父又は母が届出をすることができないときは，父又は母以外の法定代理人からも届出をすることができることとされた（法第52条第4項）。

　　非嫡出子出生の届出又は父未定の子の出生の届出について母が届出をすることができないときは，母以外の法定代理人からも届出をすることができることとされた（法第52条第4項，第54条）。

3　国外で出生した子の出生の届出の期間は，3箇月に伸長された（法第49条第1項）。

4 子が改正法施行前に出生した場合であつても，その出生の日が昭和59年12月19日以降であるときは，改正法施行の後に出生の届出をする場合の届出人及び期間は，2及び3と同様である（改正法附則第8条）。

第2 渉外婚姻に関する取扱い

1 婚姻による新戸籍の編製

(1) 戸籍の筆頭者でない者が外国人と婚姻した場合，従来その者について新戸籍は編製されなかつたが，改正法施行の後に婚姻の届出（法第41条の証書の謄本の提出を含む。）があつたときは，外国人と婚姻した者（以下「日本人配偶者」という。）について従来の氏により新戸籍を編製することとされた（法第16条第3項，第6条，改正法附則第七条）。この場合の戸籍の記載は，規則附録第7号戸籍記載例（以下「記載例」という。）73から75までの例による。

(2) 改正法施行前に外国の方式により婚姻をした場合において，その証書の謄本が改正法施行の後に提出されたときも，(1)と同様である。

改正法施行前に，日本の大使，公使又は領事が受理した日本人と外国人との婚姻証書の謄本が改正法施行の後に本籍地市区町村長に送付されたときは，新戸籍を編製しない（改正法附則第7条）。

2 配偶欄の新設

(1) 1(1)により新戸籍を編製するときは，日本人配偶者につき配偶欄を設ける。

(2) 日本人配偶者につき，改正法施行の後に婚姻以外の事由によりその者を筆頭者とする新戸籍を編製するときも，(1)と同様とする。

(3) 日本人配偶者を筆頭者とする戸籍で従前の取扱いによつて配偶欄が設けられていないものについては，日本人配偶者から申出があつたときは，その者につき配偶欄を設ける。この場合においては，その者の身分事項欄に次の振合いによる記載をする。

「申出により昭和六拾年参月五日配偶欄記載㊞」

3 離婚又は婚姻の取消しによる戸籍の変動

外国人との婚姻によつて新戸籍を編製されたものについては、離婚又は婚姻の取消しがあつた場合においても、戸籍の変動は生じない（法第19条第1項参照）。
4　氏の変更
(1)　外国人と婚姻した者の氏の変更
　　ア　日本人配偶者は、婚姻成立後6箇月以内に限り、家庭裁判所の許可を得ないで、その氏を外国人配偶者の称している氏に変更する旨の届出をすることができることとされたが（法第107条第2項）、この場合の戸籍の記載は、戸籍事項欄及び身分事項欄に記載例176から180までの例により、これをする（規則第34条第2号、第35条第13号）。

　　　　なお、戸籍事項欄の記載は、管外転籍の場合に移記を要するが、身分事項欄の記載は、新戸籍を編製され、又は他の戸籍に入る場合に移記を要しない（規則第37条、第39条）。
　　イ　アの届出は、届出人の身分事項欄に記載された外国人配偶者の氏と異なる氏を変更後の氏とする場合には、受理することができない。ただし、外国人配偶者の氏のうち、その本国法によつて子に承継される可能性のない部分は、法第107条第2項に規定する外国人配偶者の称している氏には含まれないので、その部分を除いたものを変更後の氏とする届出は受理することができる。

　　　　届出人の身分事項欄に記載された外国人配偶者の氏と同一のものを変更後の氏とする場合は、その氏の中に明らかに上記部分を含むものと認められる場合を除き、届出を受理して差し支えない。
　　ウ　変更後の日本人配偶者の氏は、片仮名によつて記載するが、配偶者が本国において氏を漢字で表記する外国人である場合において、正しい日本文字としての漢字により日本人配偶者の身分事項欄にその氏が記載されているときは、その漢字で記載して差し支えない。

エ　外国人配偶者が死亡した後は，アの届出をすることができない。

オ　戸籍の筆頭者でない者から外国人との婚姻の届出及びアの届出が同時にあつたときは，婚姻の届出による新戸籍を編製した後に，アの届出による戸籍の記載をする。

カ　アの届出があつた場合において，その届出人の戸籍に同籍者があるときは，届出人につき新戸籍を編製し，氏変更の効果は同籍者には及ばない（法第20条の2第1項）。

　この場合において，氏変更前の戸籍に在籍している子は，同籍する旨の入籍届により，氏を変更した父又は母の新戸籍に入籍することができる。

　アの変更届と同時に同籍する子全員から入籍届があつた場合においても，氏を変更した者につき新戸籍を編製する。

キ　アにより氏を変更した者と外国人配偶者を父母とする嫡出子を戸籍に記載する場合には，その父母が離婚し，又はその婚姻が取り消されているときを除き，母欄の氏の記載を省略して差し支えない。

ク　改正法施行前に外国人と婚姻した者であつても，昭和59年7月2日以降に婚姻をした者は，改正法施行の日から昭和60年6月末日までその氏を外国人配偶者の称している氏に変更する旨の届出をすることができる（改正法附則第11条）。

　この場合において，届出人が戸籍の筆頭者でないときは，届出人につき新戸籍を編製し（法第20条の2参照），戸籍の記載は，記載例178から180までの例に準じて行う。

(2)　離婚による氏の変更

ア　法第107条第2項により外国人配偶者の称している氏に変更した者は，離婚，婚姻の取消し又は配偶者の死亡の日から3箇月以内に限り，家庭裁判所の許可を得ないで，その氏を変更の際に称していた氏に変更する旨の届出をすることができることとされた

が（法第107条第3項），この場合の戸籍の記載は，記載例181から183までの例による。記載すべき欄及び移記については，(1)アと同様である。

　　イ　アの届出があつた場合の戸籍の処理及び届出人の戸籍に在籍する子の入籍については，(1)カに準じて行う。
　(3)　父又は母が外国人である者の氏の変更
　　ア　戸籍の筆頭者及びその配偶者でない者は，従来氏の変更の届出をすることはできなかつたが，改正法施行の後は，氏を変更しようとする者の父又は母が外国人であるときは，家庭裁判所の許可を得て，その氏を外国人である父又は母の称している氏に変更する旨の届出をすることができることとされた（法第107条第4項）。この場合の戸籍の記載は，記載例184から186までの例による。記載すべき欄及び移記については，(1)アと同様である。
　　イ　養子は，その氏を養父母の称している氏に変更することができるが，実父母の称している氏に変更することはできない。養子が転縁組しているときは，直近の縁組による養父母の称している氏のみに変更することができる。
　　ウ　氏を変更しようとする者が15歳未満であるときは，アの届出は，法定代理人がしなければならない。
　　エ　アの届出があつた場合の届出の受理及び氏の記載については，(1)イ及びウに準じて行う。
　　オ　アの届出を受理したときは，氏を変更した者につき新戸籍を編製する（法第20条の2第2項）。
第3　国籍の得喪に関する取扱い
　1　国籍取得の届出
　(1)　新国籍法により，法務大臣に対する届出による国籍取得の制度が設けられたが（新国籍法第3条，第17条第1項，第2項，改正法附則第4条，第5条，第6条），これにより国籍を取得した者は，一

定期間内に市区町村長に届け出なければならないこととされた（法第102条，改正法附則第13条）。この場合の戸籍の記載は，記載例165及び参考記載例172から178まで及び181から186までの例による。
(2)　法務大臣に対する届出により国籍を取得した者の称すべき氏及び入籍する戸籍は，次の原則によるものとする。

　ア　国籍取得者の氏は，新国籍法第3条による国籍の取得にあつては準正時（準正前に父母が離婚しているときは離婚時）の父の氏，新国籍法第17条第1項による国籍の取得にあつては出生時の日本人たる父又は母の氏，同条第2項による国籍の取得にあつては国籍喪失時の氏，改正法附則第5条による国籍の取得にあつては出生時の母の氏，改正法附則第6条による国籍の取得にあつては父又は母の改正法附則第5条による国籍取得時の氏である。

　イ　国籍取得者（新国籍法第17条第2項により国籍を取得した者を除く。）は，国籍取得時において氏を同じくする父又は母の戸籍があるときは，その戸籍に入る（法第18条。なお法第17条参照）。
　　　上記により入るべき戸籍がないときは，国籍取得者につき新戸籍を編製する。この場合においては，親子関係を戸籍上明らかにするため，いつたん，父母が国籍取得者と同一の氏を称して最後に在籍していた戸（除）籍に入籍させた上，直ちに除籍して新戸籍を編製する。

　ウ　新国籍法第17条第2項により国籍を取得した者は，国籍喪失時に在籍していた戸籍に入る。ただし，その戸籍が除かれているとき又はその者が日本国籍を引き続き保持していたとすればその戸籍から除籍する理由があるときは，新戸籍を編製する。

　エ　国籍取得者が国籍取得時に日本人の養子であるときは，アによる氏から直ちに養子縁組当時の養親の氏に変更したものとして取り扱う。
　　　また，国籍取得者が国籍取得時に日本人の配偶者であるときは，

アによる氏を称した上，国籍取得届において日本人配偶者とともに届け出る氏を称するものとして取り扱う。
- (3) 国籍取得者の名については，次の原則による。
  - ア 国籍取得者の名に使用する文字は，次のイの場合を除き，常用平易な文字でなければならない（法第50条，規則第60条）。
  - イ 国籍取得者が国籍取得前に本国においてその氏名を漢字で表記する者であつた場合において，相当の年齢に達しており，卒業証書，免許証，保険証書等により日本の社会に広く通用していることを証明することができる名を用いるときは，正しい日本文字としての漢字を用いるときに限り，制限外の文字を用いて差し支えない。
- (4) 国籍取得者は，国籍取得の届書に国籍取得前の身分事項を記載し，その身分事項を証すべき書面を添付しなければならないものとされたが（規則第58条の２，改正省令附則第２項），当職又は法務局若しくは地方法務局の長が発行する国籍取得証明書（法第102条第２項参照）に身分事項に関する記載があるときは，その事項については更に資料を添付することを要しない。

2 帰化の届出
- (1) 帰化者は，帰化の届書に帰化前の身分事項を記載し，その身分事項を証すべき書面を添付しなければならないこととされたが（法第102条の２，規則第58条の２），従来どおり，その身分事項は，法務局又は地方法務局の長が発行する帰化者の身分証明書に基づき記載する。
- (2) 帰化の届出の期間は１箇月に伸長された（法第102条の２）。

  改正法施行前に帰化した場合であつても，その告示の日が昭和59年12月23日以降であるときは，改正法施行の後に届出をする場合の届出の期間は，１箇月である（改正法附則第８条）。

3 国籍喪失の届出

(1) 国籍法の改正により新たな国籍喪失事由が設けられるとともに（新国籍法第11条第2項，第15条第3項，第16条第2項，第5項），国籍喪失の届出義務者に国籍喪失者本人も加えられ，届出義務者が国外に在る場合の届出の期間は，3箇月に伸長された（法第103条）。

(2) 新国籍法第13条，第15条第3項又は第16条第2項及び第5項による国籍の喪失についての法第105条の報告は，当職又は法務局若しくは地方法務局の長がする。

(3) 改正法施行前に国籍を喪失した者は，届出の義務を負わないが，改正法施行の後にその者から届出があつたときは，これを受理する（改正法附則第9条）。

4　国籍留保の届出

(1) 新国籍法第12条により，生地主義国で出生した子に限らず，事由のいかんを問わず，出生により外国の国籍をも取得した子で国外で生まれたものは，出生の届出とともに日本の国籍を留保する意思を表示しなければ，その出生の時にさかのぼつて日本の国籍を失うこととされた（法第104条第2項）。

(2) 国籍留保の届出は，届出をすることができる者が外国に在る外国人であつても，その国に駐在する日本の大使，公使又は領事に，出生の届出とともにこれをすることができる。

(3) 国籍留保の届出人及び届出の期間は，第1の2，3及び4と同様である（法第104条第1項，改正法附則第8条）。

5　国籍選択の届出

(1) 新国籍法第14条により，外国の国籍を有する日本人（以下「重国籍者」という。）は，一定期間内に国籍の選択をすべきこととされた。日本の国籍の選択の宣言をしようとする者は，市区町村長に対してその旨を届け出なければならないが（法第104条の2），その届出があつた場合には，明らかに外国の国籍を有しないものと認められるときを除き，届出を受理して差し支えない。この場合の戸籍の

記載は，身分事項欄に記載例169の例により，これをする（規則第35条第12号）。

　なお，その記載は，管外転籍の場合又は新戸籍を編製され，若しくは他の戸籍に入る場合に移記を要する（規則第37条，第39条第1項第7号）。

(2)　日本の国籍の選択の宣言をしようとする者が15歳未満であるときは，法定代理人が代わつて届出をしなければならない（新国籍法第18条）。この場合において，法定代理人が外国に在る外国人であつても，その国に駐在する日本の大使，公使又は領事に届出をすることができる。

(3)　国籍選択の届出は，新国籍法第14条第1項に規定する期限を経過したあとであつても，国籍の選択をすべき者が日本又は外国の国籍を喪失するまでは，これを受理することができる。

(4)　改正法附則第3条の適用により日本の国籍の選択の宣言をしたものとみなされた場合には，その者の戸籍にその旨を記載することを要しない。

6　外国の国籍の喪失の届出

(1)　重国籍者は，外国の国籍を喪失した場合には，一定期間内に外国官公署の発行する国籍離脱証明書，国籍を喪失した旨の記載のある外国の戸籍謄本その他の外国の国籍を喪失したことを証すべき書面を添付して，その旨の届出をしなければならないこととされたが（法第106条），この場合の戸籍の記載は，記載例168の例による。記載すべき欄及び移記については，5(1)と同様である。

(2)　改正法施行前に外国の国籍を喪失した者は届出の義務を負わないが，その者から届出があつたときは，これを受理する（改正法附則第10条）。

7　重国籍者についての市区町村長の通知

(1)　法務大臣は，新国籍法第15条により，重国籍者で所定の期限内に

国籍の選択をしないものに対し，国籍の選択をすべきことを催告するものとされ，市区町村長は，戸籍事務の処理に際し，所定の期限内に国籍の選択をしていない重国籍者があると思料するときは，所要の事項を管轄法務局又は地方法務局の長に通知しなければならないこととされた（法第104条の3，規則第65条の2）。この場合において，法務局又は地方法務局の支局の管轄内にある市区町村の長は，当該支局の長あてに通知するものとする。

(2) (1)の通知は，昭和59年12月31日以前に出生した者については，改正法施行の後に外国人との婚姻若しくは養子縁組又は外国人からの認知により重国籍者となつたと思料されるものに限り，行うものとする（改正法附則第3条参照）。

(3) 法務局若しくは地方法務局又はその支局の長は，(1)の通知に係る者が国籍の選択をすべき者に該当しないときは，(1)の通知をした市区町村長にその旨を通知する。

8　国籍の選択の催告に伴う戸籍の処理

(1) 法務大臣が国籍の選択をすべきことを催告したときは，法務局又は地方法務局の長はその催告を受けた者の氏名及び戸籍の表示並びに催告が到達した日を，その者の本籍地市区町村長に通知するので（国籍法施行規則（昭和59年法務省令第39号）第6条），この通知を受けた本籍地市区町村長は，催告を受けた者の戸籍の直前に着色用紙をとじ込む方法により，催告があつた旨を明らかにするものとする。

(2) 新国籍法第15条第1項及び同条第2項に規定する催告を受けた者は，催告の書面が到達した日（官報に掲載してする催告にあつては到達したものとみなされた日）から1月を経過した時に同条第3項により日本の国籍を喪失するので，その時の後はその者について国籍の選択の届出を受理することができない。ただし，新国籍法第15条第3項ただし書に規定する事由があるものとして届出があつたと

きは，その処理につき管轄法務局若しくは地方法務局又はその支局の長の指示を求めるものとする。

第4　その他

1　届出期間等

(1)　外国の方式に従つて届出事件に関する証書を作らせた場合の証書の謄本を提出又は発送すべき期間は，3箇月に伸長された（法第41条）。

(2)　国外で死亡した者についての死亡の届出の期間は，3箇月に伸長された（法第86条第1項）。

　　改正法施行前に国外で死亡した場合であつても，届出人がその死亡の事実を知つた日が昭和59年12月26日以降であるときは，改正法施行の後に死亡の届出をする場合の届出の期間は，3箇月である（改正法附則第8条）。

2　外国における改正法の適用時点

　改正法が適用されるのは，外国においても日本時間の昭和60年1月1日午前0時からである（改正法附則第1条）。

3　外国人の氏名の表記方法

(1)　戸籍の身分事項欄及び父母欄に外国人の氏名を記載するには，氏，名の順序により片仮名で記載するものとするが，その外国人が本国において氏名を漢字で表記するものである場合には，正しい日本文字としての漢字を用いるときに限り，氏，名の順序により漢字で記載して差し支えない。片仮名で記載する場合には，氏と名とはその間に読点を付して区別するものとする。

(2)　従前の例により記載されている外国人の氏名の更正は，次の取扱いによる。

　ア　身分事項欄又は父母欄に従前の例により名，氏の順序で外国人の氏名が記載されている者で，同一の戸籍に記載されているもの全員から，本籍地の市区町村長に対し，その記載を氏，名の順序

に更正する申出があつたときは、市区町村長限りでその記載を更正して差し支えない。この場合において、更正は申出があつた戸籍についてのみ行うものとする。
- イ 父又は母から更正の申出があつた場合には、同籍する子から申出がないときでも、その子の身分事項欄又は父母欄に記載された当該外国人の氏名の記載を更正するものとする。

　申出をすべき者のうち一部の者が、所在不明その他の事由により申出をすることができない場合においては、その他の者全員から申出があるときは、申出がない者の身分事項欄又は父母欄に記載された当該外国人の氏名を更正するものとする。
- ウ 更正の申出をしようとする者が15歳未満であるときは、申出は法定代理人がしなければならない。
- エ 身分事項欄又は父母欄を更正したときは、その者の身分事項欄に次の振合いによる更正事由を記載する。ただし、父又は母の身分事項欄を更正する場合において、同籍する子の父母欄のみを更正するときは、その子の身分事項欄には更正事由の記載を要しない。

　　身分事項欄を更正する場合
　　「申出により平成六拾年参月五日夫（妻）の氏名の記載更正㊞」
　　父母欄のみを更正する場合
　　「申出により平成六拾年参月五日父（母）欄の記載更正㊞」

4　渉外関係届書の送付方法

(1) 本籍地市区町村長は、規則第48条第2項により管轄法務局若しくは地方法務局又はその支局に届書等の書類を送付する場合において、その書類中に次の届書（法第41条の証書の謄本を含む。）があるときは、送付目録中の当該届書の記載の頭部に㊅の印を付するものとする。

　父又は母が外国人である子の出生届

附録(2)　関係法令・通達

　　　国籍留保の届出とともにする出生届
　　　国籍取得届
　　　当事者の一方を外国人とする認知届，養子縁組届，養子離縁届，
　　婚姻届及び離婚届
　　　法第107条第2項から第4項までによる氏の変更届
　(2)　(1)の届書については，他の書類と別につづり，又は写しを作成する等の方法により，他の書類と容易に分別することができる措置を講じた上，送付するものとする。
5　受附帳の保存期間の伸長
　　受附帳の保存期間は，50年に伸長された（規則第21条第3項）。
　　既に保存期間を経過している受附帳で廃棄決定をしていないものについても，同様とする。
6　外国語によつて作成された文書の訳文の添付
　　届書に添付する書類その他市区町村長に提出する書類で外国語によつて作成されたものについては，翻訳者を明らかにした訳文を添付しなければならないこととされたが（規則第63条の2），その訳文を添付すべき書類には，法第41条の証書の謄本及び規則第63条によつて提出を求められた書類も含まれる。
7　戸（除）籍謄抄本の請求
　　たばこ事業法（昭和59年法律第68号）及び日本たばこ産業株式会社法（昭和59年法律第69号）の施行に伴い，日本専売公社は明年4月1日に解散するので，同日から規則別表第一中「日本専売公社」が削除される（改正省令附則第1項ただし書）。

4 国籍法及び国籍法施行規則の一部改正に伴う戸籍事務の取扱いについて（平成20年12月18日民一第3302号民事局長通達）

　国籍法の一部を改正する法律（平成20年法律第88号。以下「改正法」という。）が平成21年１月１日から施行されることに伴い，国籍法施行規則の一部を改正する省令（平成20年法務省令第73号。以下「改正省令」という。）が本日公布され，改正法の施行の日から施行されることとなりました。

　この改正に伴う戸籍事務については，下記のとおり取り扱うこととしますので，これを了知の上，貴管下支局長及び管内市区町村長に周知方取り計らい願います。

　なお，本通達中，「法」とあるのは改正法による改正後の国籍法を，「規則」とあるのは戸籍法施行規則（昭和22年司法省令第94号）を，「国籍取得の届出」とあるのは戸籍法（昭和22年法律第224号）第102条の規定による国籍取得の届出をいいます。

　おって，本通達に反する当職通達又は回答は，本通達によって変更するので，念のため申し添えます。

記

第１　国籍取得の届出

　　改正法により，出生後に日本国民から認知された子が法務大臣に届け出ることによって日本国籍を取得するためには，父母の婚姻を要しないこととされた（法第３条）。これにより，法第３条，改正法附則第２条（第３条により第２条第１項の届出をしたものとみなされる場合を含む。以下同じ。），第４条又は第５条により日本国籍を取得した者は，一定期間内に市区町村長に届け出なければならないこととされた（戸籍法第102条，改正法附則第８条）。

　１　戸籍の記載

附録(2) 関係法令・通達

　　法第3条，改正法附則第2条又は第4条により法務大臣に対する届出により国籍を取得した場合の戸籍の記載は，別紙1の例による。ただし，準正子の取扱いについては従前どおりとする。
2　国籍を取得した者の称すべき氏及び入籍する戸籍
 (1)　法第3条，改正法附則第2条又は第4条により法務大臣に対する届出により国籍を取得した者の称すべき氏及び入籍する戸籍は，次の原則によるものとする。ただし，準正子の取扱いについては，昭和59年11月1日付け法務省民二第5500号当職通達（以下「5500号通達」という。）第3の1(2)を適用するものとする。
　　ア　国籍を取得した者の氏は，新たに定めるものとする。ただし，国籍を取得した者が国籍取得時に日本人の養子であるときは養親の氏を称し，国籍を取得した者が国籍取得時に日本人の配偶者であるときは，国籍取得の届出において日本人配偶者とともに届け出る氏を称するものとする。
　　イ　国籍を取得した者がアにより氏を新たに定めるときは，新戸籍を編製するものとし（戸籍法第22条），養親の氏を称するときはその戸籍に入り，日本人の配偶者であるときであって自己の氏を称するときは新戸籍を編製するものとし，日本人配偶者の氏を称するときはその戸籍に入る。
　　ウ　国籍を取得した者の母が国籍取得時にすでに帰化等により日本国籍を取得しているときは，ア及びイにより氏を新たに定め新戸籍を編製するほか，母の戸籍に入籍することを希望する場合は，母の戸籍に入る。
 (2)　改正法附則第5条により国籍を取得した者は，嫡出子の場合は父又は母の改正法附則第2条による国籍取得時の氏を称しその戸籍に入り，嫡出でない子の場合は母の改正法附則第2条による国籍取得時の氏を称しその戸籍に入る。
 (3)　国籍を取得した者が新たに氏を定めるときに用いる文字は正しい

日本文字を用いるものとし，漢字を用いる場合は次に掲げる字体で記載するものとする。
  ア　常用漢字表（昭和56年内閣告示第1号）の通用字体
  イ　規則別表第二の一に掲げる字体
  ウ　康熙字典体又は漢和辞典で正字とされている字体
  エ　当用漢字表（昭和21年内閣告示第32号）の字体のうち，常用漢字表においては括弧に入れて添えられなかった従前正字として取り扱われてきた「慨」,「概」,「免」及び「隆」
  オ　国字でアからエまでに準ずる字体
  カ　平成16年9月27日付け法務省民一第2665号当職通達により改正された平成2年10月20日付け法務省民二第5200号当職通達別表に掲げる字体
3　国籍を取得した者の名
　　法第3条，改正法附則第2条，第4条又は第5条により国籍を取得した者（以下「国籍を取得した者」という。次項において同じ。）の名については，第5500号通達第3の1(3)を適用するものとする。
4　国籍取得の届出に添付する書面
　　国籍を取得した者は，国籍取得の届書に国籍取得前の身分事項を記載し，その身分事項を証すべき書面を添付しなければならない（規則第58条の2，改正省令附則第3条）。ただし，国籍取得証明書（戸籍法第102条第2項）に身分事項に関する記載があるときは，その事項については更に資料を添付することを要しない。
5　国籍取得の届書の様式
　　平成12年3月15日付け法務省民二第602号当職通達で示されていた国籍取得の届書の標準様式は，別紙2のとおり改めるものとする。
　　なお，従前の様式による届書の用紙は，本通達実施後においても当分の間使用することができる。
6　国籍取得の日

附録(2)　関係法令・通達

　　　改正法第3条により日本国籍を取得する日は，法務大臣に届け出た日である。
　　　改正法附則の規定により日本国籍を取得する日は以下のとおりとされた。
　　(1)　改正法附則第2条による届出の場合
　　　　法務大臣に届け出た日
　　　　ただし，平成15年1月1日以後に従前の届出をしているとき及び改正法附則第3条により第2条の届出をしたものとみなされる場合は，従前の届出の日とされた。
　　(2)　改正法附則第4条又は第5条による届出の場合
　　　　法務大臣に届け出た日
　7　国籍取得の届出期間の起算日の特例
　　　改正法附則第8条により戸籍法第102条が準用される場合において，国籍取得の届出期間の起算日については，改正法附則第2条による届出のうち，平成15年1月1日以後に従前の届出をしている場合は，改正法附則第2条による届出をした日と読み替えるものとし，改正法附則第3条により改正法の施行の日に第2条による届出をしたものとみなされる場合は，改正法の施行の日と読み替えるものとされた。
　8　国籍留保の届出期間の特例
　　　改正法附則第2条第1項及び第3項ただし書により日本国籍を取得した者を父又は母とし，その取得の時以後改正法の施行の日前までに，国外で出生し，外国の国籍を取得した子の戸籍法第104条による国籍留保の期間の起算日については，父又は母が平成15年1月1日以後に従前の届出をしている場合にあっては，改正法附則第2条による届出をした日であり，父又は母について改正法附則第3条により改正法の施行の日に第2条の届出をしたものとみなされる場合にあっては，改正法の施行の日とされた（改正法附則第9条）。
第2　虚偽の認知届がされたことを理由として法第3条による法務大臣に

対する届出が不受理とされた場合の戸籍訂正手続について
1　認知者への通知

　　虚偽の認知届がされたことを理由として法第3条による法務大臣に対する届出が不受理とされた場合には，法務局又は地方法務局の長から戸籍法第24条第3項により当該認知事項の記載が法律上許されないものであることを認知当時の認知者の本籍地の市区町村長に通知がされることとされた（本日付け法務省民一第3300号当職通達第1の5(1)）。当該通知を受けた市区町村長は，同条第1項により，遅滞なく認知者に対し認知事項の記載が法律上許されないものであることを通知するものとする。

2　職権訂正

　　1の通知をすることができないとき，又は通知をしても戸籍訂正の申請をする者がないときは，市区町村長は，戸籍法第24条第2項により，管轄法務局，地方法務局又はその支局の長の許可を得て，認知者の戸籍の認知事項を消除するものとする。

3　被認知者への通知

　　2により，認知事項を職権により消除した市区町村長は，被認知者（被認知者が15歳未満の場合はその法定代理人）にその旨を通知するものとし，通知の様式は別紙3又は4に準じた様式とする。

第3　渉外の創設的認知の届出に関する留意点

　渉外の創設的認知の届出を受理するに当たっては，以下の点に留意するものとする。

1　父又は母が認知することができるのは嫡出でない子であるとされていることから（民法第779条），認知届を受理するに当たり，嫡出でない子であることについては，原則として，母の本国官憲が発行した独身証明書をもって審査を行うものとする。

　　ただし，独身証明書以外に母の本国官憲が発行した婚姻要件具備証明書や家族関係証明書等によって当該子が嫡出でない子であることが

確認できる場合は，当該認知届を受理することができる。
2　独身証明書等の発行制度がない場合や独身証明書等を入手することができないやむを得ない事情が存する場合等市区町村の窓口において，届出の受否について疑義を生じた場合は，管轄法務局，地方法務局又はその支局の長に指示を求めるものとする

（別紙１）
(1) 紙戸籍の場合
　　子の身分事項欄
　　「平成17年12月25日東京都千代田区で出生平成18年1月4日母届出㊞」
　　「平成22年8月12日東京都千代田区平河町一丁目四番地甲野幸雄同籍義太郎認知届出㊞」
　　「平成22年11月4日国籍取得同月28日親権者母届出入籍（取得の際の国籍フィリピン共和国従前の氏名ルイサ、マリア）㊞」

　　父の身分事項欄
　　「平成22年8月12日国籍フィリピン共和国ルイサ、マリア（西暦2005年12月25日生母ルイサ、ベルナール）を認知届出㊞」
　　「平成22年11月4日子甲野マリ子（新本籍東京都千代田区平河町一丁目四番地）国籍取得同月28日記載㊞」

(2) コンピュータ戸籍の場合
　　子の身分事項
　　出　　生　　【出生日】平成１７年１２月２５日
　　　　　　　　【出生地】東京都千代田区
　　　　　　　　【届出日】平成１８年１月４日
　　　　　　　　【届出人】母
　　認　　知　　【認知日】平成２２年８月１２日
　　　　　　　　【認知者氏名】甲野義太郎
　　　　　　　　【認知者の戸籍】東京都千代田区平河町一丁目４番地　甲野幸雄

附録(2)　関係法令・通達

　　　国籍取得　　【国籍取得日】平成２２年１１月４日
　　　　　　　　　【届出日】平成２２年１１月２８日
　　　　　　　　　【届出人】親権者母
　　　　　　　　　【取得の際の国籍】フィリピン共和国
　　　　　　　　　【従前の氏名】ルイサ，マリア

　　父の身分事項
　　　認　　知　　【認知日】平成２２年８月１２日
　　　　　　　　　【認知した子の氏名】ルイサ，マリア
　　　　　　　　　【認知した子の国籍】フィリピン共和国
　　　　　　　　　【認知した子の生年月日】西暦２００５年１２月２５日
　　　　　　　　　【認知した子の母の氏名】ルイサ，ベルナール

　　　子の国籍取得　【子の国籍取得日】平成２２年１１月４日
　　　　　　　　　【子の氏名】甲野マリ子
　　　　　　　　　【子の新本籍】東京都千代田区平河町一丁目４番地
　　　　　　　　　【記録日】平成２２年１１月２８日

(別紙2)

国 籍 取 得 届

受理 平成 年 月 日 第 号	発送 平成 年 月 日
送付 平成 年 月 日 第 号	長印

平成　年　月　日届出

　　　　　　　　　　長殿

書類調査	戸籍記載	記載調査	附票	住民票	通知

氏　名	(よみかた) 氏　名	年　月　日生
	(従前の氏名) 氏　名	

住　所		番地 番　号

父母の氏名	父　氏　名	父母との続き柄 □男 □女
	母　氏　名	

(1) 父母の本籍 (外国人のときは国籍だけを書いてください)

		番地 番	筆頭者の氏名
父			
母			

国籍取得の年月日	年　月　日	国籍取得の際の外国の国籍	

(2) 氏を同一とする時の父又は母の本籍

	番地 番	筆頭者の氏名

(3) 婚姻しているときは配偶者の氏名、本籍(外国人のときは国籍)

(配偶者) 氏　名	年　月　日生
	番地 番　筆頭者の氏名
(婚姻の年月日)	年　月　日

(4) 養子となっているときは養親の氏名、本籍(外国人のときは国籍)

(養父) 氏　名	年　月　日生
(養母) 氏　名	年　月　日生
	番地 番　筆頭者の氏名
(養子縁組)の年月日	年　月　日	養親との続き柄 □養子 □養女

国籍取得後の本籍	□ 下記の新しい戸籍をつくる □ (1)の戸籍に入る □ (2)の戸籍に入った後下記の新しい戸籍をつくる □ 下記のとおり
	新本籍　　　　　　　　　　番地 番　筆頭者の氏名

321

附録(2)　関係法令・通達

住民となった 年　月　日	年　　　月　　　日		
住所を定めた 年　月　日	年　　　月　　　日		
世帯主・世 帯員の別	□世帯主　　　□世帯員		
	世帯主 の氏名（　　　　　　）		世帯主と の続き柄（　　　　　　）
その他			
届出人 署名押印	印		

届　出　人
(国籍を取得した人が十五歳未満のときに書いてください)

資　格	親権者（□父　□養父）□未成年後見人	親権者（□母　□養母）
署名押印	印	印
生年月日	年　　月　　日	年　　月　　日
住　所	番地 番　号	番地 番　号
本　籍	番地　　筆頭者 番　　　の氏名	番地　　筆頭者 番　　　の氏名

連　署　人
(国籍を取得した人の配偶者が日本人のときに書いてください)

	□夫　　□妻	
住　所		番地 番　号
本　籍	番地　　筆頭者 番　　　の氏名	
署名押印	印　　　　　年　　月　　日生	

322

(別紙3)

平成　年　月　日

　　　　　様

　　　　　　　　　　　　　　　　　市区町村長

　　　　　　　　　お　知　ら　せ

　あなたを被認知者とする下記1の戸籍に記載された認知事項については，下記のとおり戸籍訂正がされました。

　　　　　　　　　　　　記

1　認知事項が記載された戸籍
　　　本　　　籍
　　　筆頭者氏名
2　認知届の届出年月日

3　認知者の氏名

4　訂正の内容
　　　認知者の身分事項欄に記載された被認知者の認知事項を消除した。

附録(2) 関係法令・通達

(別紙4) ※被認知者の法定代理人に通知する場合

　　　　　　　　　　　　　　　　　　　　　　　平成　年　月　日

　　　　　　様

　　　　　　　　　　　　　　　　　　　　　市区町村長

　　　　　　　　　　お　知　ら　せ

　下記4に記載された方を被認知者とする下記1の戸籍に記載された認知事項については，下記のとおり戸籍訂正がされました。

　　　　　　　　　　　　記

1　認知事項が記載された戸籍
　　　本　　　籍
　　　筆頭者氏名
2　認知届の届出年月日

3　認知者の氏名

4　被認知者の氏名

5　訂正の内容
　　　認知者の身分事項欄に記載された被認知者の認知事項を消除した。

5 国籍法及び国籍法施行規則の一部改正に伴う戸籍事務の取扱いについて（平成20年12月18日民一第3303号民事第一課長依命通知）

　標記については，本日付け法務省民一第3302号をもって民事局長通達（以下「通達」という。）が発せられたところですが，戸籍事務の取扱いについては，下記のとおりとしますので，これを了知の上，貴管下支局長及び管内市区町村長に周知方取り計らい願います。

記

1　改正後の国籍法第3条又は改正法附則の規定により国籍を取得した者について，戸籍法第102条による国籍取得の届出がされた場合の戸籍の処理及び通達により改められた国籍取得届書中の「国籍取得後の本籍」欄の記載は，次の各号に掲げる例によるものとする（準正子については従前どおりとする。）。

(1)　国籍を取得した者について新戸籍を編製する場合
　　「□下記の新しい戸籍をつくる」の箇所にチェックし，「新本籍」の欄に届出人が定める本籍，筆頭者の氏名を記載する。

(2)　国籍を取得した者が国籍取得時に日本人の養子であるとき
　　国籍を取得した者は，養親の戸籍に入籍する。
　　「□下記のとおり」の箇所にチェックし，「(4)の戸籍に入籍する。」と記載する。

(3)　国籍を取得した者が国籍取得時に日本人の配偶者であるとき
　　ア　国籍を取得した者が日本人の配偶者の戸籍に入籍する場合
　　　　「□下記のとおり」の箇所にチェックし，「(3)の戸籍に入籍する。」と記載する。
　　イ　国籍を取得した者の氏で新戸籍を編製する場合
　　　　(1)に同じ。

(4)　国籍を取得した者が国籍取得時に日本人の養子であり，かつ，日本

人の配偶者であるとき
　ア　日本人配偶者と婚姻後，日本人の養子となり，国籍取得時に自己の氏を選択した場合
　　養親の氏で新戸籍を編製する。
　　「□下記の新しい戸籍をつくる」の箇所にチェックし，「新本籍」の欄に届出人が定める本籍，筆頭者の氏名を記載する。
　イ　日本人配偶者と婚姻後，日本人の養子となり，国籍取得時に配偶者の氏を選択した場合
　　日本人配偶者の戸籍に入籍する。
　　「□下記のとおり」の箇所にチェックし，「(3)の戸籍に入籍する。」と記載する。
　ウ　日本人の養子となった後，日本人配偶者と婚姻し，国籍取得時に自己の氏を選択した場合
　　養親の戸籍に入籍した後，養親の氏で新戸籍を編製する。
　　「□下記のとおり」の箇所にチェックし，「(4)の戸籍に入った後下記の新しい戸籍をつくる。」及び「新本籍」の欄に届出人が定める本籍，筆頭者の氏名を記載する。
　エ　日本人の養子となった後，日本人配偶者と婚姻し，国籍取得時に配偶者の氏を選択した場合
　　養親の戸籍に入籍した後，配偶者の戸籍に入籍する。
　　「□下記のとおり」の箇所にチェックし，「(4)の戸籍に入った後(3)の戸籍に入籍する。」と記載する。
(5)　国籍を取得した者の母が国籍取得時にすでに帰化等により日本国籍を取得しているとき
　ア　国籍を取得した者について新戸籍を編製する場合
　　(1)に同じ。なお，この場合の新たに定める氏は，母が称している氏と同一であるか否かを問わないものとする。
　イ　母の戸籍に入籍することを希望する場合

母の戸籍に入籍する。「☐下記のとおり」の箇所にチェックし，「(1)の母の戸籍に入籍する。」と記載する。
2　通達第1の5により従前の様式による届書の用紙を使用することができるとされたが，この場合における「国籍取得後の本籍」欄の記載は，次の各号に掲げる例によるほか，所要の修正をした上で使用するものとする。
(1)　国籍を取得した者について新戸籍を編製する場合
　　「☐下記のとおり」の箇所にチェックし，「①の新しい戸籍をつくる」と記載し，「①の新本籍」の欄に届出人が定める本籍，筆頭者の氏名を記載する。
(2)　国籍を取得した者が国籍取得時に日本人の養子であるとき
　　「☐下記のとおり」の箇所にチェックし，「(3)の戸籍に入籍する。」と記載する。
(3)　国籍を取得した者が国籍取得時に日本人の配偶者であるとき
　ア　国籍を取得した者が日本人の配偶者の戸籍に入籍する場合
　　「☐下記のとおり」の箇所にチェックし，「配偶者の戸籍に入籍する。」と記載する。
　イ　国籍を取得した者の氏で新戸籍を編製する場合
　　「☐下記のとおり」の箇所にチェックし，「①の新しい戸籍をつくる」と記載し，「①の新本籍」の欄に届出人が定める本籍，筆頭者の氏名を記載する

6 虚偽の認知に基づく不法な国籍取得届に対処するための関係機関との連携について（平成20年12月19日民一第3307号民事第一課長通知）

　国籍法の一部を改正する法律（平成20年法律第88号）が平成21年1月1日から施行されますが，改正法の下では，虚偽の認知に基づく不法な国籍取得届に対するより一層の取組が求められているところです。

　虚偽の認知に基づく不法な国籍取得届に適切に対処するためには，入国管理局及び警察当局と連携協力して対応することが必要不可欠でありますので，各局におかれましては，入国管理局，警察当局と日ごろから情報交換を行い，緊密な連携体制を整備するなど協力関係の強化に配意願います。

　なお，本件に関しては当省入国管理局及び警察庁と協議済みであることを申し添えます。

附録(3) ハーグ国際私法条約

1 婚姻の挙行及び婚姻の効力の承認に関する条約（抄）	329
2 離婚及び別居の承認に関する条約（抄）	333
3 養子縁組に関する裁判の管轄権，準拠法及び裁判の承認に関する条約（抄）	339

1 婚姻の挙行及び婚姻の効力の承認に関する条約（抄）

（1976年10月23日採択・1991年5月1日発効）

この条約の署名国は，

婚姻の挙行及び婚姻の効力の承認を助長することを希望し，このため条約を締結することに決定して，次のとおり協定した。

第1章　婚姻の挙行

第1条　本章は，締約国における婚姻の挙行についての要件に適用する。

第2条　婚姻の形式的要件は，挙行国の法律により規律される。

第3条　婚姻は，次の場合において，挙行される。

1　婚姻をしようとする者が挙行国の国内法の定める実質的要件を具備し，当事者の一方がその国に国籍又は常居所を有する場合

2　婚姻をしようとする者がそれぞれ挙行国の抵触規則により適用される法律の実質的要件を具備している場合

第4条　挙行国は，婚姻しようとする者に対し，前2条の規定により適用される外国法の内容について，必要な証明をするように要求することができる。

第5条　本章によって準拠法とされる外国法の適用は，挙行国の公の秩序に明らかに反する場合を除くほか，排除することができない。

第6条　いずれの締約国も，第3条第1号の規定にかかわらず，婚姻をしようとする者のいずれもが自国に国籍及び常居所を有しない場合には，婚姻の実質的要件に関する自国の法律を適用しない権利を留保することができる。

第2章　婚姻の効力の承認

第7条　本章は，他の国においてなされた婚姻の効力につき，ある締約国

が行う承認について適用される。

第8条 本章は，次の場合には，適用しない。
1 軍事の当局によって挙行された婚姻
2 船上又は航空機中において挙行された婚姻
3 代理による婚姻
4 死後の婚姻
5 形式がない婚姻

第9条 挙行国の法律上有効になされた婚姻又はその法律上有効となるに至った婚姻は，本章の規程に従い，全締約国において有効なものとみなされる。

　外交官又は領事官によって挙行された婚姻は，そのような挙行が挙行地国により禁じられていない場合には，前項の規定に従い全締約国において，有効なものとみなされる。

第10条 婚姻証明書が権限ある当局より発行された場合は，反対の証明がなされない限り，その婚姻は有効なものとみなされる。

第11条 締約国は，自国の法律によれば，婚姻時において，次の事情がある場合にのみ婚姻の効力の承認を拒むことができる。
1 配偶者の一方が既に婚姻している場合
2 配偶者が，血縁又は養子縁組により，直系又は兄弟姉妹の関係にある場合
3 配偶者の一方が婚姻適齢に達しておらず，かつ，必要な適用免除を得ていない場合
4 配偶者の一方が同意能力を欠いていた場合
5 配偶者の一方が自由意志により婚姻に同意しなかった場合

第12条 本章の規定は，婚姻の効力の承認が他の問題との関連で付随的な問題として扱われる場合においても適用する。

　前項の規定にかかわらず，本章の規定は，他の問題が法廷地の抵触規定に基づき非締約国の法律により規律される場合は，適用する必要がな

い。

第13条　この条約は，締約国が外国の婚姻の承認につきより緩和した規則を適用することを妨げるものではない。

第14条　締約国は，婚姻の効力を承認することが公の秩序に明らかに反する場合には，承認を拒否することができる。

第15条　本章は，婚姻が挙行された日がいつであるかを問わずに適用する。

　前項の規程にかかわらず，締約国は，この条約が自国について効力が発生した日以前に挙行された婚姻については，この条約を適用しない権利を留保することができる。

第3章　一般規程

第16条　締約国は，第1章の規定の適用を廃除する権利を留保することができる。

第17条　ある国が婚姻に関して適用される法制を異にする2以上の領域を有する場合は，挙行国の法律とは，婚姻が挙行された領域の法律をいうものとする。

第18条　ある国が婚姻に関して適用される法制を異にする2以上の領域を有する場合は，婚姻の効力の承認に必要なその国の法律とは，承認が求められている領域の法律をいうものとする。

第19条　婚姻に関して適用される法制を異にする2以上の領域を有する国は，一方の領域においてなされた婚姻の効力についての他方の領域の承認についてこの条約を適用する義務を負わない。

第20条　ある国が婚姻に関して異なる種類の人に適用される2以上の法制を有する場合は，その国の法律とは，その国において行われている規則によって指定される法制をいうものとする。

第21条　この条約は，締約国についてこの条約の効力が発生した当時，同国が当事国である婚姻の挙行及び婚姻の効力の承認に関する規定を含むいかなる条約にも影響を及ぼすものではない。

　この条約は，締約国が地域的又は他の性質を有する特別の関係に基づ

き，婚姻の挙行又は婚姻の効力の承認に関する規定を含む条約の当事国となる権利に影響を及ぼすものではない。

第22条 この条約は，1902年6月12日にハーグで締結された婚姻の抵触法に関する条約の締約国である国の間の関係においては，同条約に代わるものとする。

第23条 各締約国は，署名，批准，受諾，承認又は加入の時に，オランダ外務省に対して，自国の法律に従い第10条に規定する婚姻証明書を発行する権限を有する当局を通告し，その後その当局に変更があればその旨を通告する。

第4章　最終条項

　　　（中　略）

第28条 いずれの国も，批准，受諾，承認又は加入の時までに，第6条，第15条及び第16条に規定する留保の1又は2以上を行うことができる。他のいかなる留保も認められない。

　いずれの国も，いつでも自国が行った留保を撤回することができる。撤回は，オランダ外務省に通告する。

　留保は，前項の通告の後3番目の暦月の最初の日に効力を失う。

　　　（以下省略）

2　離婚及び別居の承認に関する条約（抄）
（1968年10月26日採択・1975年8月24日発効）

　この条約の署名国は,

　そのそれぞれの領域においてなされた離婚及び別居の承認を容易にすることを希望して，そのために条約を締結することを決定し，次の諸条を協定した。

第1条　この条約は，1の締約国において，裁判上の手続又はその国において公に認められている手続に従ってなされ，かつ，その国において法律上の効力を有する離婚及び別居の他の締約国における承認について適用される。

　この条約は，有責に関する判断，離婚又は別居の裁判により言渡された付随の処分又は給付命令，特に金銭の給付命令又は子の監護に関する処分を対象とするものではない。

第2条　これらの離婚及び別居は，この条約に別段の規定がある場合を除き，離婚又は別居を宣告した国（以下「判決国」と称する。）において申立てをなした日に，次のいずれかの要件をみたすときは，他のいずれの締約国においても承認される。

1　相手方が，判決国に常居所を有したとき。

2　申立人が，判決国にその常居所を有し，かつ，次のいずれかの要件をみたしたとき。

　　a）その常居所が申立ての日に至るまで少なくとも1年間継続していたこと。

　　b）夫婦が，判決国に最後の共通常居所を有したこと。

3　夫婦の双方が，判決国の国民であったとき。

4　申立人が判決国の国民で，かつ，次のいずれかの要件をみたしたとき。

　　a）申立人が，判決国に常居所を有したこと。

b）申立人が，申立ての日に先立つ2年間に少なくとも1年間継続して判決国に常居所を有したとき。
　5　離婚の申立人が判決国の国民であり，かつ，次の2つの要件がみたされたとき。
　　a）申立人が，申立ての日に，判決国に現在したこと。
　　b）夫婦が，申立ての日に，その国の法律が離婚を認めていない国に最後の共通常居所を有したこと。

第3条　離婚又は別居についての管轄が，判決国においては，住所により定まるときは，第2条の「常居所」には，その国で認められている意味での住所を含むものとみなされる。
　前項は，法律上夫の住所に従属するものとされる場合の妻の住所を対象とするものではない。

第4条　反訴の申立てがあるときは，主たる申立て又は反訴の申立てに基づく離婚又は別居は，そのいずれかの申立てが第2条又は第3条の要件をみたすときは，承認される。

第5条　この条約の規定に合致する別居が，判決国において離婚に転換されたときは，その離婚の承認は，第2条又は第3条に定める要件が離婚の申立ての時にはみたされていなかったことを理由として拒絶することはできない。

第6条　相手方が訴訟手続に出頭したときは，離婚又は別居の承認を求められた国の当局は，管轄の基礎となった事実の認定に拘束される。
　離婚又は別居の承認を次の理由によって拒絶することはできない。
　　a）その承認を求められた国の国内法によれば，それと同一の事実に基づいては離婚又は別居が許されない場合があること。
　　b）その承認を求められた国の国際私法規定によれば，準拠法となるべき法律でないものが適用されたこと。
　この条約の他の規定の適用のために必要な場合を除き，離婚又は別居の承認を求められた国の当局は，当該裁判に対していかなる実質審査も

行うことはできない。

第7条 いずれの締約国も，離婚がなされた時にともにその法律が離婚を認めない国の国民であった夫婦の間の離婚の承認を拒絶することができる。

第8条 あらゆる事情を考慮しても相手方が離婚又は別居の申立てについて知ることができるような適当な手段がとられなかったとき又は相手方がその権利を主張できなかったときは，離婚又は別居の承認を拒絶することができる。

第9条 いずれの締約国も，離婚又は別居がその承認を求められた国において夫婦の婚姻上の身分を主たる訴訟物とする先行の裁判でなされたもの，又は，その国において外国判決として承認の要件をみたすものとして承認されているものと抵触するときは，その離婚又は別居の承認を拒絶することができる。

第10条 いずれの締約国も，離婚又は別居の承認が明らかにその国の公序に反するときは，これを拒絶することができる。

第11条 この条約の適用により離婚を承認すべき国は，他の国の法律がこの離婚を承認しないことを理由として夫婦のいずれかの者に対しても再婚を禁止することはできない。

第12条 いずれの締約国においても，夫婦のいずれかの者の婚姻上の身分が，他の締約国において訴訟の対象となっているときは，離婚又は別居の申立てについての裁判を延期することができる。

第13条 この条約の適用に当たり，離婚又は別居に関して地域によって適用を異にする2又はそれ以上の法制を有する締約国において承認された離婚又は別居については，次の定めるところによる。

 1 判決国の法律とは，離婚又は別居がなされた地域の法律をいう。

 2 承認国の法律とは，法廷地の法律をいう。

 3 判決国における住所又は居所とは，離婚又は別居がなされた地域の住所又は居所をいう。

第14条　第2条及び第3条の適用につき，判決国が，離婚又は別居に関して地域によって適用を異にする2又はそれ以上の法制を有するときは，次の定めるところによる。
1　夫婦の双方が，離婚又は別居がなされた地域をその一部とする国の国民であるときは，夫婦の常居所を考慮することなく，第2条第3号が適用される。
2　申立人が，離婚又は別居がなされた地域をその一部とする国の国民であるときは，第2条第4号及び第5号が適用される。

第15条　離婚又は別居に関して人的カテゴリイによって適用を異にする2又はそれ以上の法制を有する締約国については，その国の法律とは，その国の法によって指定される法制をいう。

第16条　この条約の適用について，それが締約国であると否とを問わず，離婚又は別居に関し，属地的又は属人的に適用を異にする2又はそれ以上の法制を有する，判決国又は承認国以外の国の法律によるべきときは，その国の法により指定された法制による。

第17条　この条約は，締約国において，外国においてなされた離婚又は別居の承認に関してより有利な法規が適用されることを妨げるものではない。

第18条　この条約は，1又はそれ以上の締約国が現に当事国であり，又は将来当事国たらんとする条約が，本条約により規制されている事項についての規定を有する条約の効力を害するものではない。

　締約国は，地域的又はその他の連帯関係から生じる特別の理由がない限り，この条約の定めるところに反する他の条約を締結しないようにしなければならない。そのような条約の規定に拘らず，締約国は，それらの条約の当事国でない，この条約の締約国においてなされた離婚又は別居をこの条約により承認しなければならない。

第19条　いずれの締約国も，おそくとも批准又は加入の時までに，次の権利を留保することができる。

1　離婚又は別居がなされたときに，承認国の国籍のみを有する夫婦に承認国の国際私法により指定された法以外のものが準拠法とされたときは，その離婚又は別居を承認しないこと。ただし，その準拠法を適用したことが，承認国の法律を適用したときと結果において同一であるときは，この限りではない。
　　2　離婚がなされた時に，夫婦がともに離婚を認めない国に常居所を有したときは，その離婚を承認しないこと。本号に定める留保を行う国は，第7条によって承認を拒絶することはできない。
第20条　離婚を認めない締約国は，おそくとも批准又は加入の時までに，離婚がなされたときに，夫婦の一方が離婚を認めていない国の国民であったときには，離婚を承認しない権利を留保することができる。
　　この留保は，留保した国の法律が離婚を認めていない間に限り，効力を有する。
第21条　別居を認めていない締約国は，おそくとも批准又は加入の時までに，別居がなされたときに，夫婦の一方が別居を認めない締約国の国民であったときには別居を承認しない権利を留保することができる。
第22条　いずれの締約国も，その国の国籍を有する者で，あるカテゴリイに属する者は，この条約の適用については，その国の国民とはみなされない旨を何時でも宣言することができる。
第23条　離婚又は別居に関し，2又はそれ以上の法制を有するいずれの締約国も，署名，批准又は加入の時に，この条約がその全ての法制に及ぶ旨又はそのうちで1又はそれ以上の法制にのみ及ぶ旨を宣言することができ，かつ，何時でも新たな宣言をすることによってその宣言を修正することができる。
　　これらの宣言は，この条約が適用される法制を明示してオランダ外務省に通告されなければならない。
　　いずれの締約国も，承認を求められた時に，この条約が離婚又は別居がなされた法制に適用されていないときは，離婚又は別居の承認を拒絶

することができる。

第24条 この条約は，離婚又は別居がなされた日にかかわらず適用される。

いずれの締約国も，おそくとも批准又は加入の時までに，この条約がその国において発効する日以前になされた離婚又は別居にこの条約を適用しない権利を留保することができる。

第25条 いずれの締約国も，おそくとも批准又は加入の時までに，この条約の第19条，第20条，第21条及び第24条に定める1又はそれ以上の留保をすることができる。その他の留保は許されない。

いずれの締約国も，第29条に従って，この条約の適用拡張を通告するに際し，適用拡張の対象とされている領域の全部又は一部に限定された効力を有する留保をすることができる。

いずれの締約国も，既にした留保を何時でも撤回することができる。この撤回は，オランダ外務省に通告されなければならない。

留保の効力は，前項に定める通告の後60日目に消滅する。

　　　　（以下省略）

3 養子縁組に関する裁判の管轄権，準拠法及び裁判の承認に関する条約（抄）

（1964年10月28日採択・1978年10月23日発効）

この条約の署名国は，

養子縁組についての機関の管轄権，準拠法及び裁判の承認に関する共通の諸規定を設けることを切望して，

そのための条約を締結することを決意し，次の諸条を協定した。

第1条 この条約は，次に掲げる者の間でなされる養子縁組に適用される。
1 締約国のうちの1国の国籍を有し，かつ，締約国のうちの1国に常居所を有する者，又は，それぞれ締約国のうち1国の国籍を有し，かつ，締約国のうちの1国に，各自の常居所を有する夫婦
2 養子縁組の申立てをなしたときに，満18歳未満で，未婚であり，締約国のうちの1国の国籍を有し，かつ，締約国のうちの1国に常居所を有する児童

第2条 この条約は，次の場合には，適用されない。
1 養親夫婦が，同一国籍を有せず，同一締約国内に，常居所をも有しないとき。
2 単独で，又は，夫婦で，養親となる者と，児童とが，すべて同一国籍で，かつ，その国に常居所を有するとき。
3 第3条により管轄権を有する機関が，養子縁組の成立を認める裁判をするのではないとき。

第3条 養子縁組の成立を認める裁判につき管轄権を有する機関は，次のとおりとする。
1 単独で養親となる者が常居所を有する国の機関，又は，夫婦で養親になろうとする場合には，その夫婦がいずれも常居所を有する国の機関
2 単独で養親となる者が国籍を有する国の機関，又は，夫婦で養親に

なろうとする場合には，その夫婦が共通の国籍を有する国の機関

　常居所及び国籍に関する諸要件は，本条に定める機関に申立てがなされた時においても，また，その機関が養子縁組の成立を認める裁判をするに際しても，充たされていなければならない。

第4条　第3条第1項に定める諸機関は，養子縁組の成立要件については，自国法を適用する。ただし，第5条第1項に定める事項については，この限りでない。

　前項の規定にかかわらず，常居所による管轄権を有する機関は，単独で養親となる者の本国法，又は，夫婦で養親になろうとする場合には，その共通の本国法によって定められた養子縁組禁止の規定を，それが第13条に定める宣言の対象とされている限りにおいて，すべて遵守しなければならない。

第5条　第3条第1項に定める諸機関は，養親，その家族及び配偶者以外の者の同意及び協議に関する事項につき，児童の本国法を適用する。

　児童の本国法により，児童又はその家族の構成員が，養子縁組の成立につき裁判をする機関に自ら出頭すべきところ，その者が当該機関の所属する国に常居所を有しないときは，嘱託の方法によってこれを処理することができる。

第6条　第3条第1項に定める諸機関は，児童の利益に合致するときにのみ養子縁組の成立を宣告することができる。当該機関は，現地の然るべき機関を介して，養親，児童及びその家族に関し，あらかじめ詳細な審問を行う。右の審問は，できる限り，国際的な養子縁組に関する事項について造詣の深い公私の団体の協力，及び養子問題につき専門的な訓練を受け，又は，特殊な経験を有する「ソシアルワーカー」の助力を得て行うものとする。

　いずれの締約国の機関も，この条約の適用がある養子縁組につき求められるいかなる共助の措置をも遅滞なく行う。それらの機関は，右の目的のため相互に直接連絡することができる。

いずれの締約国も前項に定める連絡を担当する1又は2以上の機関を指定することができる。

第7条 この条約の適用により成立した養子縁組を無効とし，又は取り消すにつき管轄権を有する機関は，次の通りとする。

1　無効又は取消しの申立ての時に養子が常居所を有する締約国の機関
2　無効又は取消しの申立ての時に，単独で養親となる者が常居所を有するか，若しくは夫婦で養親になろうとする場合にはその夫婦がいずれも常居所を有する締約国の機関
3　養子縁組の成立についての裁判をした国の機関

養子縁組は，次に掲げる法律のいずれかを適用してこれを無効とすることができる。

1　養子縁組の成立についての裁判をした機関の属する国の法律
2　第4条第2項に定める禁止規定の違背を無効事由とする場合には，養子縁組の成立についての裁判がなされた時における養親の本国法
3　養子の本国法によって必要とされる同意の欠缺又は瑕疵を無効事由とするときは，養子の本国法

養子縁組は，申立てを受けた機関の属する国の法律を適用してこれを取消すことができる。

第8条 この条約を適用して第3条第1項の意味において管轄権を有する機関がなした養子縁組は，すべていずれの締約国においても法律上当然に承認される。

第7条の意味において管轄権を有する機関により宣告された無効又は取消しの裁判は，すべていずれの締約国においても法律上当然に承認される。

養子縁組の成立を認め，又はこれを無効とし若しくは取り消す裁判の承認につき，ある締約国において紛争が生起したときには，前記の裁判をなした機関の管轄権の有無の審査に当たっては，当該機関が自己の管轄権を肯認する基礎とした事実の認定に拘束される。

附録(3) ハーグ国際私法条約

第9条 第3条第1項により管轄権を有する機関の1が，養子縁組の成立についての裁判をしたときは，その機関は，必要があれば，この点につき等しく管轄権を有した機関の属する他の国，並びに児童が国籍を有する国及び児童が出生した締約国に対してこれを通報する。

第7条第1項により管轄権を有する機関の1が，養子縁組を無効とし，又はこれを取り消したときは，その機関は，養子縁組の成立についての裁判をした機関の属する国，並びに児童が国籍を有する国及び児童が出生した締約国に対してこれを通報する。

第10条 無国籍の，若しくは国籍の知れない養親又は児童は，この条約の適用に当たっては，その常居所国の国籍を有するものとみなす。

第11条 養親又は児童が国籍を有する国において2以上の法制が行われているときは，その者の本国法及びその者が国籍を有する国の機関とは，この条約の適用に当たっては，その国で現に行われている規則により定まる法律及び機関をいうものとし，そのような規則がないときは，利害関係人が最も密接な関係を有する法制における法律又は機関をいうものとする。

第12条 この条約は，その効力発生のときに締約国を拘束している養子縁組についての他の条約の諸規定に影響を与えるものではない。

第13条 いずれの国も，署名，批准又は加入に際して，第4条第2項の適用につき，次の事由に基づき自国の国内法が定める養子縁組の禁止規定を明示する宣言をすることができる。

1　養親に卑属が存すること。
2　養子縁組が単独の者によって申し立てられたこと。
3　養親と児童との間に血族関係が存すること。
4　その児童が以前に他の者の養子となっていたこと。
5　養親と養子との間に年齢差を要するものとすること。
6　養親及び養子の年齢要件
7　児童が養親と同居していないこと。

附録(3) ハーグ国際私法条約

　　　　右の宣言は，いつでも撤回することができる。撤回は，オランダ外務省に通告しなければならない。

　　　　撤回された宣言は，前項の通告後60日目にその効力を失う。

第14条　いずれの締約国も，この条約の適用に当たり，自国の国籍を有するとみなされるべき者を明示する宣言をすることができる。

　　　　右の宣言及びその修正又は撤回は，オランダ外務省に通告しなければならない。

　　　　宣言及びその修正又は撤回は，前項の通告後60日目にその効力を生じる。

第15条　この条約の諸規定は，明らかに公の秩序に反するときを除き，締約国においてその適用を排除することができない。

第16条　各締約国は，次の事項について管轄権を有する機関を指定しなければならない。

　1　第3条第1項の意味における養子縁組の成立につき裁判をすること。

　2　第6条第3項によって付与された権限を行使しようとするときに，第6条第2項に定める連絡を行うこと。

　3　第7条により養子縁組を無効とし又は取り消すこと。

　4　第9条の規定に従って発せられた通報を受理すること。

　　　　それらの管轄権ある機関の一覧表及びその後の修正は，すべてオランダ外務省に通告しなければならない。

第17条　各締約国は，第5条の適用のため，同意及び協議に関する国内法の諸規定をオランダ外務省に通告しなければならない。

　　　　第13条の意味における宣言を行う国はすべてその宣言の対象とされる養子縁組禁止に関する国内法の諸規定を同省に通知しなければならない。

　　　　いずれの締約国も，第1項及び第2項に定める法律の規定のその後の修正を同省に通知しなければならない。

　　　　　　（中　略）

第22条　各締約国は，養子縁組申立ての時に児童が自国の領域内に常居所

343

を有し，かつ，養子縁組の成立についての裁判をする機関の属する国の国籍を有しなかったときには，遅くともその批准又は加入の時までに第3条第1項第2号により管轄権を有する機関がなした養子縁組を承認しない権利を留保することができる。そのほかは，いかなる留保も認められない。

　　（以下省略）

索　引

1	事項索引	345
2	先例索引	351
3	裁判例索引	370

1　事項索引

〔あ〕

アメリカ合衆国移民及び国籍法………53

〔い〕

遺棄……………………………18, 100, 243
異教徒……………………………………39
異時取得…………………………………51
異人種…………………………………39, 40
イタリア離婚法…………………………21
一般行政証明……………………196, 197, 204
一夫多妻婚……………………………16, 39
異法地域………………………………14, 261

〔お〕

応訴………………………18, 37, 101〜103
order……………………………………86
親子関係存否確認の裁判………………117

〔か〕

外郭地域………………………………189
外交婚……………………………223, 275
外国形成判決……………………………96
外国人登録数……………………………5
外国法秩序………………………………17
外国養子決定………105〜107, 109, 111
外国離婚判決………………21, 89〜98,
　　　　　　　　101, 102, 104〜106, 111
隠れた反致……………………………58〜60
家事審判官………………………23, 45, 48

家庭法院の確認…………………236, 237
管轄違いの抗弁…………………………103
監護権者………………………………23〜25
慣習法…………………………………23, 273
管掌……………………………2, 38, 167, 192
間接的一般管轄…………………………102
完全養子………………………………140, 218

〔き〕

既判力…………………………………44, 45
客観主義………………………………130
給付判決………………………………100
共通常居所地法………………18, 19, 186, 236
共通本国法……………18, 19, 186, 238, 276
挙行地法………15, 148, 191, 261, 269, 276
挙行地法主義…………………222, 223, 275
居民委員会……………………140, 152, 157

〔く〕

区裁判所………………………………244

〔け〕

形式的確定力……………………………44
形式的審査権……………………………94
形式的審査主義…………………………12
形式的要件………………………94, 105, 148,
　　　　　　　　　　　168, 223, 237, 269
形成判決………………………………90, 100
形成力……………………………………44

1　事項索引

契約型の縁組··················107
血統主義···········32, 43, 50, 51, 53～56,
　　　　75, 172, 262, 264, 266～268, 275
権限ある官憲············14, 42, 67, 232
〔こ〕
公安派出所··················140
行為地法············15, 105, 107, 186,
　　　　237, 239, 262, 263, 271
公開の儀式················148, 275
公証処····················140, 141
公証処公証員······134, 136, 151, 153, 165
公序則······15～19, 23～25, 27, 30～39
抗弁権······················104
公法上の氏名の秩序···············81
国際公序···················16, 40
国際裁判管轄権·········17, 30, 31, 37,
　　　　85, 92, 102
国際非訟事件手続法···············85
国際民事訴訟法······18, 90, 91, 94, 96, 102
国際礼譲の原則·················107
国際連合総会··················12
国籍主義····················8, 54
国籍の消極的抵触········50, 52, 266, 267
国籍の積極的抵触·········50, 51, 53,
　　　　265～267
国籍の選択············251, 263～266
国籍立法の理想·········50, 54, 267
戸口登記簿···················140
国内公序·····················16
国内裁判管轄権···············85, 86

国民台帳·····················65
戸籍事務管掌者··········45, 94, 116,
　　　　180, 192, 238
戸籍編製の基準··············62, 65
戸籍編製の単位·················64
国家行為型の縁組················106
国家的法体系···················44
婚姻挙行地の方式············222, 275
婚姻住所地法···················64
婚姻登録機関··················232
婚姻外の子·········27, 30, 32, 114, 139
婚生子······················130
〔さ〕
Surname······················64
在外公館長·········167, 168, 180, 185, 227
在外母国民····················10
裁判管轄権······17, 18, 31, 37, 59, 60, 85,
　　　　86, 91, 92, 99, 100, 102, 107, 243
裁判権··············17, 18, 102, 107
三段階連結···················236
〔し〕
死後認知················33～35, 139
事実主義············31, 43, 130, 138,
　　　　139, 208, 214, 216
事実上の承認···················14
失期通知·················209, 255
執行力······················44
実質私法·····················69
実質的確定力··················44
実質的審査権··············39, 93, 94

1　事項索引

実質的要件··················3, 106, 107, 109, 140, 148, 151, 168, 185, 192, 194, 195, 197, 203, 217, 234, 235, 239, 269
実質的連結··················8, 10
氏名権··················62～64, 71, 79～81, 85
重国籍者··················54, 56, 57, 172, 261, 264～267
重婚······126, 145, 147, 149, 185, 234, 255
住所地法··················8, 10, 52, 268, 271, 276
出生地主義··················50, 51, 53, 54, 56, 172, 181, 182, 262, 267, 268, 275
出生地主義国··················53, 171～173, 182, 265～267, 275
出訴期間··················34～36
準拠法選択の法則··················20
渉外法的具体的妥当性··················31, 38
常居所··················18, 19, 37, 51, 56, 57, 102, 108, 142, 143, 150, 151, 159, 187, 236, 238, 239, 259, 262, 269, 274, 276
常居所地法··················15, 52, 192, 262, 268～270, 274, 276
常住人口登記表··················137
条理··················17, 25, 34, 52, 85, 86, 90, 102
所在地法··················270, 273, 276
庶子··················114
女子差別撤廃条約··················74
庶子出生届··················115, 117, 210
所属法域··················7, 9

職権記載··················98
人格権··················62～64, 70, 79～81, 85, 133
親権者··················16, 23～30, 46～49, 161, 239, 240, 252
親権者の指定··················25～29, 46～49, 161, 240
親権者の変更··················27, 28, 47, 48
親権喪失の宣告··················27
人口統計登録官··················193
申述書··················40, 103, 144, 150, 158, 183, 194, 195, 203, 234, 235
審判··················22, 23, 28～30, 38, 44～47, 49, 60, 68, 74, 83, 84, 87, 117, 122, 126, 139, 143, 178, 184, 211, 214, 217, 219, 242, 248, 253, 254

〔す〕
スイス民法··················41, 42, 71
スペイン婚姻法··················21, 49

〔せ〕
正統政府··················5, 8, 9, 13, 14, 129, 162
生父··················30
籍貫··················11
責問権の放棄··················103
宣誓書··················194, 198, 234, 235
専属管轄··················59, 60, 188, 253
専属裁判権··················107
専属的裁判管轄権··················37, 102
選択の連結··················138, 186

〔そ〕
相互主義··················104, 222

1 事項索引

相互の保証……………89, 90, 92, 102, 104
創設的届出………………2, 38, 167, 173,
　　　　　　　　　189, 192, 270, 271
送達の嘱託…………………………………99
双方的要件…………………………………34
属人的効力………………2, 64, 270, 271
属人法……………5, 8, 10, 11, 52, 54～56,
　　　62～64, 71, 79, 81, 85, 108, 192,
　　　197, 268
属人法主義…………………………………10
属地的効力………………2, 73, 270, 271
訴権の放棄……………………………23, 45

〔た〕
段階的決定方法……………………52, 57
段階的連結………………19, 239, 242
断絶養子…………………………………140

〔ち〕
嫡出否認の裁判……………………180, 248
調停委員会………………………23, 45, 46
調停に代わる審判………………………22, 23
調停判断……………………………………45
直接的一般管轄…………………………102
勅令指定国…………………………182, 183
チリ共和国法………………………………21

〔つ〕
追加的特則………………………………138

〔て〕
抵触法的解決……………………………68, 69
decree………………………………………86

〔と〕
ドイツ国および邦の国籍に関する
　法律………………………………………53
同居者の資格……………116, 119, 246, 250
同時取得………………………50～54, 56～58
特別家事審判規則…………………………86
特別的公序…………………………………19
渡航証明書………………………………163

〔な〕
内国的関連性………………………………30
内国法………………………………………17
ナポレオン法典……………………………62

〔に〕
二国的構成…………………………………8
二重国籍者……53, 58, 172, 265, 267, 275
日米行政協定………………………………2
日華平和条約………………………………9
日韓条約……………………………………12
日中共同声明…………………………5, 11, 12
日中国交正常化……………………………13
日本人条項……………………………18, 19
日本標準時………………………………246
任意代理…………………………………243
認知主義……………130, 139, 208, 216

〔は〕
ハーグ国際私法会議…………98, 108,
　　　　　　　　　257～260, 269
ハーグ条約……………7, 111, 257, 260
排除規定……………………………………15
配分的適用主義……………………………81

348

跛行婚……………………98, 224〜226,
　　　　　　　　　258, 259, 262, 272
反致………………19, 23, 46, 52, 58〜60,
　　　　　149, 220, 222, 226, 236, 238, 239,
　　　　　242, 271, 273
判例法………………………52, 57, 58, 60
〔ひ〕
非訟裁判………………………………107
非白人……………………………………40
〔ふ〕
夫婦各別の姓…………………………63
夫婦同一国籍の原則…………………51
夫婦の同氏の原則……………………62
夫婦別姓………………………………133
父系優先血統主義……………………53
付随的効果…………………………24, 25
父性推定………………………………130
不統一法国……………………7, 9, 261
父母両系血統主義………51, 53, 54,
　　　　　　　　　56, 75, 172, 262, 264
撫養……………………………………140
フランス民法…………………………97
分離国……………………………………10
分裂国家……………………13, 14, 58, 162
〔へ〕
平和条約の発効……………11, 122, 124,
　　　　　　　　　125, 190, 254
別居………20, 24, 41, 97, 98, 216, 238, 259
変更主義…………………………………80

〔ほ〕
法域………………………………5, 13, 261
法規の欠缺…………………………17, 68
報告的届出…………1, 44, 94, 99, 143, 167,
　　　　　　　189, 209, 218, 239, 265, 270, 271
法制審議会国際私法部会小委員会
　　　　　　　……………91, 108, 196, 223
法廷地法………………21, 22, 27, 59, 106
法律上の推定……………………………32
法律的紐帯………………………………50
保護要件……………………106, 141, 142,
　　　　　　　　　213〜217, 220, 221
母子関係不存在確認の裁判…………118
補充法……………………………………25
補助的連結素……………………………55
本案前の抗弁……………………………103
本国法主義…………………8, 10, 11, 50,
　　　　　　　54, 63, 79, 81, 97, 192, 268
本国法の決定…………………5, 6, 11, 13,
　　　　　　　　　50〜52, 56〜58, 270
〔み〕
未承認国………………………………6, 9
密接関連法……18, 19, 186, 187, 242, 276
身分関係公証簿…………………………69
身分的効力…………………………62, 63, 69
民事調解書……………………………160
〔む〕
無国籍……8, 10, 11, 30, 52, 207, 208, 225,
　　　　　230, 245, 266〜268, 270, 274, 275

349

1 事項索引

〔よ〕

養育認知……………………………………36
要件具備証明書………………42, 103, 144,
　　　145, 150, 192〜197, 199, 200, 203,
　　　204, 233〜235
要件事実……………………………………121
要式行為…………………113, 115, 117, 173
要式主義の原則……………………………113
要式性の要求………………………………113
養子決定……………59, 60, 84, 105〜107,
　　　　　　　　　　　109, 111, 217, 218

〔り〕

領事婚……………………………222〜224, 275
両性平等の思想……………………………63

〔る〕

累積的適用…………………………………96

〔れ〕

連結素………8, 10, 11, 50, 54, 55, 275, 276
連結点…………11, 192, 236, 269, 275, 276
連合軍総司令部……………………………244

2 先例索引

明治32年

明32．8．5民刑1442号回答 ……………………………………………209

明32．10．25民刑1838号回答 …………………………………………209

明治43年

明43．10．28民刑814号回答 ……………………………………………94

大正3年

大3．12．28民1125号回答 ………………………………………………169

大正7年

大7．3．20民364号回答 …………………………………………………213

大正8年

大8．6．26民事841号回答 ………………………………………………193

大8．7．31民事2601号回答 ……………………………………………193

大8．8．28民事3773号回答 ……………………………………………94

大正11年

大11．5．16民事3471号回答 ……………………………………………192

大11．7．7民事2618号回答 ……………………………………………94

大正13年

大13．11．14民事11606号回答 …………………………………………173

大正15年

大15．2．3民事281号回答 ………………………………………167, 185, 227

昭和2年

昭2．5．6民事1145号回答 ………………………………………………192

昭和5年

昭5．9．29民事890号回答 ………………………………………………168

2　先例索引

昭和11年

昭11．2．3民事甲40号回答……………………………………167, 185, 227

昭和12年

昭12．2．1民事甲103号回答……………………………………………109

昭和20年

昭20．10.15民事特甲452号回答…………………………………………189

昭和21年

昭21．9．10民事甲583号通達……………………………………………244

昭和22年

昭22．6．11民事甲335号回答……………………………………………251

昭和23年

昭23．1．29民事甲136号通達……………………………………………206

昭23．6．24民事甲1989号通達……………………………………………183

昭23．7．10民事甲2052号回答……………………………………………119

昭23．11．2民事甲3486号通達……………………………………………189

昭23．12．14民事甲2086号回答……………………………………………83

昭23．12．15民事甲3367号回答……………………………………………122

昭和24年

昭24．1．12民事甲4090号回答……………………………………………189

昭24．3．23民事甲3961号回答……………………………………………209

昭24．4．18民事甲898号回答……………………………………………122

昭24．5．30民事甲1264号回答……………………………………………193

昭24．11．18民事甲2694号通達……………………………………………122

昭24．12．13民事甲2866号通達……………………………………………183

昭和25年

昭25．1．23民事甲145号回答……………………………………168, 185, 228

昭25．5．23民事甲1357号通達……………………………………………168

昭25．7．4民事甲1777号回答……………………………………………65

昭25. 8. 5民事甲2128号回答	174
昭25. 9. 5民事甲2434号回答	194
昭25.10.12民事甲2711号回答	94
昭25.10.12民事甲2767号回答	117
昭25.10.27民事甲2845号回答	117
昭25.12. 6民事甲3069号通達	122, 124
昭25.12.22民事甲3231号回答	95, 100

昭和26年

昭26. 3. 6民事甲412号回答	186, 227
昭26. 3.27民事甲613号回答	251
昭26. 4.30民事甲899号回答	64, 65
昭26. 5.10民事甲891号回答	223
昭26. 6.14民事甲1230号通達	235, 238
昭26. 7.28民事甲1568号回答	195
昭26. 8. 3民事甲1596号回答	242
昭26. 9.13民事甲1793号回答	185
昭26.11.12民事甲2162号回答	206
昭26.11.15民事甲2177号通達	244
昭26.11.15民事甲2188号回答	194
昭26.12.20民事甲2389号回答	66
昭26.12.28民事甲2424号回答	64

昭和27年

昭27. 3. 5民事甲239号回答	95
昭27. 4.19民事甲438号通達	273
昭27. 7. 8民事甲986号回答	189
昭27. 9. 8民事甲170号通達	244
昭27. 9.18民事甲274号回答	209, 223
昭27.10.18民事甲452号回答	194

昭27.10.22民事甲483号通達···177, 183

昭27.11. 7民事甲563号通達···213

昭和28年

昭28. 1.14民事甲40号回答···11

昭28. 4. 8民事甲561号回答···228

昭28. 4.18民事甲577号通達···242

昭28. 4.20民事甲656号通達···177, 183

昭28. 8.15民事甲1458号回答···194, 225

昭28.10.15民事甲1895号回答···47

昭28.10.29民事甲2008号回答···66

昭28.10.31民事甲1988号通達···11, 129, 195

昭28.10.31民事甲2026号回答···204

昭28.11.19民事甲2206号回答···194

昭28.12. 8民事甲2342号回答···98

昭28.12.25民事甲2495号回答···167, 185

昭和29年

昭29. 1.26民事甲150号回答···94

昭29. 3. 6民事甲509号回答···212

昭29. 3.11民事甲541号回答···247

昭29. 3.18民事甲611号回答···212

昭29. 4.12民事甲738号回答···238

昭29. 6. 2民事甲1156号回答···98

昭29. 9.25民事甲1935号回答···204

昭29. 9.28民事甲1969号回答···195

昭29.10.25民事甲2226号回答···194

昭29.11. 5民事甲2347号回答···109

昭和30年

昭30. 2. 9民事甲245号通達···195

昭30. 2 . 15民事甲289号通達	254
昭30. 2 . 16民事甲311号回答	207, 252
昭30. 2 . 22民事甲331号通達	173
昭30. 2 . 24民事甲394号回答	193, 195
昭30. 6 . 3 民事甲1117号回答	246
昭30. 6 . 28民事二発255号回答	231, 243
昭30. 7 . 27民事二発355号回答	224
昭30. 8 . 1 民事二発371号回答	254
昭30. 10. 15民事甲2156号回答	231
昭30. 10. 27民事二発530号回答	95
昭30. 12. 15民事二発603号通知	195

昭和31年

昭31. 1 . 26民事甲152号回答	133
昭31. 3 . 6 民事甲389号回答	184
昭31. 3 . 26民事甲656号回答	94
昭31. 4 . 25民事甲839号通達	195
昭31. 5 . 17民事甲1048号回答	163
昭31. 5 . 18民事甲1044号回答	177
昭31. 6 . 27民事甲1433号回答	194
昭31. 9 . 21民事甲2184号回答	95
昭31. 11. 20民事甲2659号回答	196
昭31. 12. 18民事甲2854号回答	207

昭和32年

昭32. 1 . 22民事甲100号回答	195
昭32. 3 . 7 民事甲463号回答	177
昭32. 6 . 3 民事甲1052号回答	175
昭32. 9 . 21民事甲1833号通達	181
昭32. 12. 14民事甲2372号通達	182

2 先例索引

昭和33年

昭33．3．11民事甲543号回答 ……………………………………95
昭33．10．11民事甲1758号回答 …………………………………179
昭33．12．11民事甲2545号回答 …………………………………184
昭33．12．23民事甲2613号通達 …………………………………182

昭和34年

昭34．1．14民事甲23号回答 ………………………………………179
昭34．1．30民事甲168号回答 ……………………………………234
昭34．2．6民事甲199号回答 ………………………………………190
昭34．4．14民事甲759号回答 ……………………………………109
昭34．5．14民事甲988号回答 ……………………………………183
昭34．7．2民事甲1368号回答 …………………………………177, 183
昭34．8．24民事甲1871号回答 …………………………………179
昭34．8．28民事甲1827号通達 …………………………………211
昭34．10．19民事甲2332号通達 …………………………………211
昭34．10．21民事甲2353号回答 …………………………………132
昭34．11．21民事甲2568号回答 …………………………………178, 180
昭34．12．28民事甲2987号通達 ……………………………………11

昭和35年

昭35．1．19民事甲147号回答 ……………………………………176
昭35．3．28民事甲731号回答 ……………………………………123
昭35．4．12民事甲883号通達 ……………………………………246
昭35．5．31民事甲1293号回答 ………………………………………47
昭35．6．3民事甲1356号通達 ……………………………………244
昭35．6．6民事五発135号回答 ………………………………………11
昭35．6．20民事甲1495号回答 …………………………………174
昭35．8．3民事甲2011号回答 ……………………………………224
昭35．9．16民事甲2309号回答 …………………………………176

昭35. 9 . 26民事二発392号回答 196
昭35. 12. 9 民事甲3092号回答 119
昭35. 12. 27民事甲3302号回答 145

昭和36年

昭36. 1 . 6 民事甲3336号回答 197
昭36. 7 . 31民事甲1869号回答 185
昭36. 12. 5 民事甲2979号回答 184

昭和37年

昭37. 4 . 17民事甲1064号回答 176
昭37. 8 . 22民事甲2374号回答 225
昭37. 8 . 28民事甲2414号回答 95
昭37. 9 . 5 民事甲2479号回答 206
昭37. 10. 1 民事甲2786号回答 178
昭37. 11. 7 民事甲3190号回答 132
昭37. 12. 5 民事甲3262号回答 151

昭和38年

昭38. 1 . 25民事甲180号回答 95
昭38. 2 . 21民事甲526号回答 174
昭38. 3 . 14民事甲751号回答 188, 253
昭38. 5 . 29民事甲1561号回答 95
昭38. 9 . 9 民事甲2486号回答 253

昭和39年

昭39. 2 . 5 民事甲273号回答 176
昭39. 3 . 6 民事甲554号回答 174
昭39. 4 . 17民事甲699号回答 223
昭39. 6 . 17民事甲2096号回答 179
昭39. 6 . 30民事甲2240号回答 117
昭39. 7 . 15民事甲2253号回答 43

昭39. 7 . 27民事甲2683号通達··244, 245
昭39. 10. 16民事甲3389号回答···174
昭39. 10. 26民事甲3470号回答···117

昭和40年

昭40. 1 . 6 民事甲4003号回答···122
昭40. 1 . 7 民事甲4016号通達··117, 118
昭40. 3 . 1 民事甲479号回答···223
昭40. 3 . 1 民事甲480号回答··95
昭40. 3 . 11民事甲521号回答···223, 225
昭40. 4 . 12民事甲838号回答··64
昭40. 4 . 23民事甲869号回答···127
昭40. 5 . 6 民事甲983号回答··95
昭40. 5 . 13民事甲794号回答···123
昭40. 5 . 13民事甲796号回答···125
昭40. 5 . 13民事甲797号回答···127
昭40. 5 . 20民事甲1046号回答··190
昭40. 6 . 23民事甲1229号回答··223
昭40. 6 . 23民事甲1451号回答··118
昭40. 6 . 29民事甲1453号回答···151, 165
昭40. 7 . 5 民事甲1709号回答··126
昭40. 7 . 16民事甲1879号回答··128
昭40. 7 . 19民事甲1881号回答··174
昭40. 7 . 30民事甲1928号回答··177
昭40. 7 . 30民事甲1929号回答··210
昭40. 8 . 4 民事甲1922号回答··215
昭40. 11. 17民事甲3285号回答··119
昭40. 12. 14民事甲3440号回答··167
昭40. 12. 16民事五発376号通知··252

昭40.12.20民事甲3474号回答·····194

昭和41年

昭41. 1.12民事甲208号回答·····125

昭41. 2.11民事甲370号回答·····95

昭41. 4.14民事甲1045号回答·····39, 41, 43

昭41. 6. 3民事甲1214号回答·····236

昭41. 6. 8民事甲1239号回答·····179

昭41. 6. 8民事甲1266号回答·····195, 225

昭41. 8.22民事甲2431号回答·····190

昭41. 9. 5民事甲2475号回答·····66

昭41.10. 5民事甲2581号回答·····95

昭41.12. 6民事甲3320号回答·····203

昭41.12.28民事甲3644号回答·····132

昭和42年

昭42. 3. 2民事甲354号回答·····145

昭42. 3.18民事甲620号回答·····217

昭42. 5.25民事甲1754号回答·····109, 110

昭42. 7.31民事二発558号回答·····128

昭42. 8. 8民事甲2165号回答·····206

昭42. 8.21民事甲2414号通達·····244, 246

昭和43年

昭43.12.11民事甲3570号回答·····225

昭和44年

昭44. 1. 7民事甲18号回答·····39, 42, 43

昭44. 1. 8民事甲4号回答·····167

昭44. 3. 5民事甲390号回答·····176

昭44. 4.22民事甲877号回答·····252

昭44. 5.17民事甲1091号回答·····168

2 先例索引

昭44. 7 . 8民事甲1371号回答···39, 42
昭44. 7 .14民事甲225号回答··58
昭44. 11. 25民事甲1436号回答···46
昭44. 12. 6民事甲2568号回答···181
昭44. 12. 19民事甲2733号回答··224

昭和45年

昭45. 1 . 13民事甲15号回答··95

昭和46年

昭46. 2 . 23民事甲631号回答··224
昭46. 4 . 23民事甲1608号回答··174
昭46. 6 . 17民事甲2074号回答··187
昭46. 6 . 24民事二発158号通知···180
昭46. 7 . 23民事甲2423号回答··180
昭46. 12. 21民事甲3592号回答··177

昭和47年

昭47. 1 . 27民事甲560号回答···179
昭47. 11. 15民事甲4679号回答··188
昭47. 11. 28民事甲4946号回答···18, 99
昭47. 12. 6民事甲5034号回答··139
昭47. 12. 21民事甲5609号回答···13
昭47. 12. 21民事甲5610号回答···13

昭和48年

昭48. 1 . 10民二245号回答···13
昭48. 2 . 7民二1217号回答···184
昭48. 3 . 7民二1952号回答···127
昭48. 8 . 21民二6456号回答···13
昭48. 11. 17民二8601号回答··39, 40

360

昭和49年

昭49．2．9民二961号回答・・177

昭49．2．13民二1017号回答・・133

昭49．9．7民二5036号回答・・151

昭49．10．11民五5623号回答・・・・・・・・・・・・・・・・・・・・・・・・・・・・・・・・・・・・・・・163

昭49．12．20民二6569号回答・・・・・・・・・・・・・・・・・・・・・・・・・・・・・・・・・・・・・・・151

昭49．12．25民二6643号回答・・・・・・・・・・・・・・・・・・・・・・・・・・・・・・・・・・・・・・・159

昭和50年

昭50．2．4民二664号通達・・・191

昭50．5．20民二2602号回答・・177

昭50．8．23民五4745号回答・・252

昭50．12．20民五7154号通知・・・・・・・・・・・・・・・・・・・・・・・・・・・・・・・・・・・・・・・163

昭和51年

昭51．1．14民二280号通達・・・・・・・・・・・・・・・・・・・・・・・・・・・・・・・・・・・92，96，98

昭51．6．1民五3254号回答・・163

昭51．7．13民二4009号回答・・217

昭51．8．10民二4562号回答・・224

昭51．8．12民二4580号回答・・・・・・・・・・・・・・・・・・・・・・・・・・・・・・・・・・176，177

昭51．9．8民二4984号回答・・・・・・・・・・・・・・・・・・・・・・・・・・・・・・・・・・・・・13，129

昭51．11．1民二5613号回答・・・・・・・・・・・・・・・・・・・・・・・・・・・・・・・・・・・152，158

昭51．11．19民二5987号回答・・・・・・・・・・・・・・・・・・・・・・・・・・・・・・・・・・・・・・139

昭和52年

昭52．2．10民二1132号回答・・177

昭52．2．21民二1354号回答・・207

昭52．3．14民二1604号回答・・177

昭52．5．2民二2595号回答・・・224

昭52．8．31民二4313号回答・・・・・・・・・・・・・・・・・・・・・・・・・・・・・・・・・131，151

昭52．10．6民二5114号回答・・・・・・・・・・・・・・・・・・・・・・・・・・・・・・・・・・・・・・・161

2 先例索引

昭52.10. 7民二5115号回答································131

昭和53年

昭53. 1. 21民二431号回答·······························132, 148, 158

昭53. 2. 3民二633号回答································119

昭53. 7. 28民二4279号回答·······························131, 133

昭53. 9. 1民二4793号回答·······························148, 151, 152, 158

昭53. 10. 3民二5408号通達·······························47, 49

昭53. 10. 3民二5409号回答································47

昭53. 11. 7民二6054号回答·······························132, 147, 158, 160, 165

昭53. 11. 10民二6153号回答································180

昭53. 12. 15民二6678号通知································237

昭53. 12. 26民二6786号回答·······························131, 151

昭53. 12. 27民二6788号回答·······························132, 151, 163

昭和54年

昭54. 5. 11民二2864号回答································42

昭54. 8. 1民二4255号回答································109

昭54. 8. 14民二4313号回答································177

昭54. 10. 5民二4950号回答································101

昭54. 12. 12民二6121号回答································238

昭和55年

昭55. 1. 7民二3号回答··································217

昭55. 3. 26民二1954号回答································147

昭55. 6. 23民二3889号回答································176

昭55. 7. 15民五4087号回答································252

昭55. 8. 27民二5217号回答································67

昭55. 8. 27民二5218号通達································67

昭55. 9. 11民二5397号回答································67

昭55. 12. 8民五7013号回答································252

362

昭和56年

昭56. 1. 26民五595号通知··251

昭56. 2. 23民二1255号回答···181

昭56. 3. 9民二1475号回答··177

昭56. 7. 16民二4543号回答··67

昭56. 9. 14民二5537号通達···207

昭56. 9. 14民二5542号通知···251

昭56.11. 13民二6602号通達···47, 49

昭56.11. 13民二6603号回答··47

昭56.12. 9民二7416号回答··67

昭和57年

昭57. 2. 16民二1480号回答···207

昭57. 3. 30民二2495号通達···197

昭57. 4. 30民二2972号通達···119

昭57. 7. 6民二4265号通達···208

昭57. 9. 17民二5700号通知···146

昭57.12. 18民二7608号回答···213

昭和58年

昭58. 2. 18民二820号通達··191

昭58. 3. 7民二1797号回答···244

昭58. 9. 7民二5328号回答···244

昭58.10. 24民二6115号通達···245

昭58.10. 31民二6212号回答···179

昭和59年

昭59. 2. 10民二720号回答··234

昭59. 8. 30民二4661号回答···161

昭59.10. 29民二5428号回答···214

昭59.11. 1民二5500号通達·············67, 75, 77, 87, 174, 228, 229, 253

363

2　先例索引

昭59.11.30民二6159号通達……………………………………………238

昭和60年

昭60. 4 . 20民二2071号回答…………………………………………214
昭60. 8 . 1 民二4607号通知…………………………………………229
昭60. 8 . 1 民二4609号回答…………………………………………238

昭和62年

昭62. 1 . 26民二287号回答……………………………………………178
昭62. 3 . 20民二1357号回答…………………………………………179
昭62. 7 . 2 民二3458号回答…………………………………………234

昭和63年

昭63. 1 . 6 民二77号回答………………………………………………39

平成元年

平元.10. 2 民二3900号通達……………26, 57, 139, 205, 206, 210, 217, 218, 227, 236
平元.12.14民二5476号通知…………………………………………57, 236
平元.12.27民二5541号通達…………………………………………195

平成3年

平 3 . 2 . 4 民二914号回答………………………………………………57
平 3 . 8 . 8 民二4392号通知……………………………………………145
平 3 .12. 5 民二6047号回答……………………………………………236
平 3 .12. 5 民二6048号回答……………………………………………236
平 3 .12. 5 民二6049号回答……………………………………………236
平 3 .12.13民二6123号回答……………………………………………236
平 3 .12.13民二6124号回答……………………………………………236
平 3 .12.13民二6125号回答……………………………………………236

平成4年

平 4 . 2 . 28民二887号回答……………………………………………236
平 4 . 3 . 26民二1504号回答……………………………………………219
平 4 . 7 . 17民二4372号回答……………………………………………236

平4．9．28民二5674号通知 193

平4．12．22民二7055号回答 143

平成5年

平5．1．5民二1号回答 103

平成6年

平6．2．16民二941号回答 232

平6．2．25民二1289号回答 239

平6．3．31民二2439号通知 141

平6．4．28民二2996号通達 219

平6．5．9民二3007号通知 232

平6．10．5民二6426号回答 234

平6．10．21民二6517号通達 170

平6．11．16民二7005号通達 247

平6．11．30民二8202号通達 170

平6．12．20民五8658号通知 255

平成7年

平7．2．24民二1973号回答 235

平7．3．30民二2639号回答 219

平7．7．7民二3292号回答 220

平7．9．14民二3747号回答 233

平7．10．4民二3959号回答 143

平7．10．23民二4085号回答 233

平成8年

平8．5．17民二955号回答 215

平8．5．28民二995号回答 143

平8．8．16民二1450号回答 60, 220

平8．12．26民二2254号通知 76, 77

平成9年

平9．2．4民二197号回答 ……………………………………………139
平9．3．11民二445号回答 …………………………………………178
平9．3．11民二446号回答 …………………………………………179
平9．7．10民二1223号回答 …………………………………………215
平9．10．9民二1848号回答 ……………………………………230, 232

平成10年

平10．1．16民二94号回答 …………………………………………211
平10．1．30民五180号通達 …………………………………………248
平10．7．24民二1374号通知 ………………………………………255
平10．8．13民二1516号回答 ………………………………………220
平10．11．25民二2244号回答 ………………………………………239

平成11年

平11．2．9民二250号回答 …………………………………………211
平11．3．3民二419号回答 …………………………………………216
平11．4．23民二872号回答 …………………………………………243
平11．4．23民二873号回答 …………………………………………216
平11．11．11民二・五2420号通知 …………………………………213

平成12年

平12．3．29民二765号回答 …………………………………………178

平成13年

平13．4．9民一938号回答 …………………………………………229
平13．6．15民一1544号通達 …………………………………………77

平成14年

平14．1．30民一274号回答 …………………………………………215
平14．5．24民一1274号通知 ………………………………………196
平14．8．8民一1885号通知 …………………………………………146

2 先例索引

平成15年

平15. 3 . 24民一837号回答⋯⋯⋯⋯⋯⋯⋯⋯⋯⋯⋯⋯⋯⋯⋯⋯⋯⋯⋯⋯235

平15. 7 . 18民一2030号通達⋯⋯⋯⋯⋯⋯⋯⋯⋯⋯⋯⋯⋯⋯⋯⋯⋯⋯⋯248

平15. 8 . 21民一2337号回答⋯⋯⋯⋯⋯⋯⋯⋯⋯⋯⋯⋯⋯⋯⋯⋯⋯⋯⋯220

平15. 8 . 22民一2347号回答⋯⋯⋯⋯⋯⋯⋯⋯⋯⋯⋯⋯⋯⋯⋯⋯⋯⋯⋯208

平成16年

平16. 3 . 9 民一662号回答⋯⋯⋯⋯⋯⋯⋯⋯⋯⋯⋯⋯⋯⋯⋯⋯⋯⋯⋯⋯214

平16. 3 . 29民一887号回答⋯⋯⋯⋯⋯⋯⋯⋯⋯⋯⋯⋯⋯⋯⋯⋯⋯⋯⋯213

平16. 4 . 13民一1178号回答⋯⋯⋯⋯⋯⋯⋯⋯⋯⋯⋯⋯⋯⋯⋯⋯⋯⋯⋯233

平16. 4 . 26民一1320号回答⋯⋯⋯⋯⋯⋯⋯⋯⋯⋯⋯⋯⋯⋯⋯⋯⋯⋯⋯239

平16. 7 . 29民一2139号回答⋯⋯⋯⋯⋯⋯⋯⋯⋯⋯⋯⋯⋯⋯⋯⋯⋯⋯⋯214

平16. 9 . 10民一2503号回答⋯⋯⋯⋯⋯⋯⋯⋯⋯⋯⋯⋯⋯⋯⋯⋯⋯⋯⋯220

平成17年

平17. 3 . 28民一802号回答⋯⋯⋯⋯⋯⋯⋯⋯⋯⋯⋯⋯⋯⋯⋯⋯⋯⋯⋯⋯213

平17. 8 . 2 民一1741号回答⋯⋯⋯⋯⋯⋯⋯⋯⋯⋯⋯⋯⋯⋯⋯⋯⋯⋯⋯232

平17. 11. 14民一2643号回答⋯⋯⋯⋯⋯⋯⋯⋯⋯⋯⋯⋯⋯⋯⋯⋯⋯⋯⋯208

平成18年

平18. 1 . 27民一200号回答⋯⋯⋯⋯⋯⋯⋯⋯⋯⋯⋯⋯⋯⋯⋯⋯⋯⋯⋯⋯216

平18. 2 . 3 民一290号通知⋯⋯⋯⋯⋯⋯⋯⋯⋯⋯⋯⋯⋯⋯⋯⋯⋯⋯⋯⋯77

平18. 2 . 9 民一335号回答⋯⋯⋯⋯⋯⋯⋯⋯⋯⋯⋯⋯⋯⋯⋯⋯⋯⋯⋯⋯151

平18. 3 . 29民一753号回答⋯⋯⋯⋯⋯⋯⋯⋯⋯⋯⋯⋯⋯⋯⋯⋯⋯⋯⋯255

平18. 7 . 5 民一1516号回答⋯⋯⋯⋯⋯⋯⋯⋯⋯⋯⋯⋯⋯⋯⋯⋯⋯⋯⋯221

平18. 7 . 25民一1690号回答⋯⋯⋯⋯⋯⋯⋯⋯⋯⋯⋯⋯⋯⋯⋯⋯⋯⋯⋯226

平18. 12. 4 民一2717号回答⋯⋯⋯⋯⋯⋯⋯⋯⋯⋯⋯⋯⋯⋯⋯⋯⋯⋯⋯216

平成19年

平19. 10. 3 民一2120号通知⋯⋯⋯⋯⋯⋯⋯⋯⋯⋯⋯⋯⋯⋯⋯⋯⋯208, 230

平成20年

平20. 1 . 17民一156号回答⋯⋯⋯⋯⋯⋯⋯⋯⋯⋯⋯⋯⋯⋯⋯⋯⋯⋯⋯⋯233

2 先例索引

平20. 1. 17民一157号回答⋯⋯⋯⋯⋯⋯⋯⋯⋯⋯⋯⋯⋯⋯⋯⋯⋯⋯⋯214
平20. 3. 27民一1091号回答⋯⋯⋯⋯⋯⋯⋯⋯⋯⋯⋯⋯⋯⋯⋯⋯⋯⋯208
平20. 4. 7民一1000号通達⋯⋯⋯⋯⋯⋯⋯⋯⋯⋯⋯⋯⋯⋯⋯⋯⋯⋯241
平20. 5. 23民一1475号回答⋯⋯⋯⋯⋯⋯⋯⋯⋯⋯⋯⋯⋯⋯⋯⋯⋯⋯235
平20. 5. 27民一1503号通達⋯⋯⋯⋯⋯⋯⋯⋯⋯⋯⋯⋯⋯⋯⋯⋯⋯⋯240
平20. 12. 18民一3300号通達⋯⋯⋯⋯⋯⋯⋯⋯⋯⋯⋯⋯⋯⋯⋯⋯⋯⋯250
平20. 12. 18民一3302号通達⋯⋯⋯⋯⋯⋯⋯⋯⋯⋯⋯⋯⋯⋯⋯⋯⋯⋯87

平成21年

平21. 2. 5民一290号通知⋯⋯⋯⋯⋯⋯⋯⋯⋯⋯⋯⋯⋯⋯⋯⋯⋯⋯⋯250
平21. 2. 25民一446号回答⋯⋯⋯⋯⋯⋯⋯⋯⋯⋯⋯⋯⋯⋯⋯⋯⋯⋯⋯226
平21. 2. 27民一474号回答⋯⋯⋯⋯⋯⋯⋯⋯⋯⋯⋯⋯⋯⋯⋯⋯⋯⋯⋯234
平21. 3. 26民一762号通知⋯⋯⋯⋯⋯⋯⋯⋯⋯⋯⋯⋯⋯⋯⋯⋯⋯⋯⋯234
平21. 6. 24民一1530号回答⋯⋯⋯⋯⋯⋯⋯⋯⋯⋯⋯⋯⋯⋯⋯⋯⋯⋯⋯221
平21. 6. 24民一1531号回答⋯⋯⋯⋯⋯⋯⋯⋯⋯⋯⋯⋯⋯⋯⋯⋯⋯⋯⋯222
平21. 7. 2民一1596号回答⋯⋯⋯⋯⋯⋯⋯⋯⋯⋯⋯⋯⋯⋯⋯⋯⋯⋯⋯221
平21. 7. 2民一1598号回答⋯⋯⋯⋯⋯⋯⋯⋯⋯⋯⋯⋯⋯⋯⋯⋯⋯⋯⋯221
平21. 7. 3民一1615号回答⋯⋯⋯⋯⋯⋯⋯⋯⋯⋯⋯⋯⋯⋯⋯⋯⋯⋯⋯217
平21. 8. 17民一1953号回答⋯⋯⋯⋯⋯⋯⋯⋯⋯⋯⋯⋯⋯⋯⋯⋯⋯⋯⋯240
平21. 8. 31民一2050号回答⋯⋯⋯⋯⋯⋯⋯⋯⋯⋯⋯⋯⋯⋯⋯⋯⋯⋯⋯244
平21. 9. 1民一2012号通知⋯⋯⋯⋯⋯⋯⋯⋯⋯⋯⋯⋯⋯⋯⋯⋯⋯⋯⋯197
平21. 10. 30民一2633号回答⋯⋯⋯⋯⋯⋯⋯⋯⋯⋯⋯⋯⋯⋯⋯⋯⋯⋯⋯217

平成22年

平22. 2. 2民一255号回答⋯⋯⋯⋯⋯⋯⋯⋯⋯⋯⋯⋯⋯⋯⋯⋯⋯⋯⋯232
平22. 3. 18民一677号回答⋯⋯⋯⋯⋯⋯⋯⋯⋯⋯⋯⋯⋯⋯⋯⋯⋯⋯⋯221
平22. 3. 23民一719号通知⋯⋯⋯⋯⋯⋯⋯⋯⋯⋯⋯⋯⋯⋯⋯⋯⋯⋯⋯215
平22. 3. 31民一833号通知⋯⋯⋯⋯⋯⋯⋯⋯⋯⋯⋯⋯⋯⋯⋯⋯⋯⋯⋯149
平22. 4. 28民一1092号回答⋯⋯⋯⋯⋯⋯⋯⋯⋯⋯⋯⋯⋯⋯⋯⋯⋯⋯⋯233
平22. 6. 9民一1444号回答⋯⋯⋯⋯⋯⋯⋯⋯⋯⋯⋯⋯⋯⋯⋯⋯⋯⋯⋯244

平22. 6.15民一1470号回答················215
平22. 6.23民一1540号回答················144
平22. 6.23民一1541号通知················142
平22. 7.21民一1770号通達················168, 206
平22. 8. 6民一1934号回答················240
平22. 9. 9民一2248号回答················217
平22. 9.13民一2277号回答················240
平22. 9.16民一2325号回答················213
平22.12.13民一3139号回答················222

3　裁判例索引

大正15年

大判大15.10.11民集5・703··114, 115

昭和28年

東京地判昭28.2.18下級民集4・2・218···9, 11

昭和29年

東京地判昭29.9.28下級民集5・9・1640···9

昭和30年

神戸地判昭30.12.19下級民集6・12・2627··52

昭和31年

京都地判昭31.7.7下級民集7・7・1784··9

東京簡決昭31.9.6ジュリスト165・73··209

京都地判昭31.12.28下級民集7・12・3911··62

昭和32年

神戸家審昭32.10.10家裁月報9・11・110··11

東京高判昭32.11.28下級民集8・11・2200···32, 43

昭和33年

福岡地判昭33.1.14下級民集9・1・15··9

京都家審昭33.4.21家裁月報10・5・64··81

東京地判昭33.7.10下級民集9・7・1261··20, 43

大阪地判昭33.7.14判例タイムズ83・68··33

東京地判昭33.9.27家裁月報11・4・104··9

青森家（八戸）審昭33.10.24家裁月報10・12・94······································38

昭和34年

横浜家（横須賀）調昭34.5.19家裁月報11・8・131····································38

福岡家調昭34.6.11家裁月報11・10・114················38
横浜家調昭34.8.17家裁月報11・12・144················38
最判昭34.12.22家裁月報12・2・105···················9
宮崎家審昭34.12.23家裁月報12・3・150················83

昭和35年

東京地判昭35.1.28下級民集11・1・166················24
横浜家調昭35.4.20家裁月報12・7・134················23
大阪地判昭35.6.7判例時報241・36···················62
東京家審昭35.6.16家裁月報12・11・143···············115
東京地判昭35.6.23下級民集11・6・1359···············20
神戸家審昭35.9.14家裁月報12・12・101················9
大阪高判昭35.12.20下級民集11・12・2702··············24
東京地判昭35.12.24下級民集11・12・2765··············24

昭和36年

長野地（松本）判昭36.1.16下級民集12・1・4············9
東京家審昭36.2.10家裁月報13・6・168················217
東京地判昭36.3.15下級民集12・3・486················93
最大判昭36.4.5民集15・4・657····················273
水戸地判昭36.7.7下級民集12・7・1619················27
大阪家審昭36.9.26家裁月報14・1・121·················10
東京家調昭36.11.10家裁月報14・3・129···········23, 45, 48

昭和37年

高知家審昭37.1.8家裁月報14・4・221··················10
福島家審昭37.4.20戸籍訂正に関する諸問題の研究115·······115
大阪家審昭37.4.20戸籍訂正に関する諸問題の研究113·······115
福岡地（小倉）判昭37.6.6下級民集13・6・1170·······11, 27
最判昭37.8.10民集16・8・1712······················11
大阪家審昭37.8.22家裁月報15・2・163·················10

東京地判昭37．9．4下級民集13・9・1805································10
東京家調昭37．9.17家裁月報15・1・164····························21, 23, 45, 48
東京地判昭37．10.25下級民集13・10・2146···························10, 34
大阪高判昭37．11．6下級民集13・11・2232·································10

昭和38年

大阪地判昭38．4．16判例タイムズ144・61·································10
横浜地判昭38．4．26家裁月報15・10・149·································20, 25
東京家審昭38．6．13家裁月報15・10・153·································10, 58
大阪地（堺）判昭38．9．16家裁月報16・2・70·································20
東京家審昭38．10.22判例タイムズ155・222·································10, 58

昭和39年

大阪地判昭39．3．17判例タイムズ162・197·································10
最判昭39．3．25民集18・3・486·································18, 100
京都地判昭39．10．9判例時報397・52·································10, 35, 58
名古屋家審昭39．10.19家裁月報17・3・64·································10, 58

昭和40年

東京地判昭40．1．27下級民集16・1・120·································36
松江家審昭40．3．10家裁月報17・4・80·································224
最判昭40．6．4民集19・4・924·································273

昭和41年

福岡地（飯）判昭41．3．23判例時報442・52·································27
東京家審昭41．6．8家裁月報19・1・63·································81, 84, 87
長崎家（佐世保）審昭41．7．4家裁月報19・2・130·································217
東京家審昭41．7．9家裁月報19・1・68·································81, 84, 87
東京家審昭41．10.29家裁月報19・6・98·································81
東京家審昭41．11.26家裁月報19・6・101·································225

昭和42年

宮崎家審昭42．4．4家裁月報19・11・122·································217

大阪地判昭42．7．14下級民集18・7・8・817……………………………20, 25

東京家審昭42．8．22家裁月報20・3・98………………………………59, 60

東京地判昭42．9．1判例時報504・73……………………………………20

東京家審昭42．10．31家裁月報20・4・54…………………………………83

昭和43年

東京家審昭43．2．5家裁月報20・9・116……………………………62, 70, 75

札幌地判昭43．4．16判例時報534・74……………………………………24

札幌地判昭43．8．20家裁月報21・6・81…………………………………162

神戸地判昭43．12．25判例時報546・86…………………………………34, 139

昭和44年

熊本地判昭44．2．20家裁月報22・5・88…………………………………35

東京家審昭44．5．28家裁月報21・12・175………………………………10

東京家審昭44．9．22家裁月報22・6・100………………………………218

最判昭44．10．21民集23・10・1834……………………………………11, 36, 139

昭和45年

東京地判昭45．4．11判例時報606・54……………………………………20

東京家審昭45．8．17家裁月報23・4・84………………………………81, 83, 87

東京地判昭45．9．26判例時報620・62……………………………………33

昭和46年

熊本家審昭46．3．1家裁月報23・8・57…………………………………10

横浜地判昭46．9．7判例時報665・75……………………………………93

東京家審昭46．12．13家裁月報25・2・108………………………………93

東京地判昭46．12．17判例時報665・72……………………………………92

昭和47年

東京地判昭47．3．4判例時報675・71……………………………………33

東京家審昭47．8．21家裁月報25・5・62…………………………………62

札幌家審昭47．10．5家裁月報25・3・116………………………………81, 83

福岡高決昭47．12．22判例時報705・63……………………………………62

昭和48年

横浜地判昭48.1.18判例タイムズ297・315································20

東京地判昭48.10.26家裁月報26・7・73································36

水戸家審昭48.11.8家裁月報26・6.56································38

東京地判昭48.11.30家裁月報26・10・83································93

昭和49年

名古屋家審昭49.3.2家裁月報26・8・94································32

東京家審昭49.3.28家裁月報26・8・99································162

大阪地判昭49.4.8判例時報754・67································10

静岡家（熱海）審昭49.5.29家裁月報27・5・155································63, 70, 75

昭和50年

最判昭50.6.27家裁月報28・4・83································11, 35

広島高（岡山）決昭50.7.21家裁月報28・12・161································133

名古屋地判昭50.10.7判例時報817・98································10

東京地判昭50.11.17判例タイムズ334・331································21

昭和51年

大阪家（岸和田）審昭51.5.24家裁月報29・5・79································27

名古屋高判昭51.6.29判例タイムズ344・233································27

東京家審昭51.9.6判例タイムズ351・313································23

昭和52年

最判昭52.3.31民集31・2・365································16, 27, 28, 47, 49

盛岡家審昭52.5.4家裁月報29・11・105································218

大阪高判昭52.9.14判例時報895・83································28

大阪家審昭52.10.26家裁月報30・10・48································27

昭和53年

最判昭53.2.24民集32・1・110································115, 116, 119

東京地判昭53.3.10判例時報912・83································20, 25

岡山家審昭53.10.6家裁月報32・1・169································59, 60

昭和54年

東京地判昭54. 1. 23判例時報915・47················166
東京地判昭54. 2. 19判例タイムズ386・115················133
東京地判昭54. 5. 18判例タイムズ394・110················20
神戸地判昭54. 11. 5 判例時報948・91················20

昭和55年

京都家審昭55. 2. 28家裁月報33・5・90················71
宇都宮地（足利）判昭55. 2. 28判例時報968・98················93, 102
福井地（武生）判昭55. 3. 26判例時報967・102················10
京都家審昭55. 3. 31家裁月報33・5・97················10, 85
東京地判昭55. 5. 30判例タイムズ417・152················32
東京地判昭55. 6. 13判例タイムズ423・135················20
大阪地判昭55. 8. 25判例タイムズ430・138················20
東京地判昭55. 9. 19判例タイムズ435・155················93
大阪地判昭55. 9. 22判例時報1005・148················28
大阪高判昭55. 9. 24判例時報995・60················35
東京地判昭55. 10. 3 判例タイムズ441・142················21

昭和56年

富山家審昭56. 2. 27家裁月報34・1・80················11
東京地判昭56. 2. 27判例時報1010・85················20, 25
東京高決昭56. 5. 26判例時報1008・157················193
東京高判昭56. 7. 13判例時報1013・34················139
福岡家審昭56. 7. 28家裁月報34・1・84················161
京都地判昭56. 9. 24判例時報1053・143················20
神戸地判昭56. 9. 29判例時報1035・118················36
東京地判昭56. 10. 9 判例時報1041・87················36
最判昭56. 10. 16民集35・7・1224················92

3 裁判例索引

昭和58年

東京地判昭58.12.16判例タイムズ523・209································21

浦和地判昭58.12.21判例時報1112・112·······························243

昭和59年

札幌家審昭59.3.7家裁月報37・1・139·······························75

東京高決昭59.3.29家裁月報37・1・118·······························75

浦和地判昭59.12.3判例タイムズ556・201··························20, 25

昭和60年

東京地判昭60.6.13判例時報1206・44·································25

徳島家審昭60.8.5家裁月報38・1・146································59

昭和61年

大阪地判昭61.11.17判例時報1252・80································36

熊本家審昭61.12.17家裁月報39・5・59···························59, 60

昭和62年

東京家審昭62.3.12家裁月報40・8・92······························218

東京家審昭62.5.15家裁月報40・10・40·····························218

東京家審昭62.5.19家裁月報39・11・147···························214

東京家審昭62.6.1家裁月報40・10・43······························218

東京地判昭62.7.29判例タイムズ653・89···························148

横浜家審昭62.10.30家裁月報40・10・53·····························21

東京家審昭62.12.17家裁月報40・10・59····························217

昭和63年

東京地判昭63.11.11判例時報1315・96································93

平成元年

岐阜家（多治見）審平元.1.10家裁月報41・8・189·················192

横浜家審平元.3.23家裁月報41・10・139·····························218

平成2年

盛岡家審平2.8.6家裁月報43・3・98································217

376

東京地判平２.11.28判例時報1384・71································26

平成３年

東京地判平３.３.29判例時報1424・84································39

横浜家審平３.５.14家裁月報43・10・48······························242

最判平３.９.13民集45・7・1151···································36

平成４年

大阪地判平４.２.６判例時報1430・113································36

平成５年

高松高判平５.10.18判例タイムズ834・215·····························159

平成７年

神戸家審平７.５.10家裁月報47・12・58······························143

平成８年

東京家審平８.１.26家裁月報48・7・72·······························143

平成９年

最判平９.10.17民集51・9・3925··································248

平成15年

最判平15.６.12判例時報1833・37··································248

平成16年

最判平16.７.８家裁月報57・3・104·································123

平成19年

最決平19.３.23民集61・2・619···································104

平成20年

青森家（十和田）審平20.３.28家裁月報60・12・63······················59

最大判平20.６.４民集62・6・1367·································249

著者略歴

西 掘 英 夫（にしほり　ひでお）
　　昭和51年　　法務省民事局第二課指導係長
　　昭和53年　　神戸地方法務局戸籍課長補佐
　　昭和55年　　同局会計課長補佐
　　昭和56年　　衆議院法務委員会調査室調査員
　　昭和59年　　千葉地方法務局訟務課長
　　昭和61年　　法務省法務総合研究所研修第三部教官
　　平成元年　　法務省訟務局総務課補佐官
　　平成 2 年　　法務省訟務局民事訟務課補佐官
　　平成 3 年　　札幌法務局首席登記官（不動産登記担当）
　　平成 4 年　　札幌法務局総務管理官
　　平成 5 年　　法務省訟務局訟務調査官
　　平成 7 年　　札幌法務局民事行政部長
　　平成 8 年　　静岡地方法務局長
　　平成 9 年　　徳山公証役場公証人
　　平成19年　　公証人退任
　　著書　渉外戸籍をめぐる諸問題（法務研究報告書第68集第 1 号）

都 竹 秀 雄（つづく　ひでお）
　　昭和48年 4 月　東京法務局民事行政部戸籍課戸籍係長，その後，同局訟務
　　　　　　　　　専門官，登記官を経て
　　昭和56年 4 月　法務省民事局第五課調査係長
　　昭和57年 4 月　法務省民事局第二課戸籍第一係長
　　昭和58年 4 月　山形地方法務局供託課長
　　昭和60年 4 月　山形地方法務局人権擁護課長
　　昭和62年 4 月　千葉地方法務局柏支局長
　　平成元年 4 月　千葉地方法務局戸籍課長
　　平成 3 年 4 月　金沢地方法務局次長
　　平成 5 年 3 月　退職
　　平成 5 年 4 月　全国公共嘱託登記土地家屋調査士協会連絡協議会
　　　　　　　　　事務局長
　　平成19年 6 月　退職
　　著書
　　一問一答・戸籍の知識
　　戸籍再製の実務

第3版　渉外戸籍の理論と実務	
	定価：本体4,000円（税別）

平成23年5月16日　初版発行	レジストラー・ブックス⑬

　　　　著　者　西　堀　英　夫
　　　　　　　　都　竹　秀　雄
　　　　発行者　尾　中　哲　夫

発行所　日本加除出版株式会社

本　社　郵便番号 171-8516
　　　　東京都豊島区南長崎3丁目16番6号
　　　　　　TEL （03）3953-5757（代表）
　　　　　　　　 （03）3952-5759（編集）
　　　　　　FAX （03）3951-8911
　　　　　　URL　http://www.kajo.co.jp/

東日本営業所　郵便番号 171-8516
　　　　東京都豊島区南長崎3丁目16番6号
　　　　　　TEL （03）3953-5642
　　　　　　FAX （03）3953-2061

西日本営業所　郵便番号 532-0011
　　　　大阪市淀川区西中島5丁目6番3号
　　　　チサンマンション第2新大阪301号
　　　　　　TEL （06）6308-8128
　　　　　　FAX （06）6307-2522

組版　(株)郁文　／　印刷・製本　(株)倉田印刷

落丁本・乱丁本は本社でお取替えいたします。
Ⓒ H. Nishihori, H. Tsuzuku 2011
Printed in Japan
ISBN978-4-8178-3921-3 C3032 ¥4000E

JCOPY 〈(社)出版者著作権管理機構　委託出版物〉

本書を無断で複写複製（電子化を含む）することは，著作権法上の例外を除き，禁じられています。複写される場合は，そのつど事前に(社)出版者著作権管理機構（JCOPY）の許諾を得てください。
また本書を代行業者等の第三者に依頼してスキャンやデジタル化することは，たとえ個人や家庭内での利用であっても一切認められておりません。

〈JCOPY〉　HP：http://www.jcopy.or.jp/，e-mail：info@jcopy.or.jp
　　　　　電話：03-3513-6969，FAX：03-3513-6979

充実した内容と、抜群の信頼性を誇るロングセラー。

新版 初任者のための渉外戸籍実務の手引き

戸籍実務研究会 編

B5判 256頁 定価2,520円(本体2,400円)
平成22年11月刊 ISBN978-4-8178-3895-7

商品番号：40068
略　号：渉手

本書のポイント

● 渉外戸籍実務上必要となる法律・先例等の知識を網羅し、体系的に解説。

● 初任者の方に最適。渉外戸籍事件の届書の審査、受理及び戸籍の記載等の事務について、基礎から丁寧に解説。

● 複雑・難解な渉外戸籍事件を円滑に処理するために、関連する先例・法律改正を踏まえ、内容を全面的に改訂。

目次

Ⅰ 渉外戸籍通則
  1 渉外戸籍の対象
  2 渉外的身分関係に関する準拠法
  3 渉外戸籍の届出通則
  4 渉外戸籍における届書の機能
  5 届書の審査

Ⅱ 各種の届出
  1 出生届
  2 認知届
  3 養子縁組届
  4 特別養子縁組届
  5 養子離縁届
  6 婚姻届
  7 離婚届
  8 親権（管理権）届
  付　録

「家族」から発想する、いつくしむ世紀へ
日本加除出版

〒171-8516　東京都豊島区南長崎3丁目16番6号
営業部　TEL（03）3953-5642　FAX（03）3953-2061
http://www.kajo.co.jp/